本著作获 2018 年度福建省以马克思主义为指导的哲学社会科学学科基础理论研究重点项目《基于新时代乡村振兴战略的生态旅游格局优化研究》基金资助,项目编号 FJ2018MGCA029。

Xiangcun Shengtai Lüyou Yanjiu

乡村生态旅游研究

陈白璧 丘 甜 华伟平 著

厦门大学出版社 国家一级出版社
XIAMEN UNIVERSITY PRESS 全国百佳图书出版单位

图书在版编目（CIP）数据

乡村生态旅游研究/陈白璧,丘甜,华伟平著.—厦门:厦门大学出版社,2021.4
ISBN 978-7-5615-8191-9

Ⅰ.①乡… Ⅱ.①陈… ②丘… ③华… Ⅲ.①乡村旅游—生态旅游—旅游业发展—研究—中国 Ⅳ.①F592.3

中国版本图书馆 CIP 数据核字（2021）第 066183 号

出 版 人	郑文礼
责任编辑	施建岚
封面设计	李嘉彬
技术编辑	朱　楷

出版发行　*厦门大学出版社*

社　　　址	厦门市软件园二期望海路 39 号
邮政编码	361008
总　　　机	0592-2181111　0592-2181406（传真）
营销中心	0592-2184458　0592-2181365
网　　　址	http://www.xmupress.com
邮　　　箱	xmup@xmupress.com
印　　　刷	厦门市青友数字印刷科技有限公司

开本　787 mm×1 092 mm　1/16
印张　14.75
插页　2
字数　320 千字
版次　2021 年 4 月第 1 版
印次　2021 年 4 月第 1 次印刷
定价　68.00 元

本书如有印装质量问题请直接寄承印厂调换

厦门大学出版社
微信二维码

厦门大学出版社
微博二维码

前 言

习近平总书记在党的十九大报告中指出,实施乡村振兴战略。战略地提出了产业兴旺、生态宜居、乡风文明、治理有效、生活富裕的总要求。近年来,乡村生态旅游发展已经成为农村发展、农业转型、农民脱贫致富的重要渠道,对农业、农村发展具有独特的促进作用,可以推动农村绿色发展,助推"美丽乡村"建设。而乡村分布着大量的森林资源、丰富的景观资源、优质的环境资源等,如何在新时代乡村振兴战略背景下优化区域乡村生态旅游格局、发展乡村生态旅游已成为重要课题,将乡村生态资源变为绿色银行,是落实习近平总书记"绿水青山就是金山银山"科学论断的自觉行动,丰富发展经济和保护生态之间的辩证关系。

生态旅游起源于1983年,其概念由世界自然保护联盟(IUCN)生态旅游特别顾问谢贝洛斯·拉斯喀瑞(Ceballos-Laskurain)提出,是指具有保护自然环境和维护当地人民生活双重责任的旅游活动。而乡村生态旅游以乡村特有的自然和农业资源、人文景观、生态环境、民俗风情等具有乡村特色的资源为载体,通过合理开发、利用、统筹、整合后,形成较完整的乡村生态旅游服务产业链,为游客提供旅游服务,促进乡村生态经济社会可持续发展的经济活动。国外乡村生态旅游起步较早,研究较成熟,主要从经济、社会文化、环境视角分析发展乡村生态旅游的影响,如 Dernoi L A、Butler R、Greffe X、Oppermann M、Sharpley R 等学者均从经济影响视角分析乡村生态旅游与经济发展之间的关系;Oppermann、Nilsson 等通过研究均表明发展乡村生态旅游有助于推动乡村与外界的社会文化交流;Garcia、Hall、Maude 等认为发展乡村生态旅游应考虑环境承载力,特别是游客数量对自然环境、乡村野生动植物造成的影响。我国乡村生态旅游虽起步较晚,但对经济影响、社会文化影响、环境影响方面的研究均有报道,如周荣华、卢宏、李海淼等学者均研究发现发展生态旅游对乡村经济的发展具有促进作用,有极大的经济与社会价值,是解决"三农"问题的一剂良药;蔡碧凡、付方东、顾雪松等研究认为发展乡村生态旅游是不同文化之间的社会交流,对社会文化具有较大的影响,其中付方东和顾雪松学者认为发展乡村生态旅游对社会文化有负面影响;从环境影响角度,涂伟沪、熊晓红、杨玲等认为发展乡村生态旅游应注重生态环境的保护。

从总体来看,乡村生态旅游备受人们关注,国外学者主要是运用社会学、统计学、经济学、心理学、行为学、地理学等学科知识研究乡村生态旅游与可持续发展的相互关系、社区居民对发展旅游的态度、乡村生态旅游发展的动力机制、乡村生态旅游发展的管理等内容。国内学者对乡村生态旅游的研究也正逐步系统化、多样化,学者大多运用管理学、经济学、旅游学、生态学等学科知识对乡村生态旅游的概念、类型、开发模式、理论、实践运用等方面开展相关研究。而乡村生态旅游作为交叉性、边缘性的学科,当前国内对乡村生态旅游的研究仍然存在不足,一是尚未从空间尺度方面对其进行系统研究,特别是在空间结构特征、影响因素、形成机制等方面;二是特定因素对生态旅游分析较多,而综合因素对区域进行整体研究的相对较少;三是综合性研究方法还有待进一步完善。

针对当前乡村生态旅游研究存在的不足以及新时代乡村发展将面临的新问题,笔者运用定量分析方法、主成分分析法、空间统计计量模型,分析乡村资源和经济空间结构特征、影响因素模型、形成机制等方面的内容,丰富和深化乡村生态旅游的理论内涵和研究领域,确实为加快推进农业农村现代化、新时代乡村振兴战略提供必要的对策和建议。

本书的作者为福建农林大学陈白璧教授、武夷学院丘甜讲师、武夷学院华伟平讲师。

本书共分13章,共计320千字。其中陈白璧教授撰写200千字、丘甜讲师撰写48千字、华伟平讲师撰写72千字。各章节的分工为:第1章由陈白璧负责,第2、3、4、10章由陈白璧、丘甜负责,第5、6、7、9章由陈白璧、华伟平负责,第8章由华伟平负责,第11、12、13章由陈白璧负责。全书由陈白璧制定撰写大纲,并负责全书统稿、定稿和前言的撰写。

本书是对生态文明、乡村旅游、森林旅游等研究成果的总结,许多人员参与了项目专题的研究和数据收集整理工作,包括李旖曦、杨青、叶雨诗、薛嘉文、林振雄、魏婉君、武御鹏、冯旭、李泽、布艺龙、刘泽艺等。

本书系福建省社科规划重点项目"基于新时代乡村振兴战略的生态旅游格局优化研究"(编号 FJ2018MGCA029)的研究成果。

本书的撰写得到了课题组成员李宝银教授的悉心教导和大力支持与帮助。

由于作者能力和水平有限,疏漏和不当之处恳请读者批评指正。

作者

2020年10月

目 录

第 1 章 绪论 /1/
 1.1 生态旅游的基本概念 /2/
  1.1.1 旅游概念 /2/
  1.1.2 生态旅游概念 /2/
  1.1.3 旅游资源概念 /3/
  1.1.4 旅游资源评价 /3/
  1.1.5 旅游资源区划 /4/
  1.1.6 旅游线路 /4/
 1.2 国内外生态旅游研究概况 /4/
  1.2.1 国外生态旅游研究现状 /4/
  1.2.2 国内生态旅游研究现状 /5/

第 2 章 闽江源头县域生态文明建设路径研究 /6/
 2.1 闽江源头县域生态文明建设的研究背景 /6/
 2.2 江河源头县域生态文明建设的基本思路 /7/
  2.2.1 指导思想 /7/
  2.2.2 总体目标 /8/
  2.2.3 基本原则 /8/
 2.3 江河源头县域生态文明建设的实现途径 /9/

第 3 章 福建乡村旅游发展影响因素分析
   ——基于 DEMATEL 方法 /12/
 3.1 研究方法 /13/

3.2 研究基础数据 /14/
3.3 研究结果 /15/
    3.3.1 数据计算 /15/
    3.3.2 结果分析 /19/

第4章 福建山区乡村旅游资源评价 /22/
4.1 研究材料 /23/
4.2 研究方法 /23/
    4.2.1 层次分析法的基本理论 /23/
    4.2.2 层次分析评价乡村旅游资源的计算步骤 /24/
4.3 乡村旅游资源评价层次构建和开发潜力定量评价 /25/
    4.3.1 乡村旅游资源评价层次构建 /25/
    4.3.2 乡村旅游资源开发潜力定量评价 /26/
4.4 研究分析 /28/
    4.4.1 武夷山市乡村旅游资源评价分析 /28/
    4.4.2 三明市乡村旅游资源评价分析 /34/
    4.4.3 龙岩市乡村旅游资源评价分析 /40/

第5章 供给侧改革下的游客满意度分析
    ——以南平市、三明市、龙岩市乡村旅游为例 /48/
5.1 结构方程模型构建 /49/
5.2 游客满意度实证分析 /50/
    5.2.1 数据收集 /50/
    5.2.2 游客满意度分析 /50/
5.3 小结 /61/

第6章 乡村旅游对农户家庭收入影响分析 /63/
6.1 数据来源与描述统计 /64/
6.2 研究方法 /65/
    6.2.1 传统线性回归 /65/
    6.2.2 Heckman 模型 /66/
    6.2.3 倾向得分匹配法 /66/

6.3 实证分析 /68/
6.3.1 基于 OLS 与 Heckman 模型的估计结果 /68/
6.3.2 基于倾向得分匹配的估计结果 /69/
6.4 小结 /74/

第7章 福建乡村旅游产业可持续发展评价指标体系与模型 /76/
7.1 因素分析 /76/
7.1.1 自然环境因素 /76/
7.1.2 政策因素 /77/
7.1.3 经济因素 /77/
7.1.4 社会因素 /77/
7.1.5 科技技术因素 /78/
7.2 评价指标体系构建原则 /78/
7.3 指标体系构建 /83/
7.3.1 权重指标确定 /83/
7.3.2 生态旅游可持续发展评价指标权重排序 /86/
7.4 生态旅游可持续发展综合评价 /87/
7.4.1 评价指标量化 /87/
7.4.2 指标量化说明 /89/
7.4.3 评价模型 /90/

第8章 福建山区乡村旅游发展与乡村振兴耦合评价指标体系构建
——以武夷山市、泰宁县、连城县为例 /91/
8.1 评价指标体系构建 /92/
8.1.1 研究方法 /92/
8.1.2 评价指标体系构建 /93/
8.2 研究数据 /95/
8.3 指标筛选 /98/
8.3.1 指标数据标准化 /98/
8.3.2 剔除重复指标 /102/

8.4 确定指标权重 / 103 /
8.5 小结 / 113 /

第9章 闽西北乡村旅游与精准扶贫耦合性分析 / 114 /
9.1 国内外研究概况 / 115 /
9.2 研究区概况与数据来源 / 115 /
9.2.1 研究区概况 / 115 /
9.2.2 数据来源 / 116 /
9.3 理论基础和研究方法 / 117 /
9.3.1 耦合协调发展理论和乡村旅游与精准扶贫的耦合机理 / 117 /
9.3.2 构建耦合指标体系 / 118 /
9.3.3 指标权重确定 / 118 /
9.3.4 综合贡献的确定 / 119 /
9.3.5 耦合度模型的建立 / 119 /
9.3.6 耦合协调度理论模型的建立 / 120 /
9.4 研究分析 / 121 /
9.4.1 乡村旅游与精准扶贫指标标准化 / 121 /
9.4.2 乡村旅游与精准扶贫指标比重变化 / 122 /
9.4.3 乡村旅游与精准扶贫指标的泰尔熵值 / 123 /
9.4.4 乡村旅游与精准扶贫指标的差异性系数 / 124 /
9.4.5 乡村旅游与精准扶贫指标的权重 / 124 /
9.4.6 乡村旅游与精准扶贫的综合贡献与耦合协调度 / 125 /
9.4.7 乡村旅游与精准扶贫系统耦合发展程度分析 / 126 /
9.5 结论与建议 / 127 /
9.5.1 结论 / 127 /
9.5.2 建议 / 128 /

第10章 福建山区乡村旅游地空间分异及其影响因素分析 / 129 /
10.1 材料与方法 / 130 /
10.1.1 研究材料 / 130 /

  10.1.2 研究方法 /130/
 10.2 空间特征分析 /131/
  10.2.1 空间分异特性 /131/
  10.2.2 空间分布热点 /132/
 10.3 空间分异影响因素 /132/
  10.3.1 社会经济水平 /132/
  10.3.2 旅游市场距离 /134/
  10.3.3 交通条件 /135/
  10.3.4 政策因素 /135/
 10.4 小结与建议 /136/

第11章 大武夷旅游圈乡村旅游点空间特征及优化分析 /137/
 11.1 材料与方法 /138/
  11.1.1 研究样本 /138/
  11.1.2 方法说明 /139/
 11.2 实证结果分析 /140/
  11.2.1 类型特征分析 /140/
  11.2.2 空间分布特征分析 /141/
  11.2.3 空间分异影响因子分析 /144/
 11.3 乡村旅游点空间结构优化对策 /146/
  11.3.1 融合产业发展，建设互动型景点 /146/
  11.3.2 挖掘文化资源，开发"冷区"乡村旅游市场 /147/
  11.3.3 依托生态环境，提升乡村旅游点质量 /147/

第12章 福建森林旅游研究 /149/
 12.1 福建森林文化旅游资源分析及开发对策分析 /149/
  12.1.1 森林文化与森林文化旅游资源 /149/
  12.1.2 福建森林文化旅游资源分析 /150/
  12.1.3 福建森林文化旅游资源开发对策 /157/
  12.1.4 小结 /158/

12.2 福建省森林景观资源等级区划分技术分析 / 158 /
12.2.1 研究方法 / 159 /
12.2.2 计算结果 / 159 /
12.2.3 森林景观资源等级区评定 / 162 /
12.2.4 小结 / 163 /

12.3 福建省森林景观资源质量评价 / 164 /
12.3.1 数据来源与数据处理 / 164 /
12.3.2 结果与分析 / 167 /
12.3.3 结论 / 171 /

第 13 章　闽台两地生态旅游资源评价分析与差异比较 / 172 /

13.1 研究技术路线 / 173 /
13.1.1 研究区概况 / 173 /
13.1.2 主要研究内容 / 174 /
13.1.3 研究方法与步骤 / 175 /
13.1.4 技术路线图 / 176 /

13.2 闽台生态旅游资源综合评价 / 177 /
13.2.1 确定评价影响因子的原则 / 177 /
13.2.2 闽台生态旅游资源综合评价方法分析 / 178 /
13.2.3 层次评价影响因子筛选与分析 / 179 /
13.2.4 计算与检验 / 180 /
13.2.5 评价标准与计算结果 / 183 /
13.2.6 小结 / 184 /

13.3 SWOT 分析 / 185 /
13.3.1 优势 / 185 /
13.3.2 劣势 / 186 /
13.3.3 机遇 / 187 /
13.3.4 挑战 / 188 /
13.3.5 结论 / 189 /

13.4 闽台入境游客情况、旅游外汇收入分析与预测方法 /189/
 13.4.1 闽台入境游客情况 /189/
 13.4.2 闽台旅游外汇收入分析 /191/
 13.4.3 闽台入境旅游客源和旅游收入预测方法 /191/

13.5 闽台生态旅游资源区划 /194/
 13.5.1 评价指标的确定 /194/
 13.5.2 评价指标数据来源 /195/
 13.5.3 建立评价指标模型 /195/
 13.5.4 数据处理与分析 /196/
 13.5.5 投影指标函数值与投影方向 /201/
 13.5.6 投影结果聚类分析与区划 /201/
 13.5.7 小结 /209/

13.6 闽台生态旅游资源的开发利用研究 /210/
 13.6.1 生态旅游资源开发利用的原则 /210/
 13.6.2 闽台生态旅游开发利用思路 /211/
 13.6.3 闽台生态旅游产品现状 /212/
 13.6.4 闽台生态旅游资源开发与利用 /212/
 13.6.5 闽台生态旅游的五个功能区 /214/
 13.6.6 小结 /218/

13.7 研究结果 /218/

参考文献 /220/

第1章 绪论

自工业化革命以来,人类社会快速发展,与之相对应的环境问题日趋严重,全球正面临严峻的生存环境危机。赫特泽(Hetzer)于1965年首次提出"生态性旅游",一经提出即引起世界巨大反响。环境学者、生态学者、林学家、医学家等各界人士纷纷投入其中,进行了深刻的研究,认识到城市的热、光、电、放射性、化学污染、灰尘、细菌等环境因子已严重影响人们的健康和生存,人们意识到"城市不是人类最佳的生存环境",并提出了相关的理论,其中最具代表性的有:城市水泥沙漠理论(如热辐射、光辐射、放射性辐射等)、人寿命的长短、健康的好坏与居住地物种数量的多少成正相关理论、"人体血液中缺乏氧气是万病之源"理论、城市环境污染危害人体健康理论等。这些理论的提出为生态旅游的产生和发展奠定了基础,人们渴望"回归自然,返璞归真",生态旅游应运而生。

近年来,随着社会经济的不断发展和人民生活需求的不断提高,简单的旅游活动已不能满足人们的需求,人民要求更高层次的生态旅游,生态旅游行业进入空前发展阶段,一跃成为朝阳产业。生态旅游所发挥的经济效益和环境效益不可估量,受到各界人士的关注,逐渐加快了生态旅游的发展。在过去的几百年,人们一直以牺牲环境为代价换取经济的快速发展。在这种发展模式下,人与环境的矛盾日益激烈,人们不得不重新审视人与自然的关系,寻找新的发展模式,在众多发展模式下,生态旅游是协调人与自然矛盾最好的发展模式之一。我国的生态旅游开展较晚,自20世纪90年代提出发展生态旅游,全国各地生态旅游工作如火如荼进行,福建更是将"海峡旅游"作为工作重点,紧紧围绕建设海峡西岸经济区的战略目标,加大力度发展生态旅游。

与传统旅游业相比,生态旅游的特征主要有:(1)生态旅游的目的地是一些保护完整的自然和文化生态系统,参与者能够获得与众不同的经历,这种经历具有原始性、独特性的特点。(2)生态旅游强调旅游规模的小型化,限定在承受能力范围之内,这样有利于游客的观光质量,又不会对旅游造成大的破坏。(3)生态旅游可以让旅游者亲自参与其中,在实际体验中领会生态旅游的奥秘,从而更加热爱自然,有利于自然与文化资源的保护。(4)生态旅游是一种负责任的旅游,这些责任包括对旅游资源的保护责任,对旅游的可持续发展的责任等。由于生态旅游自身的这些特征能满足旅游需求和旅游供给,从而使生态旅游兴起成为可能。

生态旅游的核心问题是旅游资源,而做好生态旅游资源的评价是实现生态旅游业发展的基础。目前国内对生态旅游资源的评价有一定的研究,不同学派有不同的评价方法。

1.1 生态旅游的基本概念

1.1.1 旅游概念

旅游定义众说纷纭,尚未达成一致,国内学术界曾寄希望于西方学术界。1981年艾斯特给出旅游定义:旅游是非定居的旅行和短暂停留而引起的一切现象和关系的总和。1993年世界旅游组织(UNWTO)对旅游进行定义:旅游是指一个人旅行到一个其惯常居住环境以外的地方并逗留不超过一定限度的时间的活动,这种旅行的主要目的是在到访地从事某种不获得报酬的活动。从1995年开始,国内一些学者提出,西方学术界虽在某些领域取得较好成果,但在旅游基础理论的研究上尚未形成系统的理论。国内众多学者一直致力于旅游概念的探究。2010年谢彦君提出旅游概念:旅游是人们利用余暇在异地获得的一次休闲体验(旅游是个人利用其自由时间并以寻求愉悦为目的而在异地获得的一种短暂的休闲体验)。与谢彦君不同的是,张凌云分别于2008年、2009年提出旅游概念,其中2008年关于旅游定义包含两层含义:(1)旅游是人们一种短暂的生活方式和生存状态,是人们对于惯常的生活和工作环境或熟悉的人地关系和人际关系的异化体验,是对惯常生存状态和境遇的一种否定;(2)旅游是由于人的这种与生俱来的需要和行为得到满足和释放时,所产生的社会关系和现象的总和。

1.1.2 生态旅游概念

生态旅游(Ecotourism)一词是由世界自然保护联盟(IUCN)特别顾问谢贝洛斯·拉斯喀瑞(Ceballos Laskurain)于1983年首次提出,并在1986年墨西哥召开的一次国际环境会议上被正式确认,得到世界各国的重视。生态旅游的概念一直是国际上争论的问题,不同人出于不同目的、不同原因、不同意义赋予生态旅游不同概念。生态旅游的概念就像画在沙滩上的一条条线,其边界是模糊的,而且不断地被冲刷、修改。其中,谢贝洛斯·拉斯喀瑞(1987)给生态旅游的定义是:去往相对原始(undisturbed)的地区或未被污染(uncontaminated)的自然区域的旅行活动,其目的是研究、欣赏和品味自然风光、野生动植物及当地文化遗迹;世界生态旅游学会(TIES)1911年给出的定义是:生态旅游就是在自然区域里进行的、保护环境同时维持当地人福利的负责任的旅游;世界自然保护联盟

(IUCN)给出的定义是：生态旅游就是前往那些相对没有受到干扰的自然区域、对环境负责任的旅游。目的在于享受并了解自然(以及相应的过去和现在的文化特色)，旅游者负面影响较小，给当地居民提供收益的社会和经济参与机会。Boo E(1991)认为，生态旅游是指去往相对原始(undisturbed)的自然区域，以欣赏、研究自然风光和野生动植物为目标，并能为保护区筹集资金，为当地居民创造就业机会，为旅游者提供环境教育，从而有利于自然保护的旅游活动。由此可以看出生态旅游的概念不断被延伸、扩展和充实。

1.1.3 旅游资源概念

关于旅游资源的认识一直存在分歧，张凌云曾论及 16 种旅游资源定义，并做了总结和有益的探讨。此外，其他学者也曾就旅游资源的概念进行探讨。张凌云指出旅游资源是凡能激发旅游者旅游动机，能为旅游业所用，并由此产生经济价值、社会效益的因素和条件；罗贝尔·朗加尔说旅游资源即自然、文化、艺术或工艺等资源的旅游遗产，吸引着旅游者，刺激他们去旅游；杨振之认为旅游资源是一个综合体，指所有客观存在着的并产生相互吸引力的能带来旅游效益的人和物，旅游资源包括客观市场、旅游地资源、旅游服务及旅游服务设施三大主要因素。2003 年我国国家旅游局给出定义：自然界和人类社会凡能对旅游者产生吸引力，可以被旅游业开发利用，并可产生经济效益、社会效益和环境效益的各种事物和因素。

关于旅游资源的定义众说纷纭，但也达成一些基本共识，旅游资源必须有吸引力、多元化和价值效益。

1.1.4 旅游资源评价

旅游资源评价就是在旅游资源调查基础上，进行深层次的研究工作，是从合理开发利用和保护旅游资源即取得最大经济、环境和社会效益角度出发，采取定性或定量的评价方法，对一定区域内的旅游资源本身的价值及外部开发条件进行综合评价和鉴定。旅游资源评价的目的是通过对旅游资源的类型、数量、结构、质量、功能和性质的评价，对旅游区开发和改造提供科学依据；通过对旅游资源的规模及水平的鉴定，为国家和地区进行旅游资源分级规划和管理提供系统资料和判断对比标准；通过对区域旅游资源的综合评价，为合理利用旅游资源，发挥宏观效益提供可行性论证，为确定不同旅游地建设顺序准备条件。

1.1.5 旅游资源区划

旅游资源区划即在查清各地资源的地域差异的基础上,遵循综合性、整体性、相似性、主导因素、完整性、旅游中心、交通便捷和区域社会经济等原则,对资源类型和功能进行分区划片的过程(即划分旅游区的过程),以达到找出比较合理的旅游区界限以及今后发展方向和确定区内各级旅游经济中心的目的。

1.1.6 旅游线路

一定地域空间内,旅游经营者针对旅游客源市场的需求,凭借交通路线和交通工具,遵循市场性、特色性、效益型、季节性、网络性和安全性原则,将若干旅游吸引物、旅游设施、旅游服务等合理地贯穿起来,专为旅游者开展旅游活动而设计的旅游线路。

1.2 国内外生态旅游研究概况

1.2.1 国外生态旅游研究现状

国外对生态旅游研究较中国早,各项研究成果层出不穷。1986年在墨西哥召开的国际环境会议上,第一次讨论了关于生态旅游的发展问题,此后生态旅游蓬勃发展。据不完全统计,目前国际上公开发行的生态旅游类期刊就有几十种,主要有《旅游研究》(Tourism Research)、《旅行杂志》(Journal of Travel)、《旅游管理》(Tourism Management)及《可持续性旅游期刊》(Journal of Sustainable Tourism)等,许多著名学者在这些期刊上发表了大量有关生态旅游开发和规划方面的研究论文,《旅游管理》1993年第2期还推出了生态旅游专辑。各类研究著作也是举不胜举,主要有:Lindberg等著的《生态旅游:规划者、管理者指导》、生态旅游协会(TES)编辑出版的《自然旅游经营者的生态旅游原则》、李俊清等编著的《生态旅游学》等。随着研究深度和广度不断深入,各种国际组织应运而生,如国际上最具代表性的生态旅游协会(TES)、大自然保护协会(TNC)、保护国际基金会(CI)、世界野生动物基金会(WWF)、国际人类学与民族学联合会(IUAES)等。

此外国外学者对生态旅游的规划也进行了较深的研究,出版了一些与此相关的著作,并将"岛屿理论""环境容量"等引入生态旅游规划,取得了成功。例如在美国建筑师 Richard Forster(1973)的同心圆模式的基础上,C.A.Gunn(1988)提出的五圈层国家公园旅游分区模式,将公园分成重点资源保护区、荒野低利用区、分散游憩区、密集游憩区和服务社区,被广泛应用于加拿大国家公园。

1.2.2 国内生态旅游研究现状

我国的生态旅游研究兴起于20世纪90年代初,1993年首次以文件形式提出了"生态旅游",并通过了《东亚保护区行动计划概要》。1994年成立"中国生态旅游协会(CETA)"。1995年1月首届全国生态旅游学术研讨会在云南西双版纳召开。1996年6月在武汉召开国际生态旅游学术研讨会,同年10月《中国21世纪议程优先项目计划》调整、补充方案中,将"承德市生态旅游""井冈山生态旅游与次原始森林保护"等作为实施项目。1997年12月在北京召开与生态旅游密切相关的旅游业持续发展研讨会,并确认了生态旅游是中国旅游可持续发展的重要保障和措施之一。1998年10月第六届"亚太地区议员环境与发展大会"在广西桂林市召开,会议主题为"旅游与环境保护"。1999年是我国的生态旅游年,一系列与生态相关的研讨会在我国召开,如国家旅游局与UNWTO联合在中国举办的"生态旅游高级研讨会",中国旅游协会生态旅游专业委员会组织召开的"生态旅游学术研讨规划与管理研讨会",国际景观生态学会中国分会召开了"生态旅游与景观生态学学会"等,同年,我国首次承办了主题为"人与自然"的"中国昆明99世界园艺博览会",将我国生态旅游研究发展推向高潮。2001年中国旅游收入跃至世界第五位。2006年,中国旅游总收入为8 935亿元,比上年增长16.3%;全国入境旅游人数达1.24亿人次,比上年增长3.9%,其中入境过夜旅游人数4 991万人次,比上年增长6.6%,入境外国旅游者2 221万人次,比上年增长9.7%;国际旅游(外汇)收入339.49亿美元,比上年增长15.9%。我国已成为全球第四大入境旅游接待国,旅游外汇收入居世界第六位,入境旅游已成为我国最大的国际服务贸易领域,并保持了持续增长的势头。在短短二十几年的时间里,中国的旅游业迅猛发展,走完了欧美一个世纪走过的路程。尽管是初生的、有待成熟的产业,但它以不可阻挡的势头发展,成为中国横空出世的朝阳产业。

第 2 章　闽江源头县域生态文明建设路径研究

生态文明(Ecological Civilization)是人类反思生态危机、克服传统发展弊端而进行的理性选择,是尊重人、自然、社会和谐发展而取得物质文明和精神文明的产物,把生态建设上升到文明的高度。

生态发展论(Ecological Development)是用生态发展的观点作为评价人类经济活动,制定经济发展战略和政策原则的一种理论,在经济发展的同时注意建设环境和保护环境。这是经济与生态全面发展的观点,也称生态发展原则。而生态可持续发展是生态文明建设的有效途径之一,可使环境资源的"瓶颈"制约逐渐缓解,从而减缓生态环境的破坏速度,进而为人类摆脱生存、生态危机,实现经济社会的可持续发展。本章以闽江源头之一的福建省光泽县为例,探索研究江河源头县域生态文明建设路径和方法。

2.1 闽江源头县域生态文明建设的研究背景

党的十八大把生态文明建设并列于政治、经济、社会、文化建设,形成了五位一体的中国特色社会主义总布局,标志着我国开始走向生态文明的新时代,为努力实现县域生态发展,指明了前进方向和实现路径。

光泽为闽江的源头之一,生态区位特殊、生态环境优越、生态潜力巨大;光泽的出路、优势、责任都在生态。近年来,中央和省市先后出台了支持东部地区率先发展,支持革命老区、原中央苏区加快发展,支持海西加快发展,支持赣南等原中央苏区振兴发展,加快武夷新区发展以及加快扶贫开发和水土流失治理重点县发展、加快县域经济发展等一系列政策措施,光泽县被确定为原中央苏区县和福建省新一轮扶贫开发和水土流失治理重点县;县域内最大企业——圣农发展上市后,进入快速发展阶段,带动其他生态产业加快发展。光泽县主动把握机遇,加快生态发展、绿色崛起,全县经济社会发展取得新成效。据统计,2012 年实现全县生产总值 53.95 亿元,比 2011 年增长 13.5%;农林牧渔及服务业总产值 40.88 亿元,比 2011 年增长 11.6%;规模以上工业产值 56.63 亿元,比 2011 年增长 38%;全县固定资产投入 29.53 亿元,比 2011 年增长 34.9%;社会消费品零售总额为12.95 亿元,比 2011 年增长 13.5%;外贸出口额达到 3 164 万美元,比 2011 年增长 48%;实际利用外资 912 万美元,比 2011 年增长 176.4%;财政收入为 3.68 亿元,比 2011 年增长 20.3%,而地方级财政收入 2.48 亿元,比 2011 年增长 24%;农民平均纯收入 7 593 元/人,比 2011 年增长 12.4%;城镇居民平均可支配收入 18 568 元/人,比 2011 年增长 12.7%;城镇登记失业率 3.57%,人口自然增长率 5.83‰,两项指标均低于市控目标;单位生产总值综合能耗完成市下达任务,四项主要污染物排放在市控目标之内。主要经济指标中,有 4 项指标增幅位居南平市第一,大部分指标增幅位居南平市中上游,发展速度不断加快,发展效益逐步提升。

同时,光泽县也清醒地认识到发展所面临的困难和问题,主要表现在:作为闽江重要源头,生态保护压力很大;经济总量小,工业体量不大,财政实力不强;绿色发展理念不强,产业层次低,结构不合理,农民增收途径和渠道不多;城镇化水平不高,城市管理有待提升,基础设施建设滞后等瓶颈问题尚未根本破解,与生态文明建设的要求还有差距。

推进生态发展、加快光泽崛起符合中央科学发展的思想和省委跨越发展、市委绿色发展的要求,符合上级的政策导向,符合国家级生态县建设的需要。通过加快推进扶贫开发,抓好工业经济、农业经济、城市经济"三大经济",生态环境和经济发展协调共进,推动光泽生态发展、加快崛起,对实现"特色经济强县、生态文明之乡、优美宜居城市"的定位,全面建成小康社会目标,具有重大意义。

2.2 江河源头县域生态文明建设的基本思路

2.2.1 指导思想

要认真贯彻落实党的十八大精神,坚持生态立县战略,以创建国家生态县为契机,以打造"中国生态食品城"为目标,以"福建省城镇化试点"为重点,以扶贫开发、水土流失治理为牵引,着力转变发展方式,加快生态产业、生态城市、生态园区、生态乡村、生态长廊、生态源头建设,保持经济持续较快发展,切实保障和改善民生,推进生态发展、加快崛起,实现"百姓富、生态美"的有机统一。

2.2.2 总体目标

光泽县近年来经济社会呈现持续较快发展的良好态势,但是总体还属于经济欠发达县。2010 年全县地区生产总值 34.30 亿元,居全省 84 个县市区倒数第 7 位;人均地区生产总值 25 575 元,居全省倒数第 20 位;地方财政收入 1.40 亿元,居全省倒数第 11 位;人均地方财政收入 1 043 元,居全省倒数第 28 位。省、市高度重视革命老区、原中央苏区、经济欠发达地区发展,将该县列为全省 23 个扶贫开发重点县之一,要求各地奋力赶超、加快发展。当时光泽县生态文明建设的总体目标是做优生态环境、做强特色经济、推进生态发展,加快光泽崛起。到 2015 年,森林覆盖率达到 75% 以上,空气环境质量达到国家一级标准,水环境质量达到国家二级以上标准,生态环境质量位居全省前列,达到国家级生态县标准;单位 GDP 能源消耗和主要污染物排放量低于全省、全市平均水平,主要经济发展指标增幅高于全省、全市平均水平;人均地区生产总值、人均地方级财政收入接近全省平均水平;建成国家级生态县、打造生态经济示范县。到 2017 年提前三年与全省同步实现小康社会目标。

2.2.3 基本原则

在工业社会,资源得到最有效配置的方法是市场原则,然而工业的发展也带来市场失灵的问题,并且该问题日益严重。所以建设生态文明社会是对市场的拯救,而生态文明社会还需市场资源配置原则(利润最大化、等价交换、优胜劣汰)的帮助,同时资源配置的基本依据必须有生态原则,从而解决市场原则带来的市场失灵的现象。作为江河源头的山区县,加快生态发展,实现生态文明建设应遵循以下基本原则。

一是生态优先原则。当受到外来干扰时,生态系统能应对并通过自我调节来实现初始稳定状态,而该状态未被社会资源配置所破坏,那么资源的配置就达到生态平衡。按照生态优先原则将资源进行配置能促进生态系统良性循环,使产出最优化,所以社会经济得以持续发展的前提条件是生态平衡得到最大限度的保持。

二是绿色发展原则。在配置社会资源时,既能满足生态平衡、社会经济发展,又能使自然生态环境与人类社会协调长远发展,该配置过程遵循绿色发展原则。保护、尊重、顺应自然是生态文明发展的理念,低碳、绿色、循环发展是生态文明发展的模式。在资源配置过程中,遵循绿色发展原则即以绿色为根本,其特点是可持续,主题是发展,目标是发展绿色经济、打造绿色城市、保护绿色生态、倡导绿色生活。

三是环境友好原则。当自然环境受到外来干扰时,生态系统通过自我恢复和调节来保持自然环境相对协调和稳定,其自然环境未被社会资源配置所破坏。实施该原则对经济效率提高、经济有效增长、环境退化和生态恶化问题的消除、良好生活环境的维护等方面具有重要作用。建设生态文明不仅是现阶段环境恶化而实施的战略决策,也使自然环境资源达到可持续利用。

四是节约资源原则。通过节制使用不可再生资源,合理利用并充分开发可再生资源,从而使社会资源配置达到高效、节约、循环利用的要求。通过实行该原则,社会资源配置达到高效、节约、循环利用,自然环境和生态系统受人类活动的干扰破坏达到最低,对社会经济可持续发展的实现具有巨大的推动作用。

五是协调进化原则。通过配置社会资源实现自然环境与人类社会互惠共赢、共同进化、协调发展、和谐相处。随着生活水平的提高,人们实现了收入增加、安居乐业,同时也希望有清新空气、蓝天绿地;不仅希望有殷勤富裕的小康生活,还希望有依山傍水的美丽环境。落实协调进化原则,体现了人与自然互惠共赢、共同进化、协调发展、和谐相处,这是发展社会进化的本质要求。

2.3 江河源头县域生态文明建设的实现途径

现阶段,我国经济得到较快发展,经济总量达到全球第二,但也带来十分严峻的问题,如生态系统退化、环境严重污染、经济发展不平衡等。这些问题日益突出,就要求我们在经济发展的过程中注重环境问题,树立生态文明观念,做到保护环境、尊重自然、遵循自然规律,修复被破坏的自然环境,保护未被破坏的自然环境,大力推进五位一体,从而形成资源节约型、环境保护型的产业结构。光泽县结合自身实际情况,突出"三大经济",全力推动经济社会持续较快发展,推进生态文明发展,加快光泽崛起。

一是发展生态产业。以打造"中国生态食品城"为目标,全面对接、全力保障、全程服务圣农发展,做大总部经济总量;建成"中国生态食品城",打造圣农千亿肉鸡产业集群。引进新兴产业,如生物工程,推动经济进一步发展;农副产品从粗加工进一步转型到深加工,提升传统产业,注重品牌效应原则,增加产品附加值。大力发展现代农业,持续推进农村特色经济"六个一"工程,大力发展优质高效农业、设施农业和生态农业,引导推动土地流转,通过发挥龙头企业和专业合作组织的带动作用,促进一产与二、三产联动发展,提高农业规模化、组织化水平。加快发展交通运输、物流仓储等生产、生活服务业,加快旅游文化产业发展,结合光泽县商周文化遗址、原中央苏区县、闽江源头生态县、圣农特色产业等特色旅游资源优势,高标准制定旅游产业发展规划,全力打造"圣农全国工农业旅游示范区"特色产业旅游;加快发展红色旅游、风景名胜旅游和生态乡村旅游;抓好旅游交通公路网络、旅游商品、旅游基础设施等项目建设。逐步构建以绿色生态为基础,以资源优势为依托,以科技创新为支撑的特色生态产业体系。

二是建设生态园区。以绿色发展为理念,着力建设特色型、创新型、生态型工业园区。打造和顺工业园成为圣农食品加工产业园,努力建成以发展食品加工为主导,绿色农产品加工为支撑,配套产业体系全面发展的生态产业园区和闽北地区循环经济的示范性产业基地。金岭工业园按照构建生态环境良好工业园的要求,发展以循环经济为目标的产业集群,增强前后向联系产业的专业合作,以"生态结构"优化产业组合。主要发展以食品、竹木、矿产品等资源深加工型产业,机械制造、电子制造、生物产业等新兴产业,以及商贸物流等配套服务功能产业。要不断完善园区配套设施和配套服务功能设施,加大园区对外推介力度,突出园区招商,积极引进生态产业,使其成为承接发达地区产业转移和本县新上工业项目及老企业"退城进园"的主要平台;加强园区路网绿化美化和园区绿地建设,入园企业厂区内绿地覆盖率必须达到20%,园区绿化率达到30%以上,努力建成以发展山垄经济为特色的生态示范园区。

三是建设生态城市。以"福建省城镇化试点"为契机,按照环境友好原则,规划和建设生态城市,实行协调进化原则,每年建设一批城建项目,应做到三有:有计划、有步骤、有重点,并且该项目应保证基础性、产业性及功能性,使得城市框架能够快速拉开,城市功能也能逐步完善。大力推进以建设森林县、园林县为载体的县域级生态环境保护,做到"三化"建设,即绿化建设、美化建设、园林化建设,将县城打造成特色显著、山水映照、绿美相拥的生态城市。加强道路交通安全管理,完善污水排放系统,增强垃圾清理能力,将住宅小区建设成生态和谐小区。通过一系列的举措,使光泽县的城镇平均公共绿地面积达到$12m^2$/人,解决人们饮用水问题,使集中式饮用水源水质达到100%达标率,80%以上的城镇污水能集中处理,90%以上的城镇生活垃圾能进行无害化处理。逐步形成以中心城区为核心,以寨里、止马为卫星乡镇,以司前、华桥、李坊为生态乡村的"一城、二镇、三乡"光泽新格局。

四是建设生态乡村。以美丽乡村建设为基础,加快小城镇和中心村镇建设,完善中心村的经济发展、村庄建设、劳动力就业和基层组织建设四个规划,认真抓好止马镇小城镇综合改革建设试点工作,形成示范带动效应。加快完善中心村镇基础设施和公共服务,强化村镇规划建设管理,引导农民向中心村镇集聚,努力建设适宜人居、交通便捷、功能齐全的新型农村。持续推进城乡一体化的"四绿工程",提高森林蓄积量,调整林种结构,如规划和营造更多的水源涵养林,提高森林保育水土、净化大气、防御自然灾害的能力。逐步形成县内东北部生态林业、西南部商品林业、中部森林公园群的林业新格局。以小流域为基本单元,对生态功能区进行强制性保护,修建河道疏浚工程,修复小流域生态环境,恢复植被,提高涵养水源的能力。结合农村环境连片治理,加强面源污染和畜禽养殖污染综合防治,加快园林式乡村建设步伐。村镇饮用水卫生合格率100%,农村卫生厕所普及率达到95%,村庄所在地绿化覆盖率提高到18%以上,80%乡镇达到国家级生态乡镇、80%的村达到市级以上生态村标准。逐步实现村庄布局优化美化、村落环境绿化净化的目标,使光泽的山更青、水更绿、空气更清新。

五是建设生态长廊。以鸾凤生态河谷为重点,结合新农村建设和小城镇建设,实施绿色通道和城乡绿化一体化工程,建设鹰厦铁路、邵光高速公路、316国道、杉关、山头关等出省公路沿线两侧一重山、富屯溪及沿河两岸绿色长廊及国道沿线村庄绿化美化工程,提高铁路、公路交通主干道沿线绿化美化水平,推进沿路、沿溪、环城一重山绿色屏障建设,加强城区一重山生态以及富屯溪流域水源涵养林和水土保持林、国道一重山、水库周边和重点区位生态公益林保护。推进以"三清六改"为主要内容的村容村貌整治,建立和完善垃圾收集处理和乡村长效保洁制度;开展境内主要流域水环境综合整治,加强流域沿岸乡镇污水垃圾集中处理和规模化畜禽养殖场污染治理,达到二级以上排放标准。实现沿路和沿溪两岸绿化、美化、亮化,基本形成带、网、片、点结合,结构较为合理、功能较为完备的绿色生态长廊。

六是建设生态源头。以源头生态安全为核心,加强源头保护和综合治理,重点抓好武夷山脉和闽赣边界森林植被的保护与恢复,提升生态环境质量,切实保护源头生态安全。加强武夷山国家级自然保护区核心区28万亩[①]和省级71.3万亩生态公益林管护,通过植树造林和封山育林,逐步扩大面积,实现生态公益林占比超过40%,有效增加碳汇;同时实行严格的封山护林政策,重点保护天然阔叶林和名木古树,严禁开采矿石、挖沙取土等破坏行为,使之成为真正的水土保持和水源涵养林。加强源头水源和生物多样性保护。积极申报香炉山8.9万亩省级自然保护区,规划建设3万亩光泽大武夷天池国家级森林公园,加快推进总库容3.57亿立方米的茶富大型水库规划建设,形成功能较完备、整体布局较均匀的自然保护区,森林生态系统进一步稳定,使江河源头成为闽江上游重要的生态藩篱。

---

① 1亩666.67平方米。

第3章　福建乡村旅游发展影响因素分析
——基于 DEMATEL 方法

　　DEMATEL（决策试验与评估实验室）方法由美国国家实验室于 1971 年首先提出，是一种主要运用矩阵论原理进行因素群中因果关系和系统中因素重要性分析的方法。由于该方法具有很好的适应性，因此已被应用到很多领域的定量研究中，如能源、医疗和水利等领域。

　　DEMATEL 方法由于具有解决复杂系统中各因素的逻辑关系（因果关系）等特点以及优势，已被众多学者广泛应用于很多领域，并且取得了较为理想的研究成果，同时研究者对该方法的应用价值也表示了认可与肯定。将该方法应用到乡村旅游发展影响因素研究中，不仅是对乡村旅游研究方法的一次丰富，也是加强乡村旅游量化分析的一次有益尝试，推动乡村旅游管理和经营等实践活动走向科学化和精确化。

　　DEMATEL 方法依据标度法进行打分并形成直接关联矩阵，但由于需要分析的因素较多，因此传统的标度法对影响因素的分辨程度并不会太高且容易造成混淆。因此本章将采用标度法来设计直接关联评判表并构建直接关联矩阵。

　　此外，由于传统方法根据原有迭代运算只是确定和划分出原因因素和结果因素，因此在系统因素较多时仅将因素划分为两个层次不能有效提高系统层次的清晰程度，一定程度上会造成对逻辑关系的误解或困惑，如在原因因素里是否存在相对结果因素等。有鉴于此，本章采用胡伟对 DEMATEL 方法改进的基本思想，通过对前述运算划分出的原因因素组和结果因素组再进行多次迭代，梳理原因因素以及结果因素之间的因果层次结构关系。其中，多次迭代 DEMATEL 方法在传统方法的基础上增加了两个运算步骤。

　　根据上述改进思路，本章应用 DEMATEL 方法对乡村旅游发展关键影响因素进行分析，具体如下。

3.1 研究方法

1.构建直接关联矩阵法

根据标度法的评判规则,对两两因素间的影响程度进行评判。如果影响因素 i 对影响因素 j 没有直接影响关系,对应的矩阵中关系分数记为 0;如果影响因素 i 对影响因素 j 有极弱的影响,分数记为 1;如果影响因素 i 对影响因素 j 有较弱的影响,分数记为 2;如果影响因素 i 对影响因素 j 有中等的影响,分数记为 3;如果影响因素 i 对影响因素 j 有较强的影响,分数记为 4;如果影响因素 i 对影响因素 j 有极强的影响,分数记为 5。

2.标准化处理矩阵法

对综合权重矩阵进行标准化处理得到标准化直接影响矩阵 N,公式如(3-1)和(3-2)所示:

$$N = S \times Z \tag{3-1}$$

$$S = 1/\max \sum Z_{ij}, i,j = 1,2,\ldots,n \tag{3-2}$$

其中,S 被称为标准化系数,$\max \sum Z_{ij}$ 表示对直接影响矩阵的每一行的数值进行计算和比较后所得到的最大值。

3.计算综合影响矩阵

公式如(3-3)所示:

$$T = N(I - N)^{-1} \tag{3-3}$$

其中:$(I-N)^{-1}$ 为 $I-N$ 的逆矩阵,I 为单位矩阵。

4.影响度 D_j 和被影响度 R_i

影响度 D_j 表示第 j 个影响因素对其他影响因素的直接影响和间接影响的影响程度大小,称为影响度;被影响度 R_i 表示第 i 个影响因素被其他影响因素的直接影响和间接影响的影响程度大小,称为被影响度。影响度和被影响度的计算公式如(3-4)和(3-5)所示:

$$D_j = \sum t_{ij}, j = 1,2,\cdots,n \tag{3-4}$$

$$R_i = \sum t_{ij}, i = 1,2,\cdots,n \tag{3-5}$$

5.中心度 P_i 和原因度 E_i

两者的计算公式如(3-6)和(3-7)所示:

$$P_i = R_i + D_j \mid i = j \tag{3-6}$$

$$E_i = R_i - D_j \mid i = j \tag{3-7}$$

其中,中心度 P_i 越大说明对于研究目标而言作用效果越强。原因度 $E_i > 0$,表明该影响因素对其他影响因素存在影响作用,称为原因因素,并且原因因素很难改变;如果原因度 $E_i<0$,表明该影响因素受其他影响因素的影响作用,称为结果因素,并且结果因素易因其他因素的影响而产生改变。

6.判定原因因素和结果因素是否需要进一步分层

判断准则为:当且仅当条件"无法对原因因素或结果因素再次进行迭代"成立时,就无须进一步分层。若需要进一步分层,针对划分出的原因因素,划去结果因素在原综合直接影响矩阵中所处的行和列,并重复之前的运算;针对划分出的结果因素,划去原因因素在原综合直接影响矩阵中所处的行和列,并重复之前运算。

3.2 研究基础数据

福建乡村旅游发展影响研究的基础是分析乡村旅游发展关键影响因素,具体如表3-1所示。

表 3-1 乡村旅游发展关键影响因素

研究	关键影响因素
乡村旅游发展	乡村环境整洁度 A1 乡村旅游资源丰度 A2 乡村旅游资源品质 A3 乡村旅游资源的乡村性 A4 基础设施完整性 A5 经营管理水平 A6 居民参与性 A7 经营者中当地居民占比 A8 居民满意度 A9 乡村旅游资源保护性投入 A10 经营管理支持力度 A11 旅游地安全性 A12 开发模式的适宜度 A13 保障政策的重视程度 A14 居民乡村游接受度 A15 旅游市场规模 A16 媒体的宣传 A17 休闲政策的重视程度 A18 两地距离 A19 旅游地可达性 A20 两地文化差异 A21

3.3 研究结果

3.3.1 数据计算

表 3-2 是根据直接关联矩阵法中标度法的评判规则对 A1 至 A21 各因素间的影响程度进行评判的结果。

表 3-2 直接关联矩阵

因素	A1	A2	A3	A4	A5	A6	A7	A8	A9	A10	A11	A12	A13	A14	A15	A16	A17	A18	A19	A20	A21
A1	0	0	4	2	3	4	0	2	4	1	1	4	2	3	2	0	1	3	0	0	0
A2	0	0	3	4	0	3	3	0	4	5	4	0	5	3	3	3	4	0	5	3	
A3	1	4	0	4	0	3	3	0	4	3	4	0	5	5	4	2	0	4	0	5	3
A4	3	5	2	0	2	5	1	2	5	5	3	0	3	5	5	4	5	0	5	5	
A5	2	5	5	4	0	5	5	0	5	5	5	0	5	5	5	3	3	5	0	3	0
A6	1	5	5	3	4	0	5	2	2	1	5	3	3	4	3	4	2	2	0	2	3
A7	5	1	0	1	4	1	0	3	5	5	3	0	2	5	5	2	3	5	3	0	3
A8	3	0	1	2	0	3	3	0	2	3	5	0	5	5	5	3	0	4	0	2	4
A9	1	3	1	0	0	0	5	3	0	5	5	0	5	5	5	5	3	5	3	5	3
A10	4	5	5	5	5	3	3	2	5	0	5	5	4	5	4	5	4	5	0	5	5
A11	4	4	4	4	5	5	5	5	0	5	0	5	5	4	3	5	4	5	3	5	5
A12	1	0	3	2	0	0	5	5	5	3	0	0	5	3	0	5	5	3	5	5	0
A13	3	5	4	3	0	3	5	4	5	5	4	0	0	5	5	5	1	3	0	5	3
A14	2	2	3	3	4	3	4	3	5	5	3	5	4	0	5	5	3	3	0	5	3
A15	3	1	1	1	2	0	5	2	3	3	3	0	3	3	0	5	2	4	0	5	4
A16	5	4	3	3	0	5	4	4	2	4	3	0	5	5	4	0	5	5	3	5	2
A17	4	2	1	1	0	4	5	0	1	0	3	0	5	5	0	5	0	2	0	5	5
A18	2	4	3	1	0	2	3	0	3	3	3	5	3	3	5	3	2	0	0	3	2
A19	0	0	0	0	0	0	5	0	3	0	0	0	0	0	5	4	1	0	0	5	5
A20	0	0	0	0	0	5	0	3	0	0	0	0	0	5	4	1	0	5	0	5	
A21	2	2	2	0	0	0	3	2	3	0	0	3	3	5	4	5	3	3	5	0	

以表 3-2 中数据为基础,运用 DEMATEL 方法对表 3-2 中的数据进行分析计算,得到包含各因素影响度、被影响度、中心度和原因度的计算结果,其中对直接影响矩阵进行标准化处理得到表 3-3,再对标准化直接影响矩阵进行矩阵处理得到综合影响矩阵,如表 3-4。根据以上处理得到的数据包含各因素影响度、被影响度、中心度和原因度的计算结果,如表 3-5 所示。

表 3-3 标准化直接影响矩阵

因素	A1	A2	A3	A4	A5	A6	A7	A8	A9	A10	A11	A12	A13	A14	A15	A16	A17	A18	A19	A20	A21
A1	0.00	0.00	0.05	0.02	0.04	0.05	0.00	0.02	0.05	0.01	0.01	0.05	0.02	0.04	0.02	0.00	0.01	0.04	0.00	0.00	0.00
A2	0.00	0.00	0.04	0.05	0.00	0.04	0.04	0.00	0.05	0.06	0.05	0.00	0.06	0.06	0.05	0.02	0.04	0.05	0.00	0.06	0.04
A3	0.01	0.05	0.00	0.05	0.00	0.04	0.04	0.00	0.05	0.04	0.05	0.00	0.06	0.06	0.05	0.02	0.06	0.06	0.00	0.06	0.04
A4	0.04	0.06	0.02	0.00	0.02	0.06	0.01	0.02	0.06	0.06	0.04	0.00	0.04	0.06	0.06	0.06	0.05	0.06	0.00	0.06	0.06
A5	0.02	0.06	0.06	0.05	0.00	0.06	0.06	0.00	0.06	0.06	0.06	0.06	0.06	0.06	0.04	0.04	0.06	0.06	0.00	0.04	0.00
A6	0.01	0.06	0.06	0.04	0.05	0.00	0.06	0.02	0.02	0.01	0.06	0.04	0.00	0.04	0.05	0.04	0.05	0.02	0.00	0.02	0.04
A7	0.06	0.01	0.00	0.01	0.05	0.01	0.00	0.04	0.06	0.06	0.04	0.00	0.02	0.06	0.06	0.02	0.04	0.04	0.00	0.06	0.04
A8	0.04	0.00	0.01	0.02	0.00	0.00	0.00	0.00	0.00	0.06	0.04	0.00	0.06	0.00	0.00	0.00	0.05	0.00	0.00	0.02	0.05
A9	0.01	0.04	0.01	0.00	0.00	0.00	0.06	0.04	0.00	0.06	0.06	0.00	0.06	0.06	0.00	0.06	0.04	0.06	0.04	0.06	0.04
A10	0.05	0.06	0.06	0.06	0.00	0.06	0.00	0.00	0.06	0.00	0.00	0.00	0.06	0.00	0.00	0.06	0.05	0.00	0.06	0.00	0.06
A11	0.05	0.05	0.05	0.05	0.06	0.06	0.00	0.06	0.00	0.00	0.06	0.00	0.06	0.05	0.04	0.06	0.05	0.00	0.04	0.06	0.06
A12	0.01	0.00	0.04	0.02	0.00	0.00	0.06	0.00	0.06	0.06	0.00	0.00	0.00	0.05	0.00	0.04	0.01	0.00	0.06	0.06	0.06
A13	0.04	0.06	0.05	0.04	0.00	0.06	0.00	0.06	0.05	0.00	0.05	0.00	0.00	0.06	0.00	0.06	0.01	0.04	0.00	0.06	0.04
A14	0.02	0.02	0.04	0.04	0.05	0.04	0.05	0.04	0.06	0.06	0.06	0.00	0.05	0.00	0.06	0.00	0.04	0.00	0.00	0.06	0.04
A15	0.04	0.01	0.01	0.01	0.02	0.06	0.00	0.02	0.00	0.00	0.00	0.00	0.04	0.04	0.00	0.02	0.05	0.00	0.06	0.06	0.05
A16	0.06	0.05	0.04	0.04	0.00	0.06	0.05	0.05	0.02	0.05	0.04	0.00	0.06	0.06	0.05	0.00	0.06	0.06	0.04	0.06	0.02
A17	0.05	0.02	0.01	0.01	0.00	0.00	0.00	0.01	0.00	0.00	0.00	0.00	0.00	0.00	0.00	0.02	0.00	0.02	0.06	0.06	0.06
A18	0.02	0.05	0.04	0.01	0.00	0.02	0.04	0.00	0.04	0.04	0.06	0.04	0.00	0.06	0.04	0.02	0.00	0.00	0.04	0.02	
A19	0.00	0.00	0.00	0.00	0.00	0.00	0.00	0.04	0.00	0.00	0.00	0.05	0.00	0.00	0.00	0.04	0.00	0.00	0.00	0.06	0.06
A20	0.00	0.00	0.00	0.00	0.00	0.00	0.00	0.00	0.00	0.00	0.00	0.00	0.00	0.00	0.06	0.05	0.01	0.00	0.06	0.00	0.06
A21	0.02	0.02	0.02	0.00	0.00	0.00	0.00	0.04	0.02	0.04	0.00	0.00	0.04	0.04	0.06	0.04	0.05	0.06	0.04	0.04	0.06	0.00

表 3-4 综合影响矩阵

因素	A1	A2	A3	A4	A5	A6	A7	A8	A9	A10	A11	A12	A13	A14	A15	A16	A17	A18	A19	A20	A21
A1	0.04	0.04	0.09	0.06	0.06	0.08	0.06	0.06	0.10	0.06	0.06	0.07	0.08	0.10	0.09	0.06	0.05	0.09	0.01	0.07	0.05
A2	0.06	0.07	0.09	0.10	0.04	0.09	0.13	0.05	0.13	0.13	0.12	0.04	0.14	0.15	0.15	0.12	0.10	0.13	0.03	0.16	0.12

续表

因素	A1	A2	A3	A4	A5	A6	A7	A8	A9	A10	A11	A12	A13	A14	A15	A16	A17	A18	A19	A20	A21
A3	0.07	0.11	0.06	0.09	0.04	0.09	0.12	0.05	0.13	0.11	0.12	0.04	0.13	0.14	0.14	0.11	0.06	0.12	0.03	0.16	0.11
A4	0.10	0.13	0.10	0.06	0.07	0.12	0.12	0.08	0.16	0.15	0.12	0.05	0.13	0.17	0.18	0.17	0.12	0.16	0.03	0.18	0.15
A5	0.10	0.15	0.14	0.12	0.05	0.13	0.18	0.07	0.17	0.16	0.16	0.11	0.16	0.18	0.19	0.16	0.12	0.17	0.03	0.17	0.10
A6	0.07	0.13	0.12	0.09	0.09	0.06	0.15	0.08	0.11	0.10	0.14	0.07	0.12	0.15	0.14	0.14	0.09	0.11	0.03	0.13	0.11
A7	0.11	0.07	0.06	0.06	0.08	0.06	0.09	0.08	0.14	0.13	0.11	0.04	0.10	0.14	0.16	0.11	0.09	0.12	0.03	0.15	0.11
A8	0.09	0.06	0.07	0.07	0.04	0.08	0.12	0.05	0.10	0.10	0.12	0.04	0.13	0.14	0.15	0.12	0.06	0.12	0.02	0.11	0.11
A9	0.08	0.10	0.07	0.05	0.04	0.06	0.16	0.09	0.09	0.14	0.13	0.04	0.14	0.15	0.17	0.15	0.10	0.14	0.06	0.17	0.12
A10	0.13	0.15	0.14	0.13	0.11	0.11	0.17	0.10	0.18	0.11	0.16	0.11	0.16	0.19	0.19	0.19	0.13	0.18	0.04	0.21	0.17
A11	0.13	0.14	0.13	0.12	0.11	0.13	0.19	0.13	0.12	0.17	0.11	0.11	0.17	0.18	0.18	0.18	0.13	0.18	0.07	0.20	0.17
A12	0.07	0.06	0.09	0.07	0.04	0.05	0.15	0.11	0.14	0.14	0.11	0.04	0.13	0.15	0.16	0.13	0.07	0.14	0.03	0.16	0.08
A13	0.10	0.13	0.11	0.10	0.05	0.10	0.16	0.10	0.16	0.15	0.13	0.05	0.10	0.17	0.18	0.16	0.09	0.13	0.03	0.18	0.13
A14	0.10	0.10	0.11	0.10	0.09	0.10	0.16	0.10	0.16	0.15	0.13	0.10	0.14	0.11	0.18	0.17	0.11	0.14	0.03	0.18	0.13
A15	0.09	0.07	0.06	0.06	0.06	0.05	0.14	0.07	0.13	0.10	0.10	0.03	0.10	0.12	0.09	0.14	0.08	0.12	0.03	0.15	0.11
A16	0.13	0.12	0.10	0.09	0.05	0.12	0.15	0.10	0.12	0.13	0.12	0.05	0.15	0.16	0.17	0.11	0.13	0.15	0.06	0.18	0.12
A17	0.09	0.06	0.05	0.04	0.03	0.03	0.12	0.03	0.07	0.05	0.08	0.02	0.05	0.09	0.10	0.11	0.04	0.08	0.02	0.12	0.11
A18	0.07	0.10	0.09	0.06	0.03	0.07	0.12	0.05	0.11	0.10	0.10	0.09	0.10	0.12	0.15	0.11	0.08	0.07	0.02	0.13	0.09
A19	0.03	0.02	0.02	0.02	0.01	0.02	0.10	0.02	0.07	0.03	0.03	0.01	0.03	0.04	0.10	0.08	0.04	0.03	0.02	0.10	0.09
A20	0.03	0.02	0.02	0.02	0.01	0.02	0.10	0.02	0.07	0.03	0.03	0.01	0.03	0.04	0.10	0.08	0.04	0.03	0.07	0.05	0.09
A21	0.06	0.06	0.06	0.03	0.02	0.03	0.10	0.06	0.09	0.05	0.05	0.02	0.09	0.10	0.13	0.11	0.10	0.09	0.05	0.13	0.06

表 3-5　计算结果

影响因素	影响度 D	被影响度 R	中心度 P	原因度 E
乡村环境整洁度 A1	1.38	1.75	3.13	0.37
乡村旅游资源丰度 A2	2.13	1.89	4.02	−0.24
乡村旅游资源品质 A3	2.02	1.77	3.79	−0.25
乡村旅游资源的乡村性 A4	2.54	1.53	4.07	−1.02
基础设施完整性 A5	2.83	1.11	3.95	−1.72
经营管理水平 A6	2.23	1.59	3.82	−0.64
居民参与性 A7	2.04	2.78	4.82	0.73
经营者中当地居民占比 A8	1.89	1.48	3.37	−0.41
居民满意度 A9	2.24	2.56	4.80	0.32
乡村旅游资源保护性投入 A10	3.07	2.30	5.37	−0.76
经营管理支持力度 A11	3.04	2.21	5.26	−0.83
旅游地安全性 A12	2.12	1.16	3.27	−0.96
开发模式的适宜度 A13	2.50	2.37	4.87	−0.13

续表

影响因素	影响度 D	被影响度 R	中心度 P	原因度 E
保障政策的重视程度 A14	2.58	2.78	5.36	0.19
居民乡村游接受度 A15	1.89	3.11	4.99	1.22
旅游市场规模 A16	2.50	2.71	5.20	0.21
媒体的宣传 A17	1.38	1.81	3.20	0.43
休闲政策的重视程度 A18	1.84	2.51	4.36	0.67
两地距离 A19	0.92	0.73	1.64	−0.19
旅游地可达性 A20	0.92	3.08	4.00	2.17
两地文化差异 A21	1.50	2.32	3.82	0.83

从表3-5看,原因度大于0的影响因素共有10个,分别为乡村环境整洁度(0.37)、居民参与性(0.73)、居民满意度(0.32)、保障政策的重视程度(0.19)、居民乡村游接受度(1.22)、旅游市场规模(0.21)、媒体的宣传(0.43)、休闲政策的重视程度(0.67)、旅游地可达性(2.17)和两地文化差异(0.83);原因度小于0的影响因素共有11个,分别为乡村旅游资源丰度(−0.24)、乡村旅游资源品质(−0.25)、乡村旅游资源的乡村性(−1.02)、基础设施完整性(−1.72)、经营管理水平(−0.64)、经营者中当地居民占比(−0.41)、乡村旅游资源保护性投入(−0.76)、经营管理支持力度(−0.83)、旅游地安全性(−0.96)、开发模式的适宜度(−0.13)、两地距离(−0.19)。综上所述,影响乡村旅游发展的关键因素中原因因素和结果因素分别有10个和11个。

为获得更为清晰的逻辑关系和层次结构,将在前述计算结果的基础上,根据DEMATEL方法,分别对上文中的原因因素和结果因素进行多次迭代直至方法判定准则生效。在此过程中,原因因素共经历三次迭代。其中,第一次迭代得到6个原因因素和4个结果因素;第二次迭代得到2个原因因素和4个结果因素;第三次迭代得到1个原因因素和1个结果因素。迭代结果如表3-6所示。

表3-6 原因因素迭代结果

迭代	影响因素	影响度 D	被影响度 R	中心度 P	原因度 E
第一次迭代	乡村环境整洁度 A1	2.44	4.24	6.67	−1.80
	居民参与性 A7	6.12	6.05	12.17	0.07
	居民满意度 A9	6.58	5.50	12.07	1.08
	保障政策的重视程度 A14	6.22	5.20	11.42	1.02
	居民乡村游接受度 A15	6.27	6.75	13.02	−0.49
	旅游市场规模 A16	6.18	5.82	11.99	0.36
	媒体的宣传 A17	5.65	4.40	10.05	1.24
	休闲政策的重视程度 A18	4.70	4.91	9.60	−0.21
	旅游地可达性 A20	4.44	6.64	11.08	−2.21
	两地文化差异 A21		4.89	10.71	0.93

续表

迭代	影响因素	影响度 D	被影响度 R	中心度 P	原因度 E
第二次迭代	居民参与性 A7	10.07	11.20	21.27	−1.14
	居民满意度 A9	11.21	9.19	20.40	2.02
	保障政策的重视程度 A14	10.82	11.27	22.09	−0.44
	旅游市场规模 A16	9.93	11.12	21.05	−1.18
	媒体的宣传 A17	10.20	10.32	20.52	−0.12
	两地文化差异 A21	9.91	9.04	18.95	0.87
第三次迭代	居民满意度 A9	5.00	4.00	9.00	1.00
	两地文化差异 A21	4.00	5.00	9.00	−1.00

而结果因素经过三次迭代，第一次迭代得到 6 个原因因素和 5 个结果因素；第二次迭代得到 2 个原因因素和 3 个结果因素；第三次迭代得到 1 个原因因素和 2 个结果因素。迭代结果如表 3-7 所示。

表 3-7 结果因素迭代结果

迭代	影响因素	影响度 D	被影响度 R	中心度 P	原因度 E
第一次迭代	乡村旅游资源丰度 A2	1.68	2.27	3.95	−0.59
	乡村旅游资源品质 A3	1.59	2.13	3.72	−0.54
	乡村旅游资源的乡村性 A4	1.85	2.09	3.94	−0.23
	基础设施完整性 A5	2.59	1.17	3.75	1.42
	经营管理水平 A6	2.05	2.04	4.09	0.01
	经营者中当地居民占比 A8	1.36	1.36	2.73	0.00
	乡村旅游资源保护性投入 A10	2.56	2.40	4.96	0.16
	经营管理支持力度 A11	2.78	2.45	5.23	0.33
	旅游地安全性 A12	1.46	1.20	2.67	0.26
	开发模式的适宜度 A13	1.86	2.51	4.37	−0.64
	两地距离 A19	0.07	0.23	0.30	−0.16
第二次迭代	乡村旅游资源丰度 A2	9.39	11.08	20.47	−1.69
	乡村旅游资源品质 A3	10.04	7.90	17.94	2.14
	乡村旅游资源的乡村性 A4	8.12	9.12	17.24	−1.01
	开发模式的适宜度 A13	9.50	10.56	20.05	−1.06
	两地距离 A19	1.61	0.00	1.61	1.61
第三次迭代	乡村旅游资源丰度 A2	14.00	15.00	29.00	−1.00
	乡村旅游资源的乡村性 A4	13.00	11.83	24.83	1.17
	开发模式的适宜度 A13	13.00	13.17	26.17	−0.17

3.3.2 结果分析

以表 3-2 和表 3-3 数据为基础，从原因度着手，结合表 3-5 数据分别对原因因素和结果因素进行分析,以分析影响因素的因果层次关系和重要性。

1. 原因因素分析

根据表 3-6 可知,居民满意度、两地文化差异这两个因素的原因度较高且对其他原因因素产生的影响更大。其中,居民满意度是最终的原因因素,且对另一个因素有较高的影响,其原因度远高于其他原因组因素,这说明居民满意度是居民选择乡村游的首要因素。从客观方面来讲,居民满意度决定着这个乡村旅游发展的趋势,其涉及政府工作、经济发展和企业经营多方面,因此也更容易进行工作改变并实现提升。两地文化的差异影响着居民对乡村游的选择和接受度,更容易因为一些多变的因素而造成改变。正是因为涉及一些具有长效性和短期不可变性的特点,使得这两个因素存在比较大的难以改变度。

在其他原因因素组中,保障政策的重视程度影响度和被影响度数值均相对偏高,说明乡村旅游涉及政府保障政策相关方面,不仅会较大程度地影响其他因素改变,同时也较容易受到来自其他因素的影响而产生改变。居民参与性、旅游市场规模和媒体的宣传中原因度值相比于其他原因因素相对较低,则表明这几个因素虽然存在一定的改变难度,但是相较而言难度不大。乡村环境整洁度、乡村居民接受度、休闲政策重视程度和旅游地可达性不具有较高的原因度,表 3-6 中居民乡村游接受影响度和被影响度较大,说明居民乡村游的接受度是城镇居民在综合因素影响下产生的心理反应,城镇居民很容易受网络因素影响而改变观念。

2. 结果因素分析

从表 3-7 看,乡村旅游资源丰度、乡村旅游资源的乡村性和开发模式的适宜度是结果因素组中较容易受到其他结果因素影响而改变的三个因素,其中乡村旅游资源丰度和开发模式的适宜度是最终结果因素。根据表 3-7 可见乡村旅游资源丰度的原因度绝对值最大,表示它们受其他因素影响的程度最大也最容易得到改变,可以说正是乡村旅游资源的丰富才带动了企业和经济的发展,因此也更容易进行工作改变以实现提升。开发模式的适宜度中开发模式不仅受到民营投资者的知识水平和投资高低等因素以及政府管理者的环境保护和法律法规执行水平的影响,还受到来自当地居民、媒体等社会因素的影响。乡村旅游资源的乡村性是满足旅游者需求的重要基础,是需要投资者、政府和经营者投入精力给予保护和改变的重点。其他结果因素中,两地距离被影响度和影响度较低是因为客观角度来讲这种地理距离几乎是改变不了的。乡村旅游资源品质原因度相对于其他原因度较低是因为虽然存在一定的改变难度但是相较而言难度不大。所以最终结果因素为乡村旅游资源丰度和开发模式的适宜度。

3. 影响因素关系模型

明晰乡村旅游发展影响因素间逻辑关系是乡村旅游发展驱动机制与动力系统研究的重要基础,而乡村旅游发展驱动机制与动力系统是指导和协助有关管理部门合理开发和优化配置乡村旅游资源,推动乡村旅游科学发展的重要基础。

根据第三次迭代结果,即乡村旅游发展关键影响因素间的逻辑关系,构建了乡村旅游关键影响因素因果关系模型,如图3-1所示。

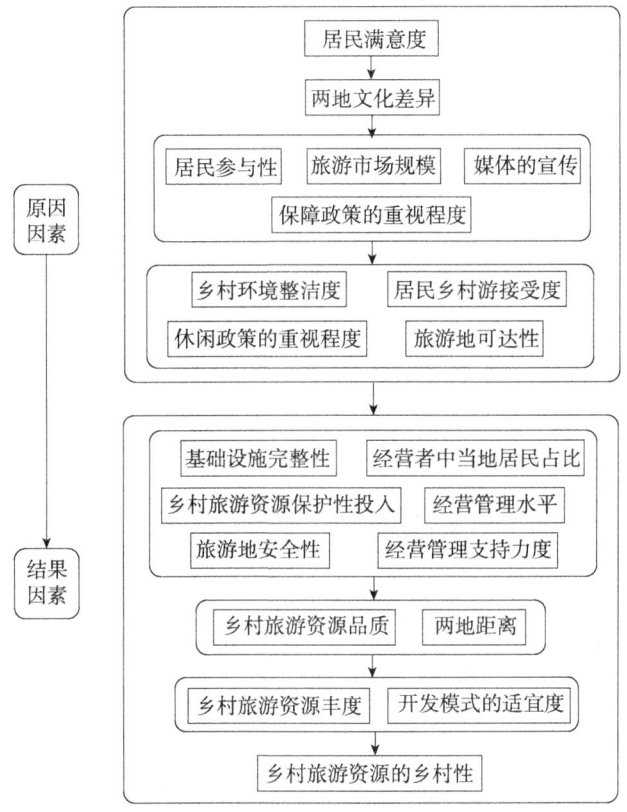

图 3-1 乡村旅游关键影响因素因果关系模型

第4章　福建山区乡村旅游资源评价

随着近几年中国经济的快速发展,旅游业也开始在国内经济总量上起重要作用,由于人们长期生活在充斥着钢筋水泥的城市中,身心健康受到城市化带来的各种影响,充满烟尘与噪声的人工环境,使得人们开始追求最原始的生态自然,因此,乡村旅游业开始逐步走进人们的视野,成为近年来旅游业的热门发展方向。而乡村旅游资源作为乡村旅游业的发展基础,更是成为乡村旅游业所需要关注的对象。所以,就目前而言,如何评价一个乡村景点的旅游资源和开发潜力的情况,是乡村旅游业发展进程中所需要重点关注和解决的问题。

以福建省内的几个重要乡村旅游地武夷山市、三明市、龙岩市作为研究地域,以评价所研究地域的乡村旅游资源开发潜力为目的,首先构建了研究地域的乡村旅游资源评价指标体系,在现状调查的结果上,采用层次分析法对所研究地区的乡村旅游资源进行定性和定量综合评价,结果显示:武夷山市乡村旅游资源评价的最后得分为 7.821 分,根据旅游资源评价等级划分标准,在"很有潜力"的范围内;三明市乡村旅游资源评价的最后得分为 8.590 分,根据旅游资源评价等级划分标准,属于"极有潜力"的范围;龙岩市乡村旅游资源评价的最后得分为 8.324 分,根据旅游资源评价等级划分标准,属于"极有潜力"的范围。研究结果表明,武夷山市虽然在乡村旅游发展中拥有得天独厚的自然资源优势,并且进行了合理的利用和开发,但是在其他资源方面没能很好地发挥应有的作用,仍有很大的发展空间等待进一步挖掘,在今后的乡村旅游业发展过程中,应注重各方面协调可持续发展,提高旅游资源核心竞争力,做到经济效益的最大化;虽然三明市拥有良好的自然资源和人文资源,也在一些优势资源上进行了合理的开发和利用,并且获得了相应的经济效应,但同时在一些较为薄弱的资源方面没有很好地发挥和挖掘其潜在作用,仍有很大的发挥空间,在未来发展过程中应着重加大投入力度,做到资源的优势均衡发展,实现乡村旅游资源的经济效益最大化;龙岩市乡村旅游资源开发虽然极有潜力,有关部门也在优势资源方面给予了足够的重视和投入力度,但是仍需要注意加大其他短板因素的开发与利用,做到乡村旅游各资源的均衡发展,发挥各资源相应的潜力,最终使得经济效益最大化。

4.1 研究材料

在网络上对武夷山、三明、龙岩三个地区的乡村旅游发展现状进行了解,通过有关资料的查询,对这三个地区的乡村旅游资源和分布进行整合统计。根据结果,将乡村旅游资源价值大体上分为自然旅游资源价值、人文资源价值、旅游开发条件资源价值,接着在各资源价值上进行细分,如自然旅游资源包括观赏游憩和科学价值,再将所调查的资料数据相应地归类,并根据实际情况赋予相应的权重,最后通过专家打分的形式,将对应权重与分值综合考虑,得出综合定量评价结果。

4.2 研究方法

4.2.1 层次分析法的基本理论

一种定性和定量相结合、系统化、层次化的分析方法于20世纪70年代中期由美国运筹学家、匹兹堡大学教授托马斯·塞蒂(TL Saaty)提出,该方法被称为层次分析法,简称为AHP法。作为能够为决策提供确定性判据的方法,层次分析法依据序标度将复杂问题按照一定的原则分解为若干个组成因素,将各因素按支配关系分组以形成有序的递阶结构,通过两两比较判断的方法确定每层次中各因素的相对重要性,然后在递阶结构内进行合成以得到决策因素相对于目标的重要性的总顺序。

层次分析法是以决策思维方法为本质,其整个过程体现了决策者的思维分解、判断与综合的基本特征,这些特征使得决策者之间的沟通变得更加方便。该方法的基本原理是:首先,对问题所涉及的因素进行分类,建立标度表;其次,构造层次模型,从上到下依次为目标层、指标层、方案层;再次,对每一层次各元素的相对重要性进行判断,构建判断矩阵;又次,进行层次总排序和层次单排序,在排序过程中,为避免产生片面性,应该对每个构建的判断矩阵进行一致性检验;最后,计算出各层的方案相对于目标层的相对重要性权重,进而优选出方案。

4.2.2 层次分析评价乡村旅游资源的计算步骤

第一,层次结构模型的建立。

将有关因素按照属性关系从上而下地分解成几个层次。最上层为目标层,最后一层为对象层或方案层,中间有几个指标层或准则层,该层也可只有一层。如果指标层元素过多时,应进一步分出子指标层。

第二,建立比较矩阵。

从第 2 层开始,用 1 到 9 比较尺度和成对比较法建立比较矩阵,直到最后层。其中规定性标度的设计可见表 4-1。

表 4-1　规定性标度设计

标度 a_{ij}	定义
1	因素 i 与因素 j 同等重要
3	因素 i 比因素 j 稍重要
5	因素 i 比因素 j 较重要
7	因素 i 比因素 j 非常重要
9	因素 i 比因素 j 绝对重要
2,4,6,8,	因素 i 与因素 j 的重要性的比较值介于上述两个相邻等级之间

另外,倒数 1、1/2、1/3、1/4、1/5、1/6、1/7、1/8、1/9 表示因素 i 与因素 j 比较得到判断值为 a_{ij} 的互为相反数,即 $a_{ji}=\dfrac{1}{a_{ij}}$,$a_{ii}=1$。

第三,权向量的计算及一致性检验。

①计算每一个成对比较矩阵计算最大特征根 $\lambda_{\max}$ 及其特征向量(根法、幂法等)$\vec{W}=\begin{pmatrix}W_1\\ \vdots\\ W_n\end{pmatrix}$;

②根据一致性指标 CI 值,利用随机一致性指标 CR 和一致性比率作一致性检验(平均随机一致性指标 RI 如表 4-2 所示),其随机一致性指标 CR 的计算公式为:

$$\left(\mathrm{CR}=\frac{\mathrm{CI}}{\mathrm{RI}}\right)$$

表 4-2　平均随机一致性检验指标 RI

矩阵阶数	1	2	3	4	5	6	7	8	9	10
RI	0	0	0.52	0.89	1.12	1.26	1.36	1.41	1.46	1.52

③如果通过一致性检验（CR<0.1，或 CI<0.1），那么将上层权向量 $\vec{W}=\begin{pmatrix}W_1\\\vdots\\W_n\end{pmatrix}$ 归一化之后作为（B_j 到 A_j）的权向量；

④如果一致性检验不通过，即 CR<0.1 不成立，那么需要重新建立比较矩阵。

第四，组合权向量的计算及一致性检验。

①根据单层权向量的权值 $\vec{W_j}=\begin{pmatrix}W_1\\\vdots\\W_n\end{pmatrix}j=1,\cdots,m$ 构建组合权向量表，并计算出组合特征向量、特征根、一致性检验指标。

②如果通过一致性检验，那么可按照组合权向量 $\vec{W}=\begin{pmatrix}W_1\\\vdots\\W_n\end{pmatrix}$ 的表示结果进行决策（$\vec{W}=\begin{pmatrix}W_1\\\vdots\\W_n\end{pmatrix}$ 中 W_i 中最大者的最优），即：$W^*=\max\{W:|W_i\in(W_1,\cdots,W_n)^T\}$

③如果一致性检验没有通过，那么需要重新构造模型，较大 CR 值的比较矩阵。

4.3 乡村旅游资源评价层次构建和开发潜力定量评价

4.3.1 乡村旅游资源评价层次构建

乡村旅游资源评价层次的构建具体见表 4-3 的评价指标体系模型。

表 4-3 乡村旅游资源评价指标体系模型

目标层 A	综合层 B	评价层 C	评价因素 D
武夷山市乡村旅游资源评价 A	自然资源价值 B1	观赏游憩价值 C1	乡村水域风光价值 D1 地质地貌 D2 乡村生物景观价值 D3 乡村田园风光价值 D4
		科学价值 C2	农林科学考察 D5 农林科学教育 D6
		文化价值 C3	乡村遗产 D7 乡村聚落 D8 乡村历史 D9 乡村建筑 D10
	人文资源价值 B2	民风民俗 C4	乡村节庆 D11 信仰崇拜 D12 乡土文化艺术 D13 乡村民间工艺 D14 乡村传统劳作 D15
	旅游开发条件 B3	可及性 C5	交通条件 D16 与客源地距离 D17
		基础设施 C6	基础住宿 D18 乡村餐饮 D19 乡村购物 D20
		景点组合 C7	与附近景点距离 D21 与附近景点异同 D22
		环境容量 C8	

4.3.2 乡村旅游资源开发潜力定量评价

以十分为总分,采用模糊记分法,通过问卷调查赋予各评价因子分值,对各市乡村旅游资源进行模糊定量评价。依据评价因子对旅游资源开发的影响程度,将每个评价指标划分为 5 个等级(如极高、高、一般、低、极低),每一等级的分值可在规定的区间选择相应的实数值:一级为[10,8];二级为[8,6];三级为[6,4];四级为[4,2];五级为[2,0]。

表 4-4 为龙岩市乡村旅游资源的模糊定量评价。

表 4-4 乡村旅游资源评价指标模糊计分标准

评价指标			评价等级（分值）				
			[10,8)	[8,6)	[6,4)	[4,2)	[2,0)
龙岩市乡村旅游资源评价 A	自然资源价值 B1	观赏游憩价值 C1	乡村水域风光价值 D1	极高	高	一般	低	极低
			地质地貌 D2	极高	高	一般	低	极低
			乡村生物景观价值 D3	极高	高	一般	低	极低
			乡村田园风光价值 D4	极高	高	一般	低	极低
		科学价值 C2	农林科学考察 D5	极高	高	一般	低	极低
			农林科学教育 D6	极高	高	一般	低	极低
	人文资源价值 B2	文化价值 C3	乡村遗产 D7	极高	高	一般	低	极低
			乡村聚落 D8	极高	高	一般	低	极低
			乡村历史 D9	极高	高	一般	低	极低
			乡村建筑 D10	极高	高	一般	低	极低
		民风民俗 C4	乡村节庆 D11	极高	高	一般	低	极低
			信仰崇拜 D12	极高	高	一般	低	极低
			乡土文化艺术 D13	极高	高	一般	低	极低
			乡村民间工艺 D14	极高	高	一般	低	极低
			乡村传统劳作 D15	极高	高	一般	低	极低
	旅游开发条件 B3	可及性 C5	交通条件 D16	极好	很好	较好	一般	较差
			与客源地距离 D17	极远	很远	比较远	一般	很近
		基础设施 C6	基础住宿 D18	极高	高	一般	低	极低
			乡村餐饮 D19	极高	高	一般	低	极低
			乡村购物 D20	极好	高	一般	低	极差
		景点组合 C7	与附近景点距离 D21	极远	很远	比较远	一般	很近
			与附近景点异同 D22	极高	很高	一般	低	很低
		环境容量 C8		极大	很大	较大	较小	很小

参照《旅游资源的分类、调查与评价》(GB/18972—2003)中有关旅游资源评价等级的划分标准，将乡村旅游资源划分为五个等级：

极有潜力，得分赋值 8~10 分；很有潜力，得分赋值 6~8 分；有潜力，得分赋值 4~6 分；一般，得分赋值 2~4 分；没有潜力，得分赋值 0~2 分。

乡村旅游资源评价模型：$B = \sum_{i=1}^{n} a_i b_{ij}$

式中，B 为乡村旅游资源综合评价值；a_i 为第 i 个指标的权重；b_{ij} 为第 i 个指标的评价值；n 为评价指标数目。

综合评价值满分取 10 分，运用加权平均法得到所有评价者对乡村旅游资源评价指标打分的算术平均数，再与各指标的权重相乘即为综合评价值。

4.4 研究分析

4.4.1 武夷山市乡村旅游资源评价分析

表 4-5 至表 4-15 分别为武夷山市乡村旅游资源评价指标 A-B、B1-C、B2-C、B3-C、C1-D、C2-D、C3-D、C4-D、C5-D、C6-D、C7-D 的判断矩阵。

表 4-5　判断矩阵 A-B

A_1	B_1	B_2	B_3
B1	1.00	3.00	3.00
B2	0.33	1.00	2.00
B3	0.33	0.50	1.00

注:CI=0.03　RI=0.58　CR=0.05<0.10

表 4-6　判断矩阵 B1-C

B1	C1	C2
C1	1.00	6.00
C2	0.17	1.00

注:CI=0　RI=0　CR=0<0.10

表 4-7　判断矩阵 B2-C

B2	C3	C4
C3	1.00	4.00
C4	0.25	1.00

注:CI=0　RI=0　CR=0<0.10

表 4-8　判断矩阵 B3-C

B3	C5	C6	C7	C8
C5	1.00	2.00	6.00	5.00
C6	0.50	1.00	4.00	4.00
C7	0.17	0.25	1.00	3.00
C8	0.20	0.25	0.33	1.00

注:CI=0.07　RI=0.89　CR=0.08<0.10

表 4-9　判断矩阵 C1-D

C1	D1	D2	D3	D4
D1	1.00	0.50	3.00	4.00
D2	2.00	1.00	4.00	4.00
D3	0.33	0.25	1.00	3.00
D4	0.25	0.25	0.33	1.00

注：CI＝0.05　RI＝0.89　CR＝0.05＜0.10

表 4-10　判断矩阵 C2-D

C2	D5	D6
D5	1.00	0.50
D6	2.00	1.00

注：CI＝0　RI＝0　CR＝0＜0.10

表 4-11　判断矩阵 C3-D

C3	D7	D8	D9	D10
D7	1.00	6.00	2.00	3.00
D8	0.17	1.00	0.33	0.33
D9	0.50	3.00	1.00	0.50
D10	0.33	3.00	2.00	1.00

注：CI＝0.04　RI＝0.89　CR＝0.04＜0.10

表 4-12　判断矩阵 C4-D

C4	D11	D12	D13	D14	D15
D11	1.00	0.50	4.00	5.00	5.00
D12	2.00	1.00	2.00	3.00	4.00
D13	0.25	0.50	1.00	2.00	2.00
D14	0.20	0.33	0.50	1.00	2.00
D15	0.20	0.25	0.50	0.50	1.00

注：CI＝0.06　RI＝1.12　CR＝0.05＜0.10

表 4-13　判断矩阵 C5-D

C5	D16	D17
D16	1.00	4.00
D17	0.25	1.00

注：CI＝0　RI＝0　CR＝0＜0.10

表 4-14　判断矩阵 C6-D

C6	D18	D19	D20
D18	1.00	3.00	3.00
D19	0.33	1.00	2.00
D20	0.33	0.50	1.00

注：CI＝0.03　RI＝0.58　CR＝0.05＜0.10

表 4-15　判断矩阵 C7-D

C7	D21	D22
D21	1.00	3.00
D22	0.33	1.00

注：CI＝0　RI＝0　CR＝0＜0.10

表 4-16、表 4-17 分别为层次单排序、总排序的武夷山市乡村旅游资源评价指标权重表。

表 4-16　武夷山市乡村旅游资源评价指标权重表（层次单排序）

目标层 A	综合层 B		评价层 C		评价因素 D	
武夷山市乡村旅游资源评价 A	自然资源价值 B1	0.588 888 889	观赏游憩价值 C1	0.857 143	乡村水域风光价值 D1	0.306
					地质地貌 D2	0.468
					乡村生物景观价值 D3	0.147
					乡村田园风光价值 D4	0.080
			科学价值 C2	0.142 857	农林科学考察 D5	0.450
					农林科学教育 D6	0.900
	人文资源价值 B2	0.251 851 852	文化价值 C3	0.800 000	乡村遗产 D7	0.489
					乡村聚落 D8	0.073
					乡村历史 D9	0.193
					乡村建筑 D10	0.245
			民风民俗 C4	0.200 000	乡村节庆 D11	0.352
					信仰崇拜 D12	0.346
					乡土文化艺术 D13	0.141
					乡村民间工艺 D14	0.095
					乡村传统劳作 D15	0.066
	旅游开发条件 B3	0.159 259 259	可及性 C5	0.505 000	交通条件 D16	0.800
					与客源地距离 D17	0.200
			基础设施 C6	0.304 000	基础住宿 D18	0.589
					乡村餐饮 D19	0.252
					乡村购物 D20	0.159
			景点组合 C7	0.120 000	与附近景点距离 D21	0.750
					与附近景点异同 D22	0.250
			环境容量 C8	0.071 000		

表 4-17 武夷山市乡村旅游资源评价指标权重表(层次总排序)

目标层 A	综合层 B		评价层 C		评价因素 D	
武夷山市乡村旅游资源评价 A	自然资源价值 B1	0.588 888 889	观赏游憩价值 C1	0.504 762	乡村水域风光价值 D1	0.154 255 629
					地质地貌 D2	0.236 162 052
					乡村生物景观价值 D3	0.074 202 935
					乡村田园风光价值 D4	0.040 141 288
			科学价值 C2	0.084 127	农林科学考察 D5	0.037 857 143
					农林科学教育 D6	0.075 714 286
	人文资源价值 B2	0.251 851 852	文化价值 C3	0.201 481	乡村遗产 D7	0.098 586 305
					乡村聚落 D8	0.014 694 142
					乡村历史 D9	0.038 871 697
					乡村建筑 D10	0.049 329 338
			民风民俗 C4	0.050 370	乡村节庆 D11	0.017 724 794
					信仰崇拜 D12	0.017 444 527
					乡土文化艺术 D13	0.007 090 251
					乡村民间工艺 D14	0.004 796 674
					乡村传统劳作 D15	0.003 314 124
	旅游开发条件 B3	0.159 259 259	可及性 C5	0.080 473	交通条件 D16	0.064 378 008
					与客源地距离 D17	0.016 094 502
			基础设施 C6	0.048 343	基础住宿 D18	0.028 468 858
					乡村餐饮 D19	0.012 175 361
					乡村购物 D20	0.007 699 125
			景点组合 C7	0.019 100	与附近景点距离 D21	0.014 324 937
					与附近景点异同 D22	0.004 774 979
			环境容量 C8	0.011 343		

(1)综合评价层因子分析(B层)

从综合评价层看(见表4-18),自然资源价值的权重排名第一(权重值为0.588 889),这说明自然资源是武夷山市的一项重要资源,同时也是武夷山市乡村旅游业的重要发展基础,在武夷山市乡村旅游经济发展的过程中起了不可或缺的重要作用,从当前情况看,作为一项可持续利用和开发的资源,其受到有关部门的关注和重视,多样性等各方面得到了很好的保护,因此具有很大的发掘潜能和发展空间。人文资源价值的权重排名第二(权重值为0.251 852),这说明武夷山虽然具有丰富而多样的当地文化,但是未受到应有的重视和开发,人文资源的价值并没有得到合理的利用,在乡村旅游发展中的经济效益未能充分发挥其作用,仍具有极大的发展空间。旅游开发条件的权重最低(权重值为0.159 259),这说明武夷山市的旅游基础设施并不完善,各项配套功能未齐全,开发仍处于初级阶段,不能够很好地为武夷山市乡村旅游业的经济发展提供一个稳定支持。由上可见,武夷山市自然资源价值丰富,但在人文资源方面还未很好地深入挖掘和利用,旅游开发条件仍需完善。

表 4-18 武夷山市乡村旅游资源定量评价结果

目标层 A	综合层 B		评价层 C		评价因素 D		D 得分	D 综合评价分	评价层 C 得分	综合层 B 得分
武夷山市乡村旅游资源评价 A	自然资源价值 B1	0.588 889	观赏游憩价值 C1	0.504 762	乡村水域风光价值 D1	0.154 255 629	7.8	1.203 194	4.304 681	5.126
					地质地貌 D2	0.236 162 052	9.5	2.243 539		
					乡村生物景观价值 D3	0.074 202 935	8.1	0.601 044		
					乡村田园风光价值 D4	0.040 141 288	6.4	0.256 904		
			科学价值 C2	0.084 127	农林科学考察 D5	0.037 857 143	7.1	0.268 786	0.821 500	
					农林科学教育 D6	0.075 714 286	7.3	0.552 714		
	人文资源价值 B2	0.251 852	文化价值 C3	0.201 481	乡村遗产 D7	0.098 586 305	4.3	0.423 921	0.892 441	1.248
					乡村聚落 D8	0.014 694 142	3.5	0.051 429		
					乡村历史 D9	0.038 871 697	5.4	0.209 907		
					乡村建筑 D10	0.049 329 338	4.2	0.207 183		
			民风民俗 C4	0.050 370	乡村节庆 D11	0.017 724 794	6.2	0.109 894	0.355 141	
					信仰崇拜 D12	0.017 444 527	7.8	0.136 067		
					乡土文化艺术 D13	0.007 090 251	6.3	0.044 669		
					乡村民间工艺 D14	0.004 796 674	7.3	0.035 016		
					乡村传统劳作 D15	0.003 314 124	8.9	0.029 496		
	旅游开发条件 B3	0.159 259	可及性 C5	0.080 473	交通条件 D16	0.064 378 008	6.1	0.392 706	0.489 273	1.447
					与客源地距离 D17	0.016 094 502	6.0	0.096 567		
			基础设施 C6	0.048 343	基础住宿 D18	0.028 468 858	7.7	0.219 210	0.364 670	
					乡村餐饮 D19	0.012 175 361	7.9	0.096 185		
					乡村购物 D20	0.007 699 125	6.4	0.049 274		
			景点组合 C7	0.019 100	与附近景点距离 D21	0.014 324 937	7.7	0.110 302	0.495 711	
					与附近景点异同 D22	0.004 774 979	3.9	0.018 622		
			环境容量 C8	0.011 343			8.6	0.097 554	0.097 554	
评价得分合计										7.821

(2) 项目评价层因子分析(C 层)

从评价层 C 层的 8 个评价因子看,观赏游憩价值的权重排名居首位(权重值为 0.504 762),说明武夷山供人们观赏游憩的价值很高,这是因为被评为"全球十大幸福指数最高的地方"的武夷山,空气中负氧离子含量高达 1 400 每立方厘米,丹霞地貌以及九曲溪沿岸的奇峰峭壁构成了独特的自然风光,林海莽莽、满目苍翠,给予了人们在现代城市中难得的观赏和游憩的好地方,清新的空气和大自然让人们心旷神怡,远离城市中钢筋混凝土和烟尘,因此,原生态的自然环境和良好的空气质量是吸引人们前来武夷山游玩的一大原因,是武夷山乡村旅游业发展的重要基石。位居第二的是文化价值(权重值为 0.201 481),武夷山拥有丰富的历史文化遗迹,早在 4 000 多年前,就有先民在此劳动生息,逐步形成了国内外绝无仅有的"古闽族"文化和其后的"闽越族"文化,绵延 2 000 多年之久,留下众多的文化遗存,留下了诸如"架壑船棺""虹桥板"以及占地 48 万平方米的汉代闽越王城遗址等,如此底蕴丰厚的文化价值,是武夷山乡村旅游开发的重要依托。排名第三的是科学价值(权重值为 0.084 127),武夷山丰富的自然资源以及多样的生物种类分布为科学研究提供了很高的价值。可及性的权重排名第四(权重值为 0.080 473),由于人们在进行乡村旅游景点选择时,除了考虑景点的观赏和人文价值等之外,交通、路线的便捷性以及道路情况也是人们的考虑因素之一,所以"可及性"是影响武夷山市乡村旅游发展的重要因素之一。最后是民风民俗、基础设施、景点组合和环境容量,依次权重排名为第五、第六、第七和第八(权重值分别为 0.050 370、0.048 343、0.019 100 和 0.011 343),这些因子在不同程度上分别限制着武夷山市乡村旅游的发展。

(3) 评价因子层分析(D 层)

从评价因子层 D 层看,在 22 个评价因子中,地质地貌和乡村水域风光价值的权重值排名依次为第一与第二(权重值分别为 0.236 162 052、0.154 255 629),武夷山以丹霞地貌闻名于世,错落有致的丹霞地貌给了人们强烈的视觉冲击,让游客暂时忘却城市的喧嚣,重返原生态大自然的鬼斧神工,而蜿蜒盘旋的九曲溪构成了武夷山秀美的乡村水域风光,给人们带来了清新而自然的享受,由此可见,独特的地质地貌和水域风光是武夷山市乡村旅游的开发基础。接下来是乡村遗产,权重值排名第三(权重值为 0.098 586 305),武夷山不仅拥有"古闽越""闽越族"的文化遗存,见证着已消逝的古代文明,同时还有伟大思想家、哲学家朱熹遗留下来的武夷精舍等书院遗址,也是武夷山宝贵的乡村遗产之一,这些均体现了武夷山乡村遗产的丰富和多样,吸引着人们前来感受和体会。农林科学教育和乡村生物景观价值分别排名第四与第五(权重值依次为 0.075 714 286、0.074 202 935),常年良好的气候条件和生态环境带给了武夷山多样化的生物类型,给予了武夷山市乡村旅游丰富的生物景观价值,与此同时也在农林科学教育上起了很大的推动作用。接着是交通条件、乡村建筑、乡村田园风光价值、乡村历史等评价因子,这些因素在一定程度上影响着武夷山市乡村旅游的建设和开发,是武夷山市有关部门需要注意的问题。

(4)武夷山市乡村旅游资源开发潜力评价结果分析

武夷山市乡村旅游资源评价的最后得分为 7.821,根据旅游资源评价等级划分标准,在"很有潜力"的范围内,说明武夷山市的乡村旅游具有很好的资源条件和发展优势,非常适合开展旅游项目。

通过表 4-18 可以发现:有的因子在评价因子中权重占比大且所得分值也较高,如地质地貌(权重值为 0.236 162 052,所得分数为 9.5 分),这表明地质地貌因素在武夷山市乡村旅游发展过程中起了不可代替的作用,并且有关部门也对其足够重视和关注,对其进行了合理的开发和利用,使其能够有效地发挥自己在乡村旅游业经济上的作用。反观有的因子虽然权重占比也较高,但所得分值相较之下却略低,如乡村水域风光价值(权重值为 0.154 255 629,所得分数为 7.8 分),这说明该因素虽然在各评价因子中具有很大的条件优势,是人们前来武夷山旅游所考虑的因素之一,但是可能由于没有得到有关部门的重视,导致其未能发挥应有的价值作用,因此也就没有达到游客的心理预期。除此之外,还有些因子权重占比低,所得的分值也低,如交通条件(权重值为 0.064 378 008,所得分数为 6.1 分)、与客源地距离(权重值为 0.016 094 502,所得分数为 6.0 分)等,这些因子本身开发和利用就不完善,而相关部门又没有注意到这个问题,因此就导致游客旅游时没能实现相应的期望。

综上所述,武夷山市虽然在乡村旅游发展中拥有得天独厚的自然资源优势,并且进行了合理的利用和开发,但是在其他资源方面没能很好地发挥应有的作用,仍有很大的空间等待进一步挖掘。在今后的乡村旅游业发展过程中,应注重各方面协调可持续发展,提高旅游资源核心竞争力,做到经济效益的最大化。

4.4.2 三明市乡村旅游资源评价分析

表 4-19 至表 4-29 分别为三明市乡村旅游资源评价指标 A-B、B1-C、B2-C、B3-C、C1-D、C2-D、C3-D、C4-D、C5-D、C6-D、C7-D 的判断矩阵。

表 4-19 判断矩阵 A-B

A	B1	B2	B3
B1	1.00	0.50	2.00
B2	2.00	1.00	3.00
B3	0.50	0.33	1.00

注:CI=−0.10 RI=0.58 CR=−0.17<0.10

表 4-20 判断矩阵 B1-C

B1	C1	C2
C1	1.00	7.00
C2	0.14	1.00

注:CI=0 RI=0 CR=0<0.10

表 4-21　判断矩阵 B2-C

B2	C3	C4
C3	1.00	5.00
C4	0.20	1.00

注:CI=0　RI=0　CR=0<0.10

表 4-22　判断矩阵 B3-C

B3	C5	C6	C7	C8
C5	1.00	0.33	2.00	4.00
C6	3.00	1.00	4.00	5.00
C7	0.50	0.25	1.00	3.00
C8	0.25	0.20	0.33	1.00

注:CI=0.04　RI=0.89　CR=0.04<0.10

表 4-23　判断矩阵 C1-D

C1	D1	D2	D3	D4
D1	1.00	0.33	0.50	3.00
D2	3.00	1.00	2.00	6.00
D3	2.00	0.50	1.00	4.00
D4	0.33	0.17	0.25	1.00

注:CI=0.04　RI=0.89　CR=0.05<0.10

表 4-24　判断矩阵 C2-D

C2	D5	D6
D5	1.00	0.50
D6	2.00	1.00

注:CI=0　RI=0　CR=0<0.10

表 4-25　判断矩阵 C3-D

C3	D7	D8	D9	D10
D7	1.00	0.33	2.00	0.50
D8	3.00	1.00	4.00	2.00
D9	0.50	0.25	1.00	0.33
D10	2.00	0.50	3.00	1.00

注:CI=0.01　RI=0.89　CR=0.012<0.10

表 4-26　判断矩阵 C4-D

C4	D11	D12	D13	D14	D15
D11	1.00	2.00	0.50	3.00	5.00
D12	0.50	1.00	0.33	2.00	3.00
D13	2.00	3.00	1.00	5.00	7.00
D14	0.33	0.50	0.20	1.00	2.00
D15	0.20	0.33	0.14	0.50	1.00

注:CI=0.01　RI=1.12　CR=0.06<0.10

表 4-27　判断矩阵 C5-D

C5	D16	D17
D16	1.00	3.00
D17	0.33	1.00

注:CI=0　RI=0　CR=0<0.10

表 4-28　判断矩阵 C6-D

C6	D18	D19	D20
D18	1.00	0.50	2.00
D19	2.00	1.00	3.00
D20	0.50	0.33	1.00

注：CI＝0.0046　RI＝0.58　CR＝0.007＜0.10

表 4-29　判断矩阵 C7-D

C7	D21	D22
D21	1.00	3.00
D22	0.33	1.00

注：CI＝0　RI＝0　CR＝0＜0.10

表 4-30、表 4-31 分别为层次单排序，点排序的三明市乡村旅游的资源评价指标权重表。

表 4-30　三明市乡村旅游资源评价指标权重表（层次单排序）

目标层 A	综合层 B	评价层 C		评价因素 D	
三明市乡村旅游资源评价 A	自然资源价值 B1 0.297 258 297	观赏游憩价值 C1	0.875	乡村水域风光价值 D1	0.168
				地质地貌 D2	0.484
				乡村生物景观价值 D3	0.280
				乡村田园风光价值 D4	0.069
		科学价值 C2	0.125	农林科学考察 D5	0.458
				农林科学教育 D6	0.917
	人文资源价值 B2 0.538 961 039	文化价值 C3	0.833	乡村遗产 D7	0.161
				乡村聚落 D8	0.466
				乡村历史 D9	0.096
				乡村建筑 D10	0.277
		民风民俗 C4	0.167	乡村节庆 D11	0.262
				信仰崇拜 D12	0.153
				乡土文化艺术 D13	0.444
				乡村民间工艺 D14	0.089
				乡村传统劳作 D15	0.053
	旅游开发条件 B3 0.163 780 664	可及性 C5	0.244	交通条件 D16	0.750
				与客源地距离 D17	0.250
		基础设施 C6	0.531	基础住宿 D18	0.297
				乡村餐饮 D19	0.539
				乡村购物 D20	0.164
		景点组合 C7	0.153	与附近景点距离 D21	0.750
				与附近景点异同 D22	0.250
		环境容量 C8	0.072		

表 4-31　三明市乡村旅游资源评价指标权重表(层次总排序)

目标层 A	综合层 B		评价层 C		评价因素 D	
三明市乡村旅游资源评价 A	自然资源价值 B1	0.297 258 297	观赏游憩价值 C1	0.260 101 010	乡村水域风光价值 D1	0.043 708 704
					地质地貌 D2	0.125 862 162
					乡村生物景观价值 D3	0.072 709 314
					乡村田园风光价值 D4	0.017 820 830
			科学价值 C2	0.037 157 287	农林科学考察 D5	0.017 030 423
					农林科学教育 D6	0.034 060 847
	人文资源价值 B2	0.538 961 039	文化价值 C3	0.449 134 199	乡村遗产 D7	0.072 342 151
					乡村聚落 D8	0.209 215 422
					乡村历史 D9	0.043 103 364
					乡村建筑 D10	0.124 473 262
			民风民俗 C4	0.089 826 840	乡村节庆 D11	0.023 517 088
					信仰崇拜 D12	0.013 726 637
					乡土文化艺术 D13	0.039 848 664
					乡村民间工艺 D14	0.008 008 722
					乡村传统劳作 D15	0.004 725 729
	旅游开发条件 B3	0.163 780 664	可及性 C5	0.040 038 713	交通条件 D16	0.030 029 035
					与客源地距离 D17	0.010 009 678
			基础设施 C6	0.086 901 879	基础住宿 D18	0.025 832 304
					乡村餐饮 D19	0.046 836 727
					乡村购物 D20	0.014 232 847
			景点组合 C7	0.025 082 310	与附近景点距离 D21	0.018 811 733
					与附近景点异同 D22	0.006 270 578
			环境容量 C8	0.011 757 762		

(1)综合评价层因子分析(B层)

从综合层 B 层看(见表 4-32),人文资源价值的权重排名第一(权重值为0.538 96),这说明三明市拥有独特的人文资源优势,是三明市旅游业的一项不可或缺的资源,在吸引游客前来旅游的过程中起了重要的作用,推动了三明旅游经济的发展,且人文资源是可持续开发和利用的,从当前状况来看,三明市的人文资源丰富而多样,且受到良好的保护,拥有巨大的发展空间和开发潜力。自然资源价值的权重排名第二(权重值为0.297 26),这说明虽然三明市的自然资源富饶,特别是山林类资源丰富而多样,但是未受到相应的重视和有效的开发,没有被很好地利用,没有起到其在旅游业经济发展中应起的作用,具有很大的待挖掘潜力和空间。旅游开发条件权重排名最后(权重值为0.163 78),这说明三明市的旅游开发条件相对落后,基础设施、道路交通等未能很好地为游客提供便利,在三明市旅游业发展中存在一定程度的限制作用。综上所述,三明市的人文资源价值丰富,但自然资源开发不足,旅游开发条件欠佳。

表 4-32 三明市乡村旅游资源定量评价结果

目标层 A	综合层 B	评价层 C	评价因素 D		D 得分	D 综合评价分	评价层 C 得分	综合层 B 得分
三明市乡村旅游资源评价 A	自然资源价值 B1 0.297 26	观赏游憩价值 C1 0.260 10	乡村水域风光价值 D1	0.043 71	7.7	0.336 557	2.172 32	2.501
			地质地貌 D2	0.125 86	9.0	1.132 759		
			乡村生物景观价值 D3	0.072 71	8.1	0.588 945		
			乡村田园风光价值 D4	0.017 82	6.4	0.114 053		
		科学价值 C2 0.037 16	农林科学考察 D5	0.017 03	6.3	0.107 292	0.328 69	
			农林科学教育 D6	0.034 06	6.5	0.221 396		
	人文资源价值 B2 0.538 96	文化价值 C3 0.449 13	乡村遗产 D7	0.072 34	8.3	0.600 440	4.057 38	4.810
			乡村聚落 D8	0.209 22	9.5	1.987 547		
			乡村历史 D9	0.043 10	8.1	0.349 137		
			乡村建筑 D10	0.124 47	9.0	1.120 259		
			乡村节庆 D11	0.023 52	8.5	0.199 895		
			信仰崇拜 D12	0.013 73	8.0	0.109 813		
		民风民俗 C4 0.089 83	乡土文化艺术 D13	0.039 85	8.8	0.350 668	0.752 87	
			乡村民间工艺 D14	0.008 01	7.3	0.058 464		
			乡村传统劳作 D15	0.004 73	7.2	0.034 025		
	旅游开发条件 B3 0.163 78	可及性 C5 0.040 04	交通条件 D16	0.030 03	7.5	0.225 218	0.295 29	1.279
			与客源地距离 D17	0.010 01	7.0	0.070 068		
		基础设施 C6 0.086 90	基础住宿 D18	0.025 83	7.7	0.198 909	0.661 43	
			乡村餐饮 D19	0.046 84	7.9	0.370 010		
			乡村购物 D20	0.014 23	6.5	0.092 514		
		景点组合 C7 0.025 08	与附近景点距离 D21	0.018 81	7.4	0.139 207	0.222 21	
			与附近景点异同 D22	0.006 27	3.2	0.020 066		
		环境容量 C8 0.011 76			8.5	0.099 941	0.099 94	
评价得分合计								8.590

(2) 项目评价层因子分析(C层)

从评价层 C 层的 8 个评价因子看,文化价值的权重排名第一(权重值为 0.449 13),这说明三明市文化底蕴丰富,乡村红色历史魅力深深吸引着游客,如宁化县曾经是红军长征四个出发地之一,同时三明还是世界客家祖地,宁化石壁是中国历史上多次人口南迁的枢纽,独特的客家文化以及相伴的客家建筑也是三明市独特的文化价值,是三明旅游业发展的重要基础。观赏游憩价值的权重排名第二(权重值为 0.260 10),三明市地质结构丰富,汇集岩溶、丹霞、火成岩等多种构景地貌,植被条件优越,森林覆盖率经统计达到了 76.8%,为全国之最,被专家誉为"全国最绿省份的最绿城市",独特的自然景观和生态环境是吸引游客观赏游憩的一大因素。民风民俗的权重排名第三(权重值为 0.089 83),三明市客家文化伴随着独特的客家乡村节庆和风俗,如戏曲等节目,为三明市旅游业增添独特的活力。基础设施的权重排名第四(权重值为 0.086 90),说明三明市虽然有在如住宿等旅游基础设施上给予一定的关注,但是相较之下仍有不足,未能很好地与其相关旅游资源匹配,没有得到相应的重视,为游客旅游带来了一些不便。接着是可及性、科学价值、景点组合和环境容量(权重值分别为 0.040 04、0.037 16、0.025 08、0.011 76),这些因素都在一定程度上成为三明市旅游业的短板,未能带来相应的旅游经济效应,是相关部门应重视和解决的问题。

(3) 评价因子层分析(D层)

从评价因子层 D 层的 22 个因子看,乡村聚落、地质地貌、乡村建筑的权重排名分别为第一、第二和第三(权重值分别为 0.209 22、0.125 86、0.124 47),这可能是现代城市中人们的生活方式正在经历着从人工环境向自然环境、历史文化的生态觉醒,加之三明市拥有得天独厚的自然生态风光、地质地貌类型丰富、植被多样性高,以及当地客家人传统建筑和聚落,所以吸引着人们来感受大自然,体会客家传统居住方式和建筑风格,这也是三明市旅游业的重要基础和来源。接下来是乡村生物景观价值、乡村遗产、乡村餐饮和乡村水域风光价值权重排名分别为第四、第五、第六和第七(权重值分别为 0.072 71、0.072 34、0.046 84、0.043 71),三明市丰富的自然资源带来了相应的生物景观多样性和优美的水域风光,如处于三明的泰宁风景旅游区为国家 5A 级景区,其内大金湖、九龙潭均是独一无二的自然水域景观,良好的自然生态环境也孕育了多种多样的动植物,形成了生物景观上的多样性,与之而来的是乡村餐饮上可口的野味佳肴,而三明市对于红色历史遗产和客家历史遗产的重视和保护也使得三明乡村遗产在旅游业发展中扮演了一个重要的角色,接着是乡土文化艺术、农林科学教育等,这些因素不同程度地制约了三明市乡村旅游的发展。

(4) 三明市乡村旅游资源开发潜力评价结果分析

三明市乡村旅游资源评价的最后得分为 8.590,根据旅游资源评价等级划分标准,属于"极有潜力"的范围,说明三明市具有开发乡村旅游的良好条件和优势,适合大力建设成为乡村旅游发展的重点对象。

通过对表 4-32 的分析,可以看出,一些评价因子所占的权重相对较大,并且分值相对较高,如乡村聚落(权重值为 0.209 22,分值为 9.5 分)、地质地貌(权重值为 0.125 86,分值为 9.0 分)以及乡村建筑(权重值为 0.124 47,分值为 9.0 分),说明这些因素是吸引人们前往三明乡村旅游的主要原因,是三明市乡村旅游业的重要依托,是推进三明乡村旅游经济的主要因素,在三明乡村旅游业中占据了重要作用,同时也受到相关部门应有的重视和关注,发展潜力和空间受到了合理的开发和利用,吸引了人们前来三明市旅游又很好地满足了游客的期望。而相对应的一些评价因子所占的权重相对来说较小,且分值也相对较低,如与附近景点异同(权重值为 0.006 27,分值为 3.2 分)、乡村购物(权重值为 0.014 23,分值为 6.5 分)等因子,说明这些因素是三明市乡村旅游发展中的不足之处,同时相关部门也没有及时给予相应的重视与开发利用,因此这些因素也就无法起到其相应的吸引游客的作用,最终在一定程度上限制了三明市整体旅游业的经济发展,因此,三明市有关部门应在这些因素上加大投入力度,如改进乡村旅游在旅游景点的规划,完善乡村购物方面等。

综上所述,虽然三明市拥有着良好的自然资源和人文资源,也在一些优势资源上进行了合理的开发和利用,并且得到了相应的经济效应,但同时在一些较为薄弱的资源方面没有很好地挖掘和发挥其潜在作用,仍有很大的空间,在未来发展过程中应着重加大投入力度,做到资源的优势均衡发展,实现乡村旅游资源的经济效益最大化。

4.4.3 龙岩市乡村旅游资源评价分析

表 4-33 至表 4-43 分别为龙岩市乡村旅游资源评价指标 A-B、B1-C、B2-C、B3-C、C1-D、C2-D、C3-D、C4-D、C5-D、C6-D、C7-D 的判断矩阵。

表 4-33 判断矩阵 A-B

A	B1	B2	B3
B1	1.00	0.17	2.00
B2	6.00	1.00	3.00
B3	0.50	0.33	1.00

注:CI=0.04 RI=0.58 CR=0.07<0.10

表 4-34 判断矩阵 B1-C

B1	C1	C2
C1	1.00	2.00
C2	0.50	1.00

注:CI=0 RI=0 CR=0<0.10

表 4-35　判断矩阵 B2-C

B2	C3	C4
C3	1.00	4.00
C4	0.25	1.00

注：CI＝0　RI＝0　CR＝0＜0.10

表 4-36　判断矩阵 B3-C

B3	C5	C6	C7	C8
C5	1.00	0.50	2.00	3.00
C6	2.00	1.00	3.00	4.00
C7	0.50	0.33	1.00	2.00
C8	0.33	0.25	0.50	1.00

注：CI＝0.01　RI＝0.89　CR＝0.01＜0.10

表 4-37　判断矩阵 C1-D

C1	D1	D2	D3	D4
D1	1.00	0.50	0.33	0.50
D2	2.00	1.00	0.50	0.50
D3	3.00	2.00	1.00	0.33
D4	2.00	2.00	3.00	1.00

注：CI＝0.54　RI＝0.89　CR＝0.60＜0.10

表 4-38　判断矩阵 C2-D

C2	D5	D6
D5	1.00	0.50
D6	2.00	1.00

注：CI＝0　RI＝0　CR＝0＜0.10

表 4-39　判断矩阵 C3-D

C3	D7	D8	D9	D10
D7	1.00	0.25	0.20	0.08
D8	4.00	1.00	0.33	3.00
D9	5.00	3.00	1.00	4.00
D10	2.00	0.33	0.25	1.00

注：CI＝0.02　RI＝0.89　CR＝0.024＜0.10

表 4-40　判断矩阵 C4-D

C4	D11	D12	D13	D14	D15
D11	1.00	2.00	0.50	3.00	3.00
D12	0.50	1.00	0.33	2.00	3.00
D13	2.00	3.00	1.00	3.00	2.00
D14	0.33	0.50	0.33	1.00	2.00
D15	0.33	0.33	0.50	0.50	1.00

注：CI=0.07　RI=1.12　CR=0.064＜0.10

表 4-41　判断矩阵 C5-D

C5	D16	D17
D16	1.00	2.00
D17	0.50	1.00

注：CI=0　RI=0　CR=0＜0.10

表 4-42　判断矩阵 C6-D

C6	D18	D19	D20
D18	1.00	2.00	3.00
D19	0.50	1.00	2.00
D20	0.33	0.50	1.00

注：CI=0.0046　RI=0.58　CR=0.0079＜0.10

表 4-43　判断矩阵 C7-D

C7	D21	D22
D21	1.00	3.00
D22	0.33	1.00

注：CI=0　RI=0　CR=0＜0.10

表 4-44、表 4-45 分别为层次单排序、总排序的龙岩市乡村旅游资源评价指标权重表。

表 4-44 龙岩市乡村旅游资源评价指标权重表（层次单排序）

目标层 A	综合层 B	评价层 C		评价因素 D	
龙岩市乡村旅游资源评价 A	自然资源价值 B1 0.192 592 593	观赏游憩价值 C1	0.667	乡村水域风光价值 D1	0.125
				地质地貌 D2	0.187
				乡村生物景观价值 D3	0.272
				乡村田园风光价值 D4	0.416
		科学价值 C2	0.333	农林科学考察 D5	0.450
				农林科学教育 D6	0.900
	人文资源价值 B2 0.655 555 556	文化价值 C3	0.800	乡村遗产 D7	0.065
				乡村聚落 D8	0.277
				乡村历史 D9	0.532
				乡村建筑 D10	0.126
		民风民俗 C4	0.200	乡村节庆 D11	0.262
				信仰崇拜 D12	0.175
				乡土文化艺术 D13	0.358
				乡村民间工艺 D14	0.113
				乡村传统劳作 D15	0.092
	旅游开发条件 B3 0.151 851 852	可及性 C5	0.277	交通条件 D16	0.667
				与客源地距离 D17	0.333
		基础设施 C6	0.466	基础住宿 D18	0.539
				乡村餐饮 D19	0.297
				乡村购物 D20	0.164
		景点组合 C7	0.161	与附近景点距离 D21	0.750
				与附近景点异同 D22	0.250
		环境容量 C8	0.096		

表 4-45　龙岩市乡村旅游资源评价指标权重表（层次总排序）

目标层 A	综合层 B		评价层 C		评价因素 D	
龙岩市乡村旅游资源评价 A	自然资源价值 B1	0.192 592 593	观赏游憩价值 C1	0.128 395 062	乡村水域风光价值 D1	0.016 022 430
					地质地貌 D2	0.024 059 699
					乡村生物景观价值 D3	0.034 935 977
					乡村田园风光价值 D4	0.053 376 955
			科学价值 C2	0.064 197 531	农林科学考察 D5	0.028 888 889
					农林科学教育 D6	0.057 777 778
	人文资源价值 B2	0.655 555 556	文化价值 C3	0.524 444 444	乡村遗产 D7	0.034 133 152
					乡村聚落 D8	0.145 476 308
					乡村历史 D9	0.278 847 786
					乡村建筑 D10	0.065 987 199
			民风民俗 C4	0.131 111 111	乡村节庆 D11	0.034 317 014
					信仰崇拜 D12	0.022 933 826
					乡土文化艺术 D13	0.046 980 574
					乡村民间工艺 D14	0.014 822 165
					乡村传统劳作 D15	0.012 057 533
	旅游开发条件 B3	0.151 851 852	可及性 C5	0.042 084 293	交通条件 D16	0.028 056 196
					与客源地距离 D17	0.014 028 098
			基础设施 C6	0.070 735 538	基础住宿 D18	0.038 123 699
					乡村餐饮 D19	0.021 026 726
					乡村购物 D20	0.011 585 113
			景点组合 C7	0.024 458 813	与附近景点距离 D21	0.018 344 110
					与附近景点异同 D22	0.006 114 703
			环境容量 C8	0.014 573 207		

（1）综合评价层因子分析（B层）

从综合层 B 层看（见表 4-46），人文资源价值排序第一（权重 0.655 56），这说明人文资源价值是推动龙岩市旅游经济发展的主要来源，在龙岩市旅游业中扮演了不可替代的作用，同时也是一项可长期利用的永续资源，就当前形势来看，龙岩市的人文资源受到当地政府的良好保护，仍具有较大的利用和发展空间。自然资源价值排序第二（权重 0.192 59），这说明虽然龙岩市自然资源价值丰富，但未受到良好的发展和利用，仍处于最初阶段，未能发挥其在旅游资源价值中相应的作用，有很大的挖掘潜力。旅游开发条件排序第三（权重 0.151 85），这说明龙岩市在旅游基础设施上做得并不完善，未能与相应的人文资源和自然资源相匹配。总的来看，龙岩市人文资源有效而充分地发挥了其在旅游业发展中相应的作用和地位，自然资源的价值有很大的空间待利用，旅游开发条件未能有效跟进其他两大资源的发展。

表 4-46 龙岩市乡村旅游资源定量评价结果

目标层 A	综合层 B		评价层 C		评价因素 D		D 得分	D 综合评价分	评价层 C 得分	综合层 B 得分
龙岩市乡村旅游资源评价 A	自然资源价值 B1	0.192 59	观赏游憩价值 C1	0.128 40	乡村水域风光值 D1	0.016 02	5.8	0.092 930	0.832 67	1.419
					地质地貌 D2	0.024 06	6.0	0.144 358		
					乡村生物景观价值 D3	0.034 94	6.5	0.227 084		
					乡村田园风光价值 D4	0.053 38	6.9	0.368 301		
			科学价值 C2	0.064 20	农林科学考察 D5	0.028 89	6.3	0.182 000	0.586 44	
					农林科学教育 D6	0.057 78	7.0	0.404 444		
	人文资源价值 B2	0.655 56	文化价值 C3	0.524 44	乡村遗产 D7	0.030 58	8.3	0.253 846	4.848 63	5.921
					乡村聚落 D8	0.127 43	9.2	1.172 381		
					乡村历史 D9	0.307 77	9.5	2.923 768		
					乡村建筑 D10	0.058 66	8.5	0.498 634		
			民风民俗 C4	0.131 11	乡村节庆 D11	0.034 32	8.0	0.274 536	1.072 10	
					信仰崇拜 D12	0.022 93	8.0	0.183 471		
					乡土文化艺术 D13	0.046 98	8.8	0.413 429		
					乡村民间工艺 D14	0.014 82	7.6	0.112 648		
					乡村传统劳作 D15	0.012 06	7.3	0.088 020		
	旅游开发条件 B3	0.151 85	可及性 C5	0.042 08	交通条件 D16	0.028 06	6.5	0.182 365	0.263 73	0.984
					与客源地距离 D17	0.014 03	5.8	0.081 363		
			基础设施 C6	0.070 74	基础住宿 D18	0.038 12	6.8	0.259 241	0.455 43	
					乡村餐饮 D19	0.021 03	6.3	0.132 468		
					乡村购物 D20	0.011 59	5.5	0.063 718		
			景点组合 C7	0.024 46	与附近景点距离 D21	0.018 34	6.0	0.110 065	0.168 34	
					与附近景点异同 D22	0.006 11	5.3	0.032 408		
			环境容量 C8	0.014 57			6.6	0.096 183	0.096 18	
评价得分合计										8.324

(2)项目评价层因子分析(C层)

从评价层C层的8个评价因子看,文化价值的权重排序第一(权重0.524 44),这说明龙岩市的文化内涵丰富,吸引游客前来感受当地独特的红色文化气息,如县革命委员会旧址、红四军司令部政治部旧址,以及欣赏土楼建筑风格。民风民俗的权重排序第二(权重0.131 11),这说明龙岩市其特有的淳朴民风和客家人的热情好客是龙岩旅游吸引游客的一大原因。观赏游憩价值的权重排序第三(权重0.128 40),这说明龙岩市具有优美的田园风光和自然风景,但仍需开发。基础设施的权重排序第四(权重0.070 74),这说明龙岩市的旅游基础设施配套不到位,住宿等的条件仍未完善。科学价值的权重排序第五(权重0.064 20),这说明在龙岩市的农林科研价值需要被有效地发现和利用。可及性的权重排序第六(权重0.042 08),这说明龙岩市的交通条件和道路设施的完善是龙岩市旅游业需要关注的问题。景点组合的权重排序第七(权重0.024 46),这说明龙岩市在景点组合的管理和规划方面需要改善。环境容量的权重排序处于末位(权重0.014 57),这说明环境容量在一定程度上影响了龙岩市的良好旅游发展。

(3)评价因子层分析(D层)

从评价因素D层的22个评价因素看,乡村历史的权重排序第一(权重0.307 77),龙岩市在20世纪20年代是有名的革命根据地,相应的上杭县古田会议旧址、上杭县毛泽东才溪乡调查纪念馆等丰富红色文化历史在龙岩市的旅游业中起了不可或缺的重要作用。乡村聚落的权重排序位于第二(权重0.127 43),这说明龙岩市的乡村聚落所构成的独特风景以及相应的地区聚落文化在其乡村旅游发展中起了举足轻重的作用。乡村建筑、农林科学教育、乡村田园风光价值、乡土文化艺术的权重排序相应地处于第三、第四、第五、第六的位次,权重依次为0.058 66、0.057 78、0.053 38、0.046 98,说明在人文资源和自然资源的部分因素上,龙岩市应加大开发和利用力度,将它们的潜在价值进行合理的挖掘,如客家土楼和古居民建筑等。接着是基础住宿、乡村生物景观价值、乡村节庆、乡村遗产权重位次相应递减,说明在基础住宿设施以及较未被关注的文化资源的其他方面应给予重视和开发,使人文资源的各方面都各尽其能,抓主而不忘次,做到各因素综合发展。最后是交通条件、乡村购物等,这些因素都不同程度地限制着龙岩市旅游业的发展,应当加大力度提升它们在乡村旅游中所起的枢纽作用。

(4)龙岩市乡村旅游资源开发潜力评价结果分析

龙岩市乡村旅游资源评价的最后得分为8.324,根据旅游资源评价等级划分标准,属于"极有潜力"的范围,说明龙岩市非常具有发展乡村旅游的资源优势,适合作为乡村旅游城市进行重点开发和建设。

根据表4-46可以看出,对于乡村历史、乡村聚落等因素,权重值高(分别为0.307 77和0.127 43)、得分高(分别为9.5分和9.2分),综合评分也位于前列(分别为2.923 768分和1.172 381分),说明龙岩市在乡村红色历史和客家、古居民乡村聚落资源方面,具有极大的天然优势,而龙岩市也加大力度进行了发展,使之成为龙岩市乡村旅游业重要的支柱。而对应的如与附近景点异同、乡村购物等因素,权重值低(分别为0.006 11和0.011 59)、得分低(分别为5.3分和5.5分),相应的综合评分也较低(分别为0.032 408分和0.063 718分),说明龙岩市乡村旅游景点的规划与管理并不合理,相应的基础配套设施并不完善,而有关部门也未能及时地给予相应的重视和改善,无法吸引游客前来旅游甚至成为游客所考虑的缺陷因素。

由此可见,龙岩市虽然乡村旅游资源开发极有潜力,有关部门也在优势资源方面给予了足够的重视和投入,但是仍需要注意加大其他短板因素的开发与利用,乡村旅游各资源的均衡发展,发挥各资源相应的潜力,最终做到使得经济效益最大化。

第5章 供给侧改革下的游客满意度分析
——以南平市、三明市、龙岩市乡村旅游为例

游客满意度是衡量一个地区旅游业发展情况的重要杠杆。为响应供给侧改革要求，结合南平市、三明市、宁德市乡村旅游的特点，运用 SPSS 与 AMOS 软件对游客满意度进行结构方程模型分析，构建了比较合适的测量指标体系。调查结果表明，游客对南平市、三明市、宁德市乡村旅游的总体评价处于一般水平，感知价值对游客满意度和游客忠诚度有着正向影响，游客满意度对游客忠诚度有直接的影响作用。应该采取相应措施提高旅游业供给质量，进而增加游客满意度。

南平市地处福建北部，与浙江、江西交界，俗称"闽北"，是闽江源头、朱熹宋慈故里、中国林海竹乡、"双世遗"之地、"印象大红袍"之都、齐天大圣发源之处、山水生态之城；三明作为山区农业市，不仅拥有丰富的自然资源、多样的民俗民风、浓郁的乡土气息，而且大部分的自然风景区都坐落于城市周边或郊区；龙岩市地处闽粤赣三省交界，东临厦门、漳州、泉州，南邻广东梅州，西连江西赣州，北接三明。因此，壮大发展南平市、三明市、龙岩市乡村旅游圈，加快发展现代旅游业，是建设生态文明试验区的重要抓手，这与福建的长远发展密切相关。

在这几年里，闽北旅游产业许多城市出现了乡村旅游格局的雏形，乡村旅游已逐渐成为城市的重要经济增长点。现在很多乡村旅游均开展低端的旅游服务，如一些农家乐、深林人家等景点，由于全景区内只有一处住宿点，整个住宿条件不佳，山庄内的硬件设置不是很好，特别是卫生条件、饮食环境等很难让游客满意。开设在其他景区内的住宿环境也很一般，所以很难达到游客的要求，使得整个景区处于一种不温不火的态势。产品的开发程度低、模式单一。说明南平市、三明市、宁德市乡村旅游完善旅游公共服务体系刻不容缓。以游客需求为导向完善三个城市乡村旅游公共服务体系，能在一定程度上解决问题。

旅游景点是当地旅游经济开发的主体，尤其是在第三产业迅速发展，旅游业备受关注的背景下，打造景区特色、满足游客不断变化的旅游需求，以带动南平市、三明市、龙岩市乡村旅游产业发展，是政府和相关旅游部门、企业提升旅游经济产值、提高竞争力不容忽视的问题。在旅游供给侧改革中，必须从吃、住、行、游、购、娱等方面补齐旅游短板，加快旅游产业转型升级，实现以旅游为核心的现代服务业升级，给游客全新的感受。

研究旨在明晰南平市、三明市、龙岩市乡村旅游产业发展的优势与不足，使从业者及

相关主管部门清楚认识游客感知价值的主要决定因素,游客感知价值、游客满意度及游客忠诚度三者之间的相关性,为乡村旅游产业的发展提供一些建议,对全面提升景区的竞争力具有重要的实际意义。

5.1 结构方程模型构建

游客满意度是学者对旅游研究的重要内容之一,也是衡量一个地区旅游业发展情况的重要杠杆。结构方程模型(Structural Equation Modeling,简称 SEM)是带有潜在变量的一种验证性因子分析方法,是当代行为与社会领域量化研究的重要统计方法。它是一种实证分析模型,基于各种变量之间的因果关系构建模型,并对模型进行估计和拟合。近年来,结构方程模型被越来越多的学者运用于研究中。

在美国顾客满意度指数(American Customer Satisfaction Index,简称 ACSI)模型基础上,结合大武夷旅游生态圈发展特点,提出游客感知价值和游客满意度及游客忠诚度相关关系的研究假设,研究假设汇总如表 5-1 所示,构建大武夷旅游生态圈游客满意度初始模型如图 5-1 所示。

表 5-1　研究假设汇总表

标号	研究假设
H1	游客成本感知价值对游客满意度有直接的正向作用
H2	游客成本感知价值对游客忠诚度有间接的正向作用
H3	游客功能感知价值对游客满意度有直接的正向作用
H4	游客功能感知价值对游客忠诚度有间接的正向作用
H5	游客服务感知价值对游客满意度有直接的正向作用
H6	游客服务感知价值对游客忠诚度有间接的正向作用
H7	游客满意度对游客忠诚度有直接的正向作用

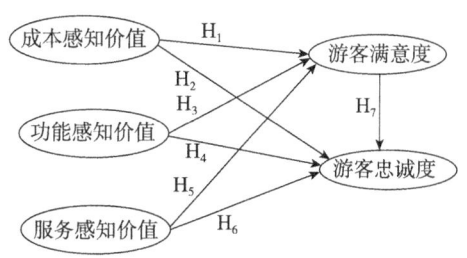

图 5-1　游客满意度初始模型

5.2 游客满意度实证分析

5.2.1 数据收集

选取大武夷旅游圈的核心武夷山乡村旅游地的游客为研究对象,结合南平市、三明市、龙岩市乡村旅游区的特点,尝试从成本、功能和服务3个角度提出游客感知价值的维度,对相关维度测量指标进一步细化成11个指标。其中,成本感知价值用土特产购物花费、食宿花费这两个可测指标来度量,功能感知价值用交通条件、饮食质量、购物条件、住宿条件、景区厕所休憩设施及增长知识见识这6个可测指标来度量,服务价值用拥挤现象处理、游客投诉处理、安全保卫工作这3个可测指标来度量。并用游客总体评价来测量游客总体满意度,用游客重游意愿和游客推荐意愿这两个指标来测量游客忠诚度,总共14个可测指标。

对14个可测指标统一采用李克特五级量表进行评价,具体为非常不满意、不满意、一般、满意、非常满意,并赋予1~5分不同分值。采用随机抽样调查的方法发放问卷获取样本数据。本调研于2018年5月在南平市、三明市、龙岩市乡村景区完成,调查对象为三个市的各1 000位游客。收集数据的过程中,南平市有14份无效问卷,将其剔除,最终得到986份样本数据;三明有17份无效问卷,最终得到983份样本数据;龙岩市有16份无效问卷,最终得到984份样本数据。

5.2.2 游客满意度分析

(1)游客游览基本情况分析

通过统计产品与服务解决方案(Statistical Productand Service Solutions,以下简称SPSS)软件对问卷数据进行均值分析,能够更直观地反映游客对各个测量指标的实际感知情况。分析结果表明,在南平市乡村景区的所有测量指标均值中,游客的增长知识见识指标均值最高为3.29,购物条件指标均值最低为2.56,游客总体评价均值为3.24;在三明市景区的所有测量指标均值中,增长知识见识指标均值最高为3.23,购物条件指标均值最低为2.53,游客总体评价均值为3.21;在龙岩市景区的所有测量指标均值中,增长知识见识指标均值最高为3.32,购物条件指标均值最低为2.59,游客总体评价均值为3.27,三个城市的数据指标均超过一般水平,说明南平市、三明市、龙岩市乡村景区还需采取相关措施,提升游客游览满意度。南平市的游客重游意愿和推荐意愿指标均值分别为2.62和3.08，三明市的游客重游意愿和推荐意愿指标均值分别为2.59和3.05，龙岩市游客重游意愿和推荐意愿指标均值分别为2.65和3.11，三个城市游客重游意愿和推荐意愿指标均值说明游客重游意愿并不强烈，重游可能性不大，但向其他人推荐的可能性比较高。具体见表5-2、表5-3、表5-4。

表 5-2 南平市测量指标均值

潜在变量	测量指标	均值
成本感知价值	土特产购物花费	2.66
	食宿花费	2.79
功能感知价值	交通条件	2.93
	饮食质量	2.84
	购物条件	2.56
	住宿条件	2.90
	景区厕所休憩设施	3.20
	增长知识见识	3.29
服务感知价值	拥挤现象处理	3.16
	游客投诉处理	3.17
	安全保卫工作	3.13
游客满意度	游客总体评价	3.24
游客忠诚度	重游意愿	2.62
	推荐意愿	3.08

表 5-3 三明市测量指标均值

潜在变量	测量指标	均值
成本感知价值	土特产购物花费	2.63
	食宿花费	2.76
功能感知价值	交通条件	2.90
	饮食质量	2.81
	购物条件	2.53
	住宿条件	2.87
	景区厕所休憩设施	3.20
	增长知识见识	3.23
服务感知价值	拥挤现象处理	3.13
	游客投诉处理	3.14
	安全保卫工作	3.10
游客满意度	游客总体评价	3.21
游客忠诚度	重游意愿	2.59
	推荐意愿	3.05

表 5-4　龙岩市测量指标均值

潜在变量	测量指标	均值
成本感知价值	土特产购物花费	2.69
	食宿花费	2.82
功能感知价值	交通条件	2.96
	饮食质量	2.87
	购物条件	2.59
	住宿条件	2.93
	景区厕所休憩设施	3.23
	增长知识见识	3.32
服务感知价值	拥挤现象处理	3.19
	游客投诉处理	3.20
	安全保卫工作	3.16
游客满意度	游客总体评价	3.27
游客忠诚度	重游意愿	2.65
	推荐意愿	3.11

(2)模型拟合和修正

首先,通过矩阵结构分析(Analysis of Moment Structure,简称 AMOS)软件对结构方程模型进行拟合,主要包括模型参数估计和对模型评价两个方面。使用极大似然法对模型参数进行估计,分析各感知价值对游客满意度和游客忠诚度的影响、游客满意度对游客忠诚度的影响程度。估计的参数是否具有统计意义,需要利用参数显著性检验的统计量 C.R.对路径系数进行显著性检验,P 是原假设参数为零成立的概率。结果显示模型拟合指数基本达到要求,初始模型拟合指数选取卡方值、近似误差均方根(Root Mean quare Errorof Approximation,简称 RMSEA)、比较拟合指数(Comparative Fit Index,简称 CFI)及最小信息准则(Akaike Information Criterion,简称 AIC),评价标准及取值如表 5-5、表 5-6、表 5-7 所示,但是参数估计结果中有几条路径系数的 P 值大于0.01,显著性检验没有通过,初始模型路径系数估计结果如表 5-8、表 5-9、表 5-10 所示。

表 5-5　南平市初始模型拟合指数评价标准及取值

指数名称	绝对拟合指数		相对拟合指数	信息指数
	卡方值(自由度)	RMSEA	CFI	AIC
评价标准	越小越好	<0.1好<0.05非常好	>0.9	越小越好
结果	1 002.307(82)	0.094	0.902	1 080.309

表 5-6　三明市初始模型拟合指数评价标准及取值

指数名称	绝对拟合指数		相对拟合指数	信息指数
	卡方值(自由度)	RMSEA	CFI	AIC
评价标准	越小越好	<0.1好<0.05非常好	>0.9	越小越好
结果	1 002.317(83)	0.095	0.901	1 080.319

表 5-7　龙岩市初始模型拟合指数评价标准及取值

指数名称	绝对拟合指数		相对拟合指数	信息指数
	卡方值(自由度)	RMSEA	CFI	AIC
评价标准	越小越好	<0.1好<0.05非常好	>0.9	越小越好
结果	1 002.322(84)	0.094	0.900	1 080.324

表 5-8　南平市初始模型路径系数估计结果

路径			估计值	标准差	CR	P
游客满意度	<----	功能感知价值	0.405	0.076	5.241	***
游客满意度	<----	服务感知价值	0.350	0.040	8.490	***
游客满意度	<----	成本感知价值	0.086	0.040	2.110	0.033
游客忠诚度	<----	成本感知价值	0.359	0.070	5.091	***
游客忠诚度	<----	服务感知价值	0.315	0.070	4.424	***
游客忠诚度	<----	游客满意度	0.500	0.059	8.413	***
游客忠诚度	<----	功能感知价值	0.002	0.110	0.028	0.974
土特产购物花费	<----	成本感知价值	1.083	0.043	24.902	***
食宿花费	<----	成本感知价值	0.904	0.039	22.647	***
交通条件	<----	功能感知价值	0.999	—	—	
饮食质量	<----	功能感知价值	0.989	0.080	12.257	***
购物条件	<----	功能感知价值	1.000	0.079	12.496	***
住宿条件	<----	功能感知价值	1.103	0.086	12.685	***
景区厕所休憩设施	<----	功能感知价值	1.187	0.092	12.822	***
增长知识见识	<----	功能感知价值	1.024	0.081	12.552	***
拥挤现象处理	<----	服务感知价值	0.999	—	—	
游客投诉处理	<----	服务感知价值	0.928	0.023	38.704	***
安全保卫工作	<----	服务感知价值	0.753	0.025	28.957	***
重游意愿	<----	游客忠诚度	0.999	—	—	
推荐意愿	<----	游客忠诚度	0.960	0.040	23.542	***

注：表格中的"＊＊＊"表示取值接近于零，B<----A 中单向箭头"<----"表示 A 可能影响 B，但 B 不影响 A。

表 5-9　三明市初始模型路径系数估计结果

路径			估计值	标准差	CR	P
游客满意度	<----	功能感知价值	0.402	0.075	5.240	***
游客满意度	<----	服务感知价值	0.347	0.039	8.489	***
游客满意度	<----	成本感知价值	0.083	0.039	2.109	0.032
游客忠诚度	<----	成本感知价值	0.356	0.069	5.090	***
游客忠诚度	<----	服务感知价值	0.312	0.069	4.423	***
游客忠诚度	<----	游客满意度	0.497	0.058	8.412	***
游客忠诚度	<----	功能感知价值	0.002	0.100	0.027	0.973
土特产购物花费	<----	成本感知价值	1.080	0.042	24.901	***
食宿花费	<----	成本感知价值	0.901	0.038	22.646	***
交通条件	<----	功能感知价值	0.997	—	—	—
饮食质量	<----	功能感知价值	0.986	0.070	12.256	***
购物条件	<----	功能感知价值	1.000	0.078	12.495	***
住宿条件	<----	功能感知价值	1.100	0.085	12.684	***
景区厕所休憩设施	<----	功能感知价值	1.184	0.091	12.821	***
增长知识见识	<----	功能感知价值	1.021	0.080	12.551	***
拥挤现象处理	<----	服务感知价值	0.996	—	—	—
游客投诉处理	<----	服务感知价值	0.926	0.022	38.703	***
安全保卫工作	<----	服务感知价值	0.750	0.024	28.956	***
重游意愿	<----	游客忠诚度	0.996	—	—	—
推荐意愿	<----	游客忠诚度	0.957	0.039	23.541	***

注：表格中的"＊＊＊"表示取值接近于零，B<----A 中单向箭头"<----"表示 A 可能影响 B，但 B 不影响 A。

表 5-10　龙岩市初始模型路径系数估计结果

路径			估计值	标准差	CR	P
游客满意度	<----	功能感知价值	0.399	0.074	5.239	***
游客满意度	<----	服务感知价值	0.344	0.038	8.488	***
游客满意度	<----	成本感知价值	0.080	0.038	2.108	0.031
游客忠诚度	<----	成本感知价值	0.351	0.068	5.089	***
游客忠诚度	<----	服务感知价值	0.309	0.068	4.422	***
游客忠诚度	<----	游客满意度	0.497	0.057	8.411	***
游客忠诚度	<----	功能感知价值	0.001	0.090	0.026	0.972
土特产购物花费	<----	成本感知价值	1.077	0.041	24.900	***

续表

路径			估计值	标准差	CR	P
食宿花费	<---	成本感知价值	0.895	0.037	22.645	***
交通条件	<---	功能感知价值	0.993	—	—	—
饮食质量	<---	功能感知价值	0.983	0.078	12.255	***
购物条件	<---	功能感知价值	0.999	0.077	12.494	***
住宿条件	<---	功能感知价值	1.097	0.084	12.683	***
景区厕所休憩设施	<---	功能感知价值	1.181	0.090	12.820	***
增长知识见识	<---	功能感知价值	1.018	0.079	12.550	***
拥挤现象处理	<---	服务感知价值	0.993	—	—	—
游客投诉处理	<---	服务感知价值	0.922	0.021	38.702	***
安全保卫工作	<---	服务感知价值	0.747	0.023	28.955	***
重游意愿	<---	游客忠诚度	0.993	—	—	—
推荐意愿	<---	游客忠诚度	0.954	0.038	23.540	***

注：表格中的"＊＊＊"表示取值接近于零，B＜－－－A 中单向箭头"＜－－－"表示 A 可能影响 B，但 B 不影响 A。

从模型参数的显著性检验可知，"功能感知价值"对"游客忠诚度"、"成本感知价值"对"游客满意度"这两条路径中南平市的 P 值分别为 0.974 和 0.033，三明市的 P 值分别为 0.973 和 0.032，龙岩市的 P 值分别为 0.972 和 0.031，三个城市的路径数据明显大于其他路径，表明其显著性检验没有通过。这说明对收集到的数据，这两条路径所对应的两个潜在变量之间的影响关系并不存在。在初始模型的基础上删掉这两条路径，得到游客满意度修正模型如图 5-2 所示。

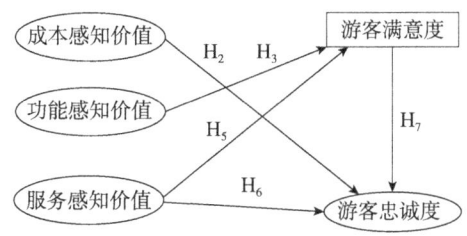

图 5-2　游客满意度修正模型

修正模型中南平市、三明市、龙岩市的拟合指数均符合标准，显示模型拟合得较好，模型修正后拟合指数取值如表 5-11、表 5-12、表 5-13 所示。参数显著性检验方面，各个路径系数的 P 值均小于 0.01，通过显著性检验，说明具有显著的统计意义，修正模型路径系数估计结果见表 5-14、表 5-15、表 5-16。模型拟合效果和修正前相比得到改善，根据收集的问卷数据重新拟合后得到的结果如图 5-3、图 5-4、图 5-5 所示。

表 5-11　南平市模型修正后拟合指数取值

指数名称	绝对拟合指数		相对拟合指数	信息指数
	卡方值(自由度)	RMSEA	CFI	AIC
结果	1 006.714(84)	0.086	0.913	1 080.714

表 5-12　三明市模型修正后拟合指数取值

指数名称	绝对拟合指数		相对拟合指数	信息指数
	卡方值(自由度)	RMSEA	CFI	AIC
结果	1 006.724(85)	0.090	0.915	1 080.724

表 5-13　龙岩市模型修正后拟合指数取值

指数名称	绝对拟合指数		相对拟合指数	信息指数
	卡方值(自由度)	RMSEA	CFI	AIC
结果	1 006.729(86)	0.093	0.917	1 080.729

表 5-14　南平市修正模型路径系数估计结果

路径		未标准化路径系数估计	标准差	CR	P	标准化路径系数估计
游客满意度	<———功能感知价值	0.517	0.060	8.443	***	0.468
游客满意度	<———服务感知价值	0.316	0.037	8.271	***	0.363
游客忠诚度	<———成本感知价值	0.357	0.049	7.161	***	0.262
游客忠诚度	<———服务感知价值	0.312	0.051	6.063	***	0.272
游客忠诚度	<———游客满意度	0.511	0.058	9.039	***	0.388
土特产购物花费	<———成本感知价值	1.086	0.043	24.844	***	0.851
食宿花费	<———成本感知价值	0.907	0.039	22.638	***	0.754
交通条件	<———功能感知价值	0.999	—	—	—	0.414
饮食质量	<———功能感知价值	0.987	0.079	12.285	***	0.692
购物条件	<———功能感知价值	1.000	0.079	12.532	***	0.734
住宿条件	<———功能感知价值	1.100	0.086	12.714	***	0.769
景区厕所休憩设施	<———功能感知价值	1.182	0.091	12.848	***	0.797
增长知识见识	<———功能感知价值	1.018	0.080	12.567	***	0.741
拥挤现象处理	<———服务感知价值	0.999	—	—	—	0.920
游客投诉处理	<———服务感知价值	0.928	0.023	38.764	***	0.868
安全保卫工作	<———服务感知价值	0.752	0.025	28.895	***	0.737
重游意愿	<———游客忠诚度	0.999	—	—	—	0.808
推荐意愿	<———游客忠诚度	0.960	0.040	23.469	***	0.793

注：表格中的"＊＊＊"表示取值接近于零，B<———A 中单向箭头"<———"表示 A 可能影响 B，但 B 不影响 A。

表 5-15 三明市修正模型路径系数估计结果

路径		未标准化路径系数估计	标准差	CR	P	标准化路径系数估计
游客满意度	<———— 功能感知价值	0.513	0.059	8.442	***	0.467
游客满意度	<———— 服务感知价值	0.313	0.036	8.270	***	0.362
游客忠诚度	<———— 成本感知价值	0.354	0.048	7.160	***	0.261
游客忠诚度	<———— 服务感知价值	0.309	0.050	6.062	***	0.271
游客忠诚度	<———— 游客满意度	0.508	0.057	9.038	***	0.387
土特产购物花费	<———— 成本感知价值	1.083	0.042	24.843	***	0.850
食宿花费	<———— 成本感知价值	0.904	0.038	22.637	***	0.753
交通条件	<———— 功能感知价值	0.996	—	—	—	0.413
饮食质量	<———— 功能感知价值	0.984	0.078	12.284	***	0.691
购物条件	<———— 功能感知价值	1.000	0.078	12.531	***	0.733
住宿条件	<———— 功能感知价值	1.100	0.085	12.713	***	0.768
景区厕所休憩设施	<———— 功能感知价值	1.179	0.090	12.847	***	0.796
增长知识见识	<———— 功能感知价值	1.015	0.079	12.566	***	0.740
拥挤现象处理	<———— 服务感知价值	0.996	—	—	—	0.919
游客投诉处理	<———— 服务感知价值	0.925	0.022	38.763	***	0.867
安全保卫工作	<———— 服务感知价值	0.749	0.024	28.894	***	0.736
重游意愿	<———— 游客忠诚度	0.996	—	—	—	0.807
推荐意愿	<———— 游客忠诚度	0.957	0.039	23.468	***	0.792

注：表格中的"＊＊＊"表示取值接近于零，B＜————A 中单向箭头"＜————"表示 A 可能影响 B，但 B 不影响 A。

表 5-16 龙岩市修正模型路径系数估计结果

路径		未标准化路径系数估计	标准差	CR	P	标准化路径系数估计
游客满意度	<———— 功能感知价值	0.511	0.058	8.441	***	0.464
游客满意度	<———— 服务感知价值	0.310	0.035	8.269	***	0.359
游客忠诚度	<———— 成本感知价值	0.351	0.047	7.159	***	0.259
游客忠诚度	<———— 服务感知价值	0.306	0.049	6.061	***	0.258
游客忠诚度	<———— 游客满意度	0.505	0.056	9.037	***	0.384
土特产购物花费	<———— 成本感知价值	1.080	0.041	24.842	***	0.851
食宿花费	<———— 成本感知价值	0.901	0.037	22.636	***	0.750
交通条件	<———— 功能感知价值	0.993	—	—	—	0.410
饮食质量	<———— 功能感知价值	0.981	0.077	12.283	***	0.688
购物条件	<———— 功能感知价值	0.999	0.077	12.530	***	0.730

续表

路径		未标准化路径系数估计	标准差	CR	P	标准化路径系数估计
住宿条件	<---- 功能感知价值	1.099	0.084	12.712	***	0.764
景区厕所休憩设施	<---- 功能感知价值	1.156	0.089	12.846	***	0.793
增长知识见识	<---- 功能感知价值	1.012	0.078	12.565	***	0.737
拥挤现象处理	<---- 服务感知价值	0.993	—	—	—	0.916
游客投诉处理	<---- 服务感知价值	0.922	0.021	38.762	***	0.864
安全保卫工作	<---- 服务感知价值	0.746	0.023	28.893	***	0.733
重游意愿	<---- 游客忠诚度	0.993	—	—	—	0.804
推荐意愿	<---- 游客忠诚度	0.954	0.038	23.467	***	0.789

注：表格中的"＊＊＊"表示取值接近于零，B＜----A 中单向箭头"＜----"表示 A 可能影响 B，但 B 不影响 A。

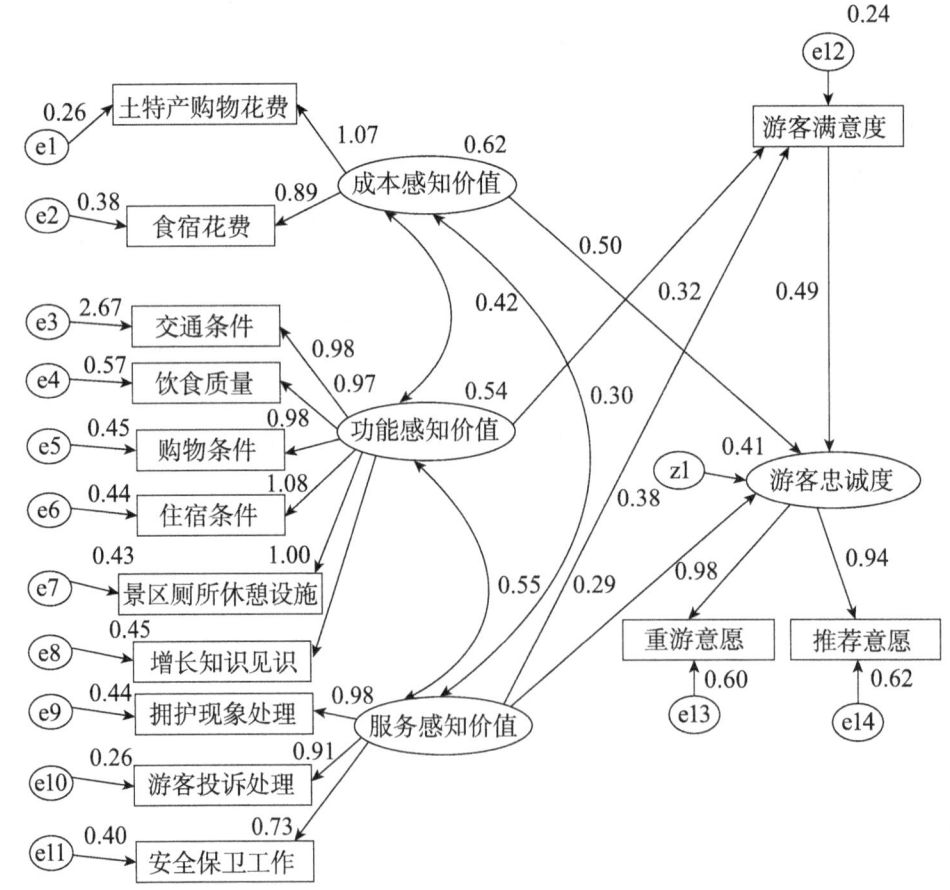

图 5-3　南平市游客满意度拟合结果

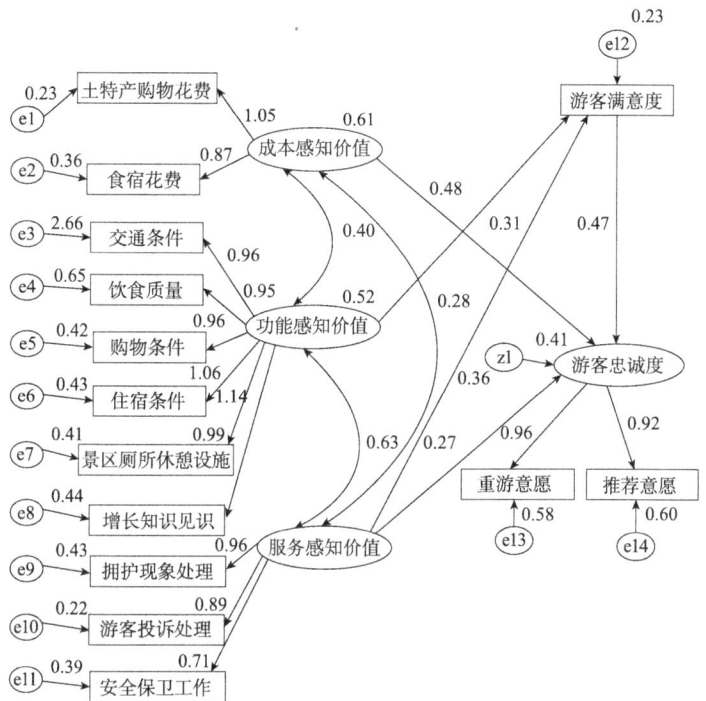

图 5-4　三明市游客满意度拟合结果

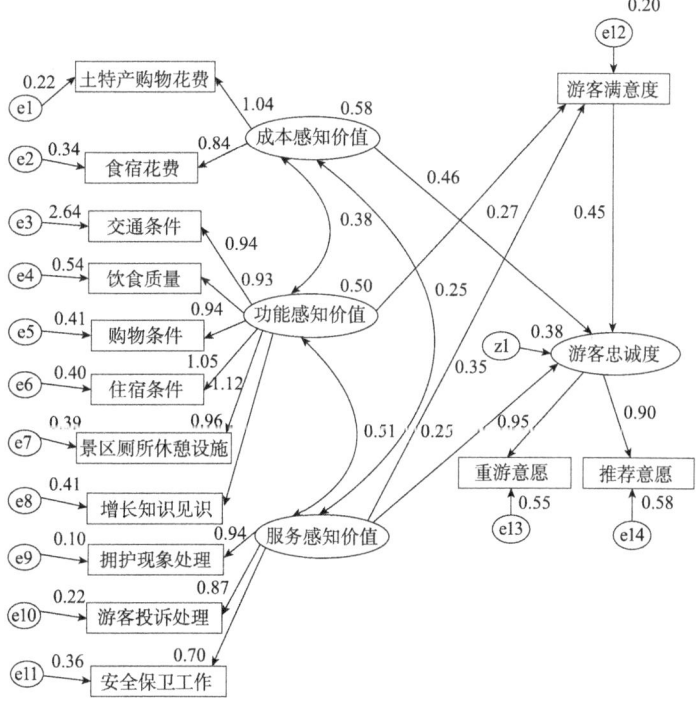

图 5-5　龙岩市游客满意度拟合结果

(3)模型结果分析

结构方程模型中,路径系数部分支持研究假设。根据标准化路径系数可知(表5-14),南平市的功能感知价值、服务感知价值与游客满意度之间的路径系数分别为0.468和0.363,成本感知价值、服务感知价值与游客忠诚度之间的路径系数分别为0.262和0.272,游客满意度与游客忠诚度之间的路径系数为0.388;三明市的功能感知价值、服务感知价值与游客满意度之间的路径系数分别为0.467和0.362,成本感知价值、服务感知价值与游客忠诚度之间的路径系数分别为0.261和0.271,游客满意度与游客忠诚度之间的路径系数为0.387(表5-15);龙岩市的功能感知价值、服务感知价值与游客满意度之间的路径系数分别为0.464和0.359,成本感知价值、服务感知价值与游客忠诚度之间的路径系数分别为0.259和0.258,游客满意度与游客忠诚度之间的路径系数为0.384(表5-16)。三个城市的路径系数数据均说明游客成本感知价值对游客忠诚度有间接的正向作用(H2)、游客功能感知价值对游客满意度有直接的正向作用(H3)、游客服务感知价值对游客满意度有直接的正向作用(H5)、游客服务感知价值对游客忠诚度有间接的正向作用(H6)、游客满意度对游客忠诚度有直接的正向作用(H7)假设通过检验。从各路径系数大小可知,三个城市的功能感知价值对游客满意度的影响最为主要。

在反映成本感知价值的测量指标中,根据路径系数大小可知影响最大的为土特产购物花费,南平市、三明市、龙岩市的路径系数均大于0.7,说明是主要影响因素,南平市物价高是当地居民都在反映的现象,因此游客的购物花费在成本感知价值中起着显著的影响作用。在考察的测量指标中,功能感知价值的最主要影响因素是景区厕所休憩等基础设施,南平市路径系数为0.797,三明市路径系数为0.796,龙岩市路径系数为0.793,乡村景区普遍具有占地面积大、景点多的特点,因此游客会较多考虑厕所休憩等基础设施的因素。南平市数据中拥挤现象处理、游客投诉处理、安全保卫工作对服务感知价值的路径系数分别为0.920、0.868和0.737,三明市数据中拥挤现象处理、游客投诉处理、安全保卫工作对服务感知价值的路径系数分别为0.919、0.867和0.736,龙岩市数据中拥挤现象处理、游客投诉处理、安全保卫工作对服务感知价值的路径系数分别为0.916、0.864和0.733,均处于较高水平,三个城市的数据说明这3个测量指标是主要影响因素。重游意愿与推荐意愿对游客忠诚度的路径系数也较高,起着举足轻重的作用。它们之间的路径系数意味着忠诚度每提升1个单位,南平市的重游意愿和推荐意愿分别提升0.808个单位和0.793个单位;三明市重游意愿和推荐意愿分别提升0.807个单位和0.792个单位;龙岩市的重游意愿和推荐意愿分别提升0.804个单位和0.789个单位。另外,从成本感知价值、功能感知价值和服务感知价值之间的相关系数可知,存在较强的影响关系,功能感知价值与服务感知价值的关系尤为突出,南平市的相关系数高达0.812,三明市的相关系数高达0.810,龙岩市的相关系数高达0.808,模型修正后相关系数如表5-17、表5-18、表5-19所示。

表 5-17　南平市模型修正后相关系数

路径			相关系数
功能感知价值	<-->	服务感知价值	0.812
成本感知价值	<-->	功能感知价值	0.742
成本感知价值	<-->	服务感知价值	0.525

注：B<-->A 中双向箭头"<-->"表示 A 可能影响 B,B 也可能影响 A。

表 5-18　三明市模型修正后相关系数

路径			相关系数
功能感知价值	<-->	服务感知价值	0.810
成本感知价值	<-->	功能感知价值	0.740
成本感知价值	<-->	服务感知价值	0.523

注：B<-->A 中双向箭头"<-->"表示 A 可能影响 B,B 也可能影响 A。

表 5-19　龙岩市模型修正后相关系数

路径			相关系数
功能感知价值	<-->	服务感知价值	0.808
成本感知价值	<-->	功能感知价值	0.738
成本感知价值	<-->	服务感知价值	0.521

注：B<-->A 中双向箭头"<-->"表示 A 可能影响 B,B 也可能影响 A。

5.3　小结

结合南平市、三明市、龙岩市乡村旅游的发展现状,构建了南平市、三明市、龙岩市乡村旅游地游客满意度模型。模型中有游客成本感知价值、功能感知价值、服务感知价值和游客满意度和游客忠诚度 5 个潜在变量和 14 个观测指标。运用 SPSS 软件对数据进行效度和信度分析,结果理想,说明数据可靠。在此基础上,通过 AMOS 软件对模型进行拟合和修正,各路径系数均能通过检验,并且拟合指数符合标准,模型拟合得较好。

以南平市、三明市、龙岩市乡村旅游地游客满意度拟合结果为参考,结合三个城市乡村旅游发展现状及特点,提出以下几点建议：

第一,常态化监管旅游市场。从游客满意度测量模型看,土特产购物花费和食宿花费对成本感知价值起着较大影响。相关部门应对旅游秩序进行整治,加大违规行为查处力度,从亮证经营、明码标价、设置票源数据库等方面保护旅游消费者的合法权益。

第二,完善基础设施。从模型拟合结果可知,功能感知价值对游客满意度有着一定的影响。因此,针对交通条件、饮食质量、购物条件、住宿条件、景区厕所休憩设施、增长知识见识方面做工作,提升游客功能感知价值以达到提升游客满意度的目的。乡村景区交通管理混乱是症结之一,挑客拒载、漫天要价、未打表计费现象普遍,相关部门对出租车安装计价器实现监管,加强与驾驶员之间的沟通交流,接收反映的问题矛盾,及时有效地解决。完善景区内基础设施的建设,打通旅游景区"最后一公里",实现高铁站、机场和城市交通、景区的"零换乘",构建无障碍旅游交通网络。乡村景区存在厕所革命滞后的问题,重点落实旅游公厕革命工程。推进"旅游+文化",以文化生态为核心构建旅游产品体系,以游客需求为导向完善景区公共服务体系,开发特色旅游产品,大力挖掘包括红色文化在内的文化资源。

第三,提升服务质量。模型拟合结果显示,服务感知价值对游客满意度和游客忠诚度均有一定的影响。相关部门可开展旅游服务知识、文明引导、礼仪基础等专题培训,提高旅游服务人员服务质量,为旅游者提供便利服务。积极引导旅游企业增强诚信意识,加强行业自律。提高旅游接待单位信息咨询、住宿餐饮、导游等服务质量和水平,及时处理旅游投诉。

第四,提高游客忠诚度。模型拟合结果表明,南平市、三明市、龙岩市游客重游意愿和游客推荐意愿在很大程度上影响着游客的忠诚度。但是,其中游客重游意愿与游客推荐意愿并不强烈。因此,要发挥各城市的景区独特优势,拓展乡村旅游的农乡品牌,突破观光旅游的局限,向休闲度假转变,适应新常态下旅游产业的发展要求,实现旅游产业转型升级。

游客满意度是衡量一个地区旅游业发展情况的重要杠杆。为响应供给侧改革要求,结合南平市、三明市、龙岩市乡村旅游的特点,游客对三个城市乡村旅游的总体评价处于一般水平,感知价值对游客满意度和游客忠诚度有着正向影响,游客满意度对游客忠诚度有直接的影响作用。旅游从业者及相关主管部门应采取相应措施提高旅游业供给质量,进而提升游客满意度,增强南平市、三明市、龙岩市乡村旅游的竞争力。

第6章 乡村旅游对农户家庭收入影响分析

乡村旅游经营已成为当今乡村重要的经济来源之一,乡村旅游经营收入对乡村农户收入有着重要的影响,其大幅度提升了乡村非农收入,带动了乡村的经济发展,并且使人们对环境保护、珍惜资源的意识,以及政府完善环境保护政策得到提高和完善。因此就乡村农户是否参与乡村旅游与影响因素有何种关系进行研究,先进行数据收集,然后分别采用最小二乘法、Heckman 模型、倾向得分匹配法进行数据处理研究,研究结果表明:①倾向得分匹配法消除了家庭选择性偏差后,估出参与乡村旅游经营对家庭人均纯收入的收入效应为 20%,而对人均非农收入的收入效应为 47%。使用多元线性回归高估了乡村旅游经营对家庭人均纯收入的影响,大致高估了 8%,使用 Heckman 模型也高估了乡村旅游对家庭人均非农收入的影响,大致高估了 17%。②户主性别、受教育程度、是否为村干部、身体状况、家庭负担比以及耕地面积对农户家庭参与乡村旅游经营行为产生显著影响。③结合当前的生态扶贫政策背景,政府以及社会可能高估了乡村旅游经营对周边社区家庭收入的影响,追求立竿见影的扶贫效果往往在短期内会获得一定的收效,但是缺乏长期驱动力,最终只是治标不治本的扶贫。因此,政府要合理规划地方乡村旅游产业发展,创建更有利于社区参与的乡村旅游开发模式。一方面,让周边社区家庭参与乡村旅游经营的管理和决策工作中,在乡村旅游管理拥有自主权和决定权;另一方面,建立乡村旅游参与的外部约束机制,保障周边社区的利益。

乡村旅游由程益民于 2003 年提出,是以旅游度假为宗旨,以村庄野外为空间,以人文无干扰、生态无破坏,以游居和野性为特色的村野旅游形式,乡村旅游对一个地区的经济发展起着至关重要的作用。如今随着城市的进步与发展,随之带起的是过快的生活节奏,带起了城市人群亚健康,因此大部分人群及公司选择以放松和团建的方式接近自然生态的乡村。近几年围绕乡村旅游提出了很多原创新概念和新理论,如:游居、野性、居游、诗意栖居、第二居所、轻建设等,新概念和新理论的提出使乡村旅游内容丰富化,形式多元化。并且随着全球人口的增加以及不可再生资源的减少,环境越发恶劣,政府越来越重视对环境的保护,2015 年中央一号文件提出,要积极开发农业多种功能,挖掘乡村生态休闲、旅游观光、文化教育价值。

本章着重研究乡村农户是否参与乡村旅游经营与农户家庭因素如户主年龄、户主性别、户主民族、户主受教育程度、是否为村干部、身体状况、劳动力人口、外出打工人口、家庭负担比、耕地面积、林地面积、市镇距离、地理位置是否存在某种联系,从而对农户家庭收入造成影响。

6.1 数据来源与描述统计

2018年,福建的森林覆盖率为66.8%,居全国首位。拥有1.15亿亩的森林面积,每年吸收的二氧化碳超过了全省二氧化碳排放总量的一半,全国六大林区之一。是一个较好的具有特点的研究区域,因此我们选择福建省部分市区作为研究地区。

本研究数据来源于福建省3个市区(南平市、三明市、龙岩市)9个乡村。在调研过程中,采用随机抽样与典型抽样相结合的方法,由调研员选择家庭户主进行一对一访谈,家庭其他成员补充的形式完成问卷。调研共获取问卷458份,剔除无效问卷,有效问卷331份,问卷有效率为72.27%。问卷具体情况如表6-1所示。

表6-1 福建省部分研究区域与样本分布

调研市	调研时间	调研乡村	调查样本量	有效样本量
南平市	2018年4月	吴屯乡、五夫镇、岚下乡	160	113
龙岩市	2018年12月	步云乡、陈东乡、湖山乡	150	110
三明市	2019年5月	中村乡、八字桥乡、夏阳乡	148	108
合计			458	331

本研究所使用的主要变量描述性统计如表6-2所示。根据调研及相关研究,农户家庭参与乡村旅游经营划分为旅游住宿、特色食物餐饮、农家乐等相关活动。农户家庭收入包括家庭人均纯收入以及人均非农收入,人均纯收入是由农户家庭种植业收入、养殖业收入、林业收入、务工收入、个体经营收入、补贴性收入以及其他收入之和减去家庭经营性成本除以家庭总人口计算得出。人均非农收入主要包括人均务工收入、经营性纯收入、转移性收入和财产性收入。在331户保护区周边农户家庭中,只有110户农户家庭参与了乡村旅游经营,参与率33.23%,反映未参与乡村旅游业及附属经营的数量远高于参与其经营的人数。差异性检验结果显示,参与乡村旅游的家庭人均纯收入和非农收入都显著高于未参与乡村旅游经营的家庭,而且在户主性别、受教育程度、是否为村干部、身体状况、劳动力人口、外出打工人口以及离镇市场远近上都存在显著性差异,这也反映农户参与乡村旅游经营不是随机选择的过程,样本存在选择性偏误问题。

表 6-2 主要变量解释及系统性描述

变量名	变量解释	全部样本 ($n=331$)	处理组 ($n=110$)	控制组 ($n=221$)	差异性检验
因变量					
人均纯收入对数(lnF1)	实际调查数据	8.521	9.140	8.492	***
人均非农收入对数(lnF2)	实际调查数据	7.699	8.462	7.589	***
自变量					
户主年龄(X_1)	实际调查数据/岁	46.846	47.994	46.898	不显著
户主性别(X_2)	1=男,0=女	0.879	0.830	0.892	**
户主民族(X_3)	1=汉,0=其他	0.553	0.579	0.541	不显著
户主受教育程度(X_4)	实际调查程度/年	6.402	7.299	6.326	***
是否为村干部(X_5)	1=是,0=否	0.070	0.160	0.065	***
身体状况(X_6)	1=差,0=一般,2=好	2.579	2.730	2.571	***
劳动力人口(X_7)	实际调查数据/人	2.391	2.746	2.388	***
外出打工人口(X_8)	实际调查数据/人	1.126	0.680	1.131	***
家庭负担比(X_9)	14岁以下儿童和65岁以上老人占家庭总人口比例	0.416	0.290	0.430	***
耕地面积(X_{10})	实际调查数据/亩	7.601	5.778	7.703	不显著
林地面积(X_{11})	实际调查数据/亩	40.182	50.746	39.554	不显著
市镇场距(X_{12})	实际调查数据/公里	16.785	13.487	19.998	*
地理位置(X_{13})	1=区外,0=区内	0.650	0.650	0.650	不显著

注:(1)*,**,*** 分别表示 10%、5%和 1%水平上的显著;(2)采用 T 检验分析连续性数据的显著性水平,采用卡方检验分析离散型数据的显著性水平;(3)处理组是参与乡村旅游经营的家庭,控制组是未参与乡村旅游经营的家庭。

6.2 研究方法

6.2.1 传统线性回归

为了考察农户家庭参与乡村旅游经营对人均纯收入的影响,以往研究采用最小二乘法(OLS)对乡村旅游经营对人均纯收入影响效应进行估计,收入方程如下:

$$lnT_i = q_0 + \delta_1 x_i + \delta_2 D_i + o_i \tag{6-1}$$

(6-1)式中,lnT_i 为第 i 个农户家庭人均纯收入的对数;x_i 为家庭 i 可观测到的影响人均纯收入的家庭和个人特征变量以及资源享赋,包括户主年龄、户主性别、户主民族、户主受教育程度、户主是否为村干部、自评身体状况、劳动力人口、外出打工人口、家庭负担比、林地面积、耕地面积、离镇市场远近以及保护区内外等;D_i 为家庭是否参与乡村旅游经营,$D_i=1$ 表示参与乡村旅游经营,$D_i=0$ 表示没有参与乡村旅游经营;δ_1 表示家庭人均纯收入;δ_2 表示参与乡村旅游经营的收入效应;o_i 为随机误差项。

6.2.2 Heckman 模型

本研究的变量分为可观测到与不可观测到的,研究结果不仅仅受可观测到的变量影响也受不可观测到的数据影响,不少村庄边缘的农户只有从事农业一条经济来源,没有其他任何的经济来源,我们在调查的同时不仅仅要考虑参与乡村旅游经营的农户,还要考虑这些仅仅只有农业一条经济来源的农户。如果不对此类问题进行研究讨论,会导致非农选择方程和非农收入方程的误差项相关。为了解决这类误差,采用 Heckman 两段模型对乡村旅游经营对人均非农收入的影响进行估计。

Heckman 模型涉及两个方程,即选择方程和结果方程,具体到本研究,在选择方程中,采用 Probit 模型来估计农户家庭是否参与非农就业,第二阶段将第一阶段通过选择方程计算出的逆米尔斯比和是否参与乡村旅游经营以及其他变量一起作为自变量,而人均非农收入作为因变量,通过 OLS 模型估计乡村旅游经营对人均非农收入的影响。具体表达式如下:

选择方程:$L_i^* = Z_i\gamma + O_i$,如果 $L_i^* > 0$,则 $\eta_i = 1$,否则 $\eta_i = 0$

$$Prob(\eta_i = 1 | Z_i) = \varphi(Z_i\gamma) \tag{6-2}$$

回归方程:$ln(L_i^* | \eta_i = 1) = \beta x_i + \varepsilon_i$ (6-3)

其中,x_i 是家庭 i 观测到的影响人均非农收入的自变量,lnL_i^* 是人均非农收入的对数,Z_i 是外生变量的向量,决定选择方程的结果,φ 是标准累计分布函数。

6.2.3 倾向得分匹配法

乡村周边农户参与乡村旅游经营不是一个随机行为也不是随机分配的结果,而是农户根据其生活阅历以及自身家庭环境做出的选择,是其自身选择的结果,农户是否参与乡村旅游经营不是由外部影响(外生变量),而是由其自己决定的(内生虚拟变量)。因此,采用最小二乘法来估计参与乡村旅游经营对家庭人均纯收入的影响会产生自选择导致的偏差问题。此外,农户家庭参与乡村旅游经营可能是由于户主特征、家庭特征或其他政策特征决定的,而这些特征同时也会对家庭人均纯收入和人均非农收入产生影响,这就导致在估计乡村旅游经营对人均纯收入和非农收入影响时存在内生性问题,即家庭参与乡村旅游的行为不仅与人均纯收入以及非农收入相关,也与误差项相关。

鉴于此,本研究采用国际上近年比较常用的倾向得分匹配来解决这种由于自选择导致的偏差问题。其最早由 Rosenbaum 和 Rubin 于 1983 年提出,通过构建反事实框架将非随机数据近似随机化,即由于数据缺失在无法观测到参加乡村旅游经营的家庭如果没有参与乡村旅游经营其家庭收入,只能观测到参与后的家庭收入,据此提出使用"倾向得分"来作为农户参与乡村旅游经营的概率。一般采用 Logit 模型根据影响农户参与乡村旅游经营的特征计算每个家庭的倾向得分,这样就可以在没有参与乡村旅游经营的家庭中找到与参与乡村旅游经营家庭相似的对照组,构造一个近似随机化的数据。根据 Rosenbaum 和 Rubin(1983)的定义,处理者的平均处理效应为:

$$\mathrm{ATT} = \frac{1}{N} \sum_{i, D_i} (y_{1i} - y_{0i}) \tag{6-4}$$

其中 $N_1 = \sum_i D_i$ 为参与乡村旅游经营的家庭数,$\sum_{i, D_i = 1}$ 表示仅对参与乡村旅游经营的家庭进行加总,y_{1i} 表示参与乡村旅游经营的家庭参与后的家庭收入,y_{0i} 表示参与乡村旅游经营的家庭如果没有参加乡村旅游经营其家庭收入。y_{1i} 是可观测的,而 y_{0i} 是一个反事实的结果,需要通过倾向得分匹配在未参与乡村旅游经营的家庭中估算得出。其基本步骤为选择影响 (y_{0i}, y_{1i}) 和 D_i 的相关变量 x_i,然后利用 Logit 回归模型估计农户参与乡村旅游经营概率的倾向得分,依据概率大小进行倾向得分匹配,通过控制如下 x_i 的每个分量的标准化偏差:

$$\frac{|\overline{X}_{\text{treat}} - \overline{X}_{\text{control}}|}{\sqrt{\left(s_{x,\text{treat}}^2 - s_{x,\text{control}}^2\right)/2}} \tag{6-5}$$

其中 $\overline{X}_{\text{treat}}$ 和 $\overline{X}_{\text{control}}$ 分别是匹配后处理组和控制组的样本均值,$S_{x,\text{treat}}^2$ 和 $S_{x,\text{control}}^2$ 分别是处理组和非处理组变量 x 的样本方差,匹配后使得标准化偏差小于 10%,最后根据匹配后的样本计算平均处理效应。

倾向得分匹配有很多匹配方法,一般认为不存在适用一切情形的绝好方法,在实践中,一般采用不同的匹配方法比较其结果,如果结果相似,则说明结果是稳健的。在此,本研究依据研究特征以及以往相关研究,主要采用 K 近邻匹配、半径匹配和样条匹配来进行具体匹配。

6.3 实证分析

6.3.1 基于 OLS 与 Heckman 模型的估计结果

基于 OLS 模型估计参与乡村旅游经营对家庭人均纯收入的收入效应如表 6-3 所示,结果发现家庭是否参与乡村旅游对家庭人均纯收入在 1% 的显著性水平上产生正向显著影响,参与乡村旅游经营的家庭比未参与乡村旅游经营的人均纯收入高 27.6%;同时户主民族、受教育程度、是否为村干部、自评身体状况、家庭劳动力人口、外出打工人数、家庭负担比、林地面积、离镇市场远近以及地理位置都对人均纯收入产生显著影响。基于 Heckman 样本选择模型估计结果如表 6-3 所示,结果表明逆米尔斯比在 5% 统计水平上显著,表明了使用 Heckman 样本选择模型的有效性。在校正了农户家庭参与非农就业的选择性偏差后,相比于未参与乡村旅游经营的家庭,参与乡村旅游经营的家庭人均非农收入高 63.9%,并且在 1% 的统计水平上显著。此外,户主民族、受教育程度、身体状况、家庭劳动力人口、家庭负担比、耕地面积、离镇市场远近对家庭非农工作选择有显著影响,而户主民族、受教育程度、自评身体状况、劳动力人口、身体状况、外出打工人数、家庭负担比、耕地面积、离镇市场远近以及地理位置对家庭人均非农收入产生显著影响。

表 6-3 采用 OLS 与 Heckman 模型的家庭收入回归结果

变量名称	OLS (lnY1)	Heckman 两阶段法 (lnY2)	
		收入方程	选择方程
是否参与生态经营 (是=1,否=2)	0.276*** (0.060)	0.639*** (0.170)	*
户主年龄(X_1)	−0.0019 (0.001)	−0.006 (0.003)	0.004 (0.005)
户主性别(X_2)	−0.056 (0.046)	−0.238 (0.143)	0.077 (0.204)
户主民族(X_3)	0.076** 0.031	0.511*** 0.115	0.209*** 0.072
户主受教育程度(X_4)	0.011** 0.006	0.033*** 0.015	0.046** 0.023

续表

变量名称	OLS (lnY1)	Heckman 两阶段法 (lnY2)	
		收入方程	选择方程
是否为村干部(X_5)	0.135***	0.045	−0.389
	0.050	0.179	0.289
身体状况(X_6)	0.155***	0.207**	0.344***
	0.020	0.081	0.082
劳动力人口(X_7)	0.063***	0.072*	0.122*
	0.011	0.041	0.064
外出打工人口(X_8)	0.023**	0.175***	*
	−0.011	0.037	
家庭负担比(X_9)	−2.564***	−2.560***	−1.569**
	0.051	0.219	2.289
耕地面积(X_{10})	0.002	−0.004***	−0.004**
	0.002	0.000	0.003
林地面积(X_{11})	0.002**	−0.000	0.002
	0.000	0.000	0.001
市镇场距(X_{12})	−0.002**	−0.003**	−0.004**
	0.002	0.003	0.004
地理位置(X_{13})	0.091**	0.213**	−0.025
	0.030	0.106	0.770
省份	控制	控制	控制
常数项	9.529***	8.290***	2.660***
	0.115	0.350	0.539
逆米尔斯比	*	−2.006***	*
		0.825	
Prob>chi2		441.8	
Prob>F	0.000	0.000	*

注 *，**，*** 分别表示 10%、5%和 1%水平上的显著。

6.3.2 基于倾向得分匹配的估计结果

(1)农户家庭参与乡村旅游经营的影响因素分析

应用倾向得分匹配的第一步是估计倾向得分，选择匹配变量是关键，Heckman 等认为选择无关变量不会影响最终结果,但遗漏变量会产生严重偏差。选择的变量必须同时影响农户参与乡村旅游的行为以及家庭收入,同时选择的变量也不会因为农户参与乡村旅游经营而受到影响。因此,本研究选择户主年龄、户主性别、民族、受教育程度、是否为村干部、自评健康状况、家庭劳动力人数、家庭负担比、耕地面积、林地面积、离镇市场远近、地理位置作为匹配变量,农户参与乡村旅游经营的倾向得分的估计结果如表 6-4 所示。可以发现,户主性别、受教育程度、是否为村干部、身体状况、家庭负担比以及耕地面积对农户家庭参与乡村旅游经营产生显著影响,其中,女性户主比男性户主参与概率高 4.3%,户主受教育每增加 1 年,参与概率提高 0.3%,担任村干部的户主相比其他农户参与概率高 3.5%,耕地面积每增加 1 亩,参与概率减少 0.2%。

表 6-4 农户参与乡村旅游倾向得分的 logit 估计结果

变量	系数	标准差	边际影响
户主年龄(X_1)	0.008	0.007	0.001
户主性别(X_2)	−0.624****	0.225	−0.043
户主民族(X_3)	0.002	0.175	0.001
户主受教育程度(X_4)	0.065***	0.026	0.003
是否为村干部(X_5)	0.525**	0.250	0.035
身体状况(X_6)	0.390**	0.149	0.035
劳动力人口(X_7)	0.105	0.077	0.005
家庭负担比(X_9)	−1.267***	0.320	−0.085
耕地面积(X_{10})	−0.015***	0.009	−0.002
林地面积(X_{11})	0.000	0.002	0.000
市镇场距(X_{12})	−0.001	0.004	0.000
地理位置(X_{13})	−0.043	0.180	−0.003
常数项	−3.753	0.660	
Loglikelihood	−498.999	LRchi2(13)	76.290
Prob>chi2	0.000	PseudoR2	0.069

注:*,**,*** 分别表示 10%、5% 和 1% 水平上的显著;likelihood ratio 为似然比检验,英文简称 LR。

(2)乡村旅游经营对家庭收入的影响

表 6-5 给出了三种匹配方法对乡村旅游经营对家庭收入的处理效应估计结果,在家庭人均纯收入方面,使用 K 近邻匹配法得到的处理组平均处理效应(ATT)为 0.183 且在 5% 统计水平上显著,使用半径匹配法和样条匹配法得到 ATT 分别为 0.208 和 0.215,且都在 1% 水平上显著,无论是平均处理效应的估计值还是显著性,三种匹配方法的结果相

似,一定程度上反映了结果的稳定性,同时说明在消除了参与乡村旅游的家庭以及未参与乡村旅游家庭可观测异质性导致的显性偏差后,参与乡村旅游经营的家庭人均纯收入比其如果未参与乡村旅游经营人均纯收入高20%左右。相比于OLS估计结果,收入效应减少了8%左右,说明传统线性回归模型没有考虑有选择性偏差,高估了乡村旅游对家庭人均纯收入的处理效应。在人均非农收入方面,使用K近邻匹配、半径匹配与样条匹配估计的处理组平均处理效应分别为0.505,0.459和0.475,且三者都在1%统计水平上显著,三种匹配方法的平均处理效应值和显著性水平都类似,说明估计结果的稳定性,同时表明参与乡村旅游经营的家庭比其如果未参与乡村旅游经营家庭人均非农收入高47%左右,比Heckman模型的估计结果低17%左右,虽然两种方法修正的不同的选择性偏差,估计收入效应也不同类,严格意义上结果不具可比性,但两种方法的结果都表明在修正了选择性偏差后,参与乡村旅游经营对家庭非农收入有较高比例的显著正向效应。此外,参与乡村旅游经营的家庭一定会有非农收入,而拥有非农收入的家庭则不一定会参与乡村旅游经营,这表明Heckman修正的选择偏差范围更广,在估计乡村旅游经营对农户家庭收入的影响时还存在一定的家庭异质性,而倾向得分匹配的选择性偏差修正更加精确,结果也更准确。

表6-5 乡村旅游经营对家庭收入的处理效应

家庭收入	匹配方法	处理组/控制组	处理组平均处理效应	标准差	t值
人均纯收入	K近邻匹配	110/208	0.183	0.079	2.30**
	半径匹配	110/215	0.208	0.068	2.71***
	样条匹配	109/220	0.215	0.059	3.46***
人均非农收入	K近邻匹配	109/205	0.505	0.119	4.08****
	半径匹配	110/203	0.459	0.108	4.70***
	样条匹配	109/205	0.475	0.095	4.77***

注:*,**,***分别表示10%、5%和1%水平上的显著。

(3)匹配的平衡性检验

为了保证倾向得分匹配的估计质量,需要对三种匹配方法做平衡性检验,以检验匹配后处理组与控制组是否存在系统差别,结果如表6-6所示。匹配后,PseudoR2的值都很小,几乎为零,似然比检验在匹配前在1%显著性水平上被拒绝,而匹配后都未被拒绝,标准偏差均值与中位数都大幅下降,除样条匹配估计人均非农收入的B值大于25%,其余B值都小于25%,由此可见,经过倾向得分匹配后基本消除了处理组与控制组的可观测变量显性偏差,通过了平衡性检验,倾向得分匹配结果可靠。

表 6-6　匹配质量的平衡性检验

因变量	匹配方法		PseudoR2	LRchi2	MeanBias	MedBias	B 值
人均纯收入	匹配前		0.069	78.00	21.56	19.15	77.59
	匹配后	K 近邻匹配	0.007	3.50	5.08	5.49	20.99
		半径匹配	0.002	1.19	2.73	2.56	13.00
		样条匹配	0.009	4.28	4.80	3.88	23.32
人均非农收入	匹配前		0.059	70.98	20.78	19.20	73.29
	匹配后	K 近邻匹配	0.007	2.33	3.65	3.98	16.90
		半径匹配	0.003	1.01	2.38	2.01	11.59
		样条匹配	0.020	9.03	6.00	5.22	34.35

注：*，**，*** 分别表示 10%、5% 和 1% 水平上的显著。

(4) 匹配的稳健性分析

尽管本研究通过倾向匹配来控制选择偏差，但是只能基于被观测或被测量的协变量进行调整，因此由于未被测量的协变量而导致的选择偏差依然是个问题，在此，采用 Rosenbaum 边界方法分析如果存在不可观测的异质性，估计结果是否发生显著性差异，进一步检验匹配结果的稳健性。Gamma 值为 1 表示家庭参与乡村旅游经营的概率是一样的，通过赋予 Gamma 不同的值，Rosenbaum 边界估计给出了参与乡村旅游经营的显著性水平上限、显著性水平下限、HL 估计上限、HL 估计下限、置信区间上限以及置信区间下限。如果 Gamma 值增加很小的比例，导致统计推论与假定研究不会有隐藏偏差的情况下的统计推论极为不同，那么结果就不是稳健的，意味着基于可观测异质性的倾向得分匹配方法是不合理的。乡村旅游对家庭人均纯收入和非农收入的 Rosenbaum 边界估计结果如表 6-7 和表 6-8 所示。可以看出，即使由于未被观测的协变量导致参与可能性的差异有 2 倍以上，乡村旅游经营对人均纯收入影响仍然为正向的，显著性水平也在 1% 以下，5% 显著性水平的置信区间也都大于 0。同时表明，即使由于未被观测的协变量导致参与可能性的差异有 2 倍以上，也不会改变乡村旅游经营对人均非农收入的正向影响，显著性水平也在 1% 以下，5% 显著性水平的置信区间也都大于 0。此外，三种匹配方法的估计值差异不大，综合来看，使用倾向得分匹配估计家庭收入的处理效应具有较高的稳健性。

表 6-7　乡村旅游经营对家庭人均纯收入的 Rosenbaum 边界估计

Gamma	显著性水平上限	显著性水平下限	HL 估计上限	HL 估计下限	置信区间上限	置信区间下限
1.0	0.000	0.000	0.209	0.209	0.147	0.270
1.1	0.000	0.000	0.190	0.225	0.138	0.299
1.2	0.000	0.000	0.177	0.240	0.115	0.310
1.3	0.000	0.000	0.167	0.257	0.105	0.329
1.4	0.000	0.000	0.154	0.266	0.088	0.344
1.5	0.000	0.000	0.144	0.278	0.078	0.350
1.6	0.000	0.000	0.138	0.289	0.069	0.362
1.7	0.000	0.000	0.125	0.308	0.060	0.370
1.8	0.001	0.000	0.111	0.320	0.052	0.379
1.9	0.001	0.000	0.101	0.332	0.046	0.384
2.0	0.002	0.000	0.095	0.340	0.038	0.399

表 6-8　乡村旅游经营对家庭人均非农收入的 Rosenbaum 边界估计

Gamma	显著性水平上限	显著性水平下限	HL 估计上限	HL 估计下限	置信区间上限	置信区间下限
1.0	0.000	0.000	0.487	0.490	0.358	0.639
1.1	0.000	0.000	0.453	0.521	0.316	0.681
1.2	0.000	0.000	0.425	0.559	0.278	0.708
1.3	0.000	0.000	0.395	0.560	0.249	0.740
1.4	0.000	0.000	0.368	0.623	0.217	0.770
1.5	0.000	0.000	0.338	0.651	0.189	0.799
1.6	0.000	0.000	0.316	0.679	0.169	0.819
1.7	0.000	0.000	0.290	0.700	0.152	0.869
1.8	0.000	0.000	0.289	0.720	0.132	0.865
1.9	0.001	0.000	0.249	0.738	0.110	0.890
2.0	0.002	0.000	0.228	0.756	0.090	0.909

6.4 小结

选择福建省具有代表性乡村农户进行调查研究,分别采用传统线性回归、Heckman两阶段模型以及倾向得分匹配法研究了家庭参与乡村旅游经营对人均纯收入以及非农收入的影响,研究结果表明:采用传统线性回归、Heckman模型、倾向得分匹配模型三种研究模式,结果都显示保护区周边农户家庭参与乡村旅游经营对人均纯收入以及非农收入都有正向显著影响。户主性别、受教育程度、是否为村干部、身体状况、家庭负担比以及耕地面积对农户家庭参与乡村旅游经营产生显著影响。传统线性回归模型在估计家庭参与乡村旅游对人均纯收入影响时,没有考虑选择性偏差,高估了参与乡村旅游的收入效应,而倾向得分匹配在考虑参与乡村旅游经营家庭存在异质性的背景下,估计出参与乡村旅游经营的家庭比如果未参与乡村旅游经营家庭人均纯收入高20%左右,比OLS估计结果低8%左右。而Heckman模型尽管修正了农户参与非农经营的选择性偏差,但并未考虑到家庭参与乡村旅游经营的异质性,使用倾向得分匹配估计的家庭人均非农收入效应为47%左右,比Heckman估计结果低17%左右。同时,倾向得分匹配的稳健性检验与平衡性检验结果显示,匹配方法基本消除了处理组与控制组的可观测变量显性偏差,不可观测变量的异质性,也不会导致估计结果发生显著性差异。

经研究发现,参与乡村旅游经营对农户家庭有着可观的贡献,其提高了非农收入,但对人均纯收入并没有太大影响。可观察到在110户参与个体中,55%占据着明显有利于开展乡村旅游业的地理位置,且参与农户往往是在政府的主导下被动参与,因此占据有利地理位置的农户则获得了较为客观的利益,反观未处于优势位置的农户家庭收入不尽人意。政府主导的乡村经营在其他方面对农户收入造成影响,如为了吸引游客,政府要求农户种植大量具有观赏性的植被,反而忽略了农户因无法种植有经济收益的植被而影响到务农收入。并且一味主导造成了供过于求的局面,外加部分农户受教育年限并不充足,知识面有短板,并不擅长经营等都有可能对农户收入造成损失。此外还有一些其他的负面影响,因为人群在乡村的流动性过大,对乡村环境造成一定的影响,对生物的多样性造成破坏,使得乡村的物价上涨,社区安全出现隐患等。尽管乡村旅游对农户收入有一定影响,但要多注重其负面影响,因此乡村旅游经营要不断改进、不断完善,寻找最适合我国实施的乡村旅游经营计划。

研究结论对保护区乡村旅游开发和社区协调可持续发展有重要的政策启示:①生态系统确实对乡村形成了正面的可观影响,但务必使用符合当地发展水平、切合实际的发展方案,不可追求立竿见影的扶贫效果,否则仅会在十分有限的时间获得收入,时间一长弊端都将显现出来,最终导致治标不治本的扶贫。占据地理位置的优势家庭参与乡村旅游确实提高了家庭收入,特别是家庭非农收入的提高,但是乡村旅游在吸纳周边社区参与能力上存在不足,这需要政府积极探索不同的乡村旅游开发模式,如对口帮扶模式、政府主导模式、联合开发模式等,分别进行试点工作,从而创建一个更有利于社区参与的乡村旅游开发模式,激发社区参与生态建设与旅游开发的热情,达到乡村旅游开发与社区扶贫协调发展的目的。②现阶段的乡村旅游经营并非完整的,不仅仅是农户个体原因,还有地方政府并未了解乡村实际情况等。因此政府应当鼓励并非过于要求,而对于有参与乡村旅游经营的农户,政府可开设培训机构,并根据家庭的实际情况进行对口帮助,如取得可观的收入,可以作为研究模板与宣传对象,大力鼓励其他农户加入乡村旅游,并有不同的特色,打造各色各样的乡村旅游产业。③政府以及保护区需要合理规划地方乡村旅游经营发展,客观认识由于制度、经济发展水平以及参与能力方面的局限性导致社区参与不足和利益实现不充分问题,建立乡村旅游参与的外部约束机制,确保周边社区在农家乐经营、旅游商品生产销售等乡村旅游相关经营活动参与的优先权,最终保障周边社区在乡村旅游开发中的利益。

第7章　福建乡村旅游产业可持续发展评价指标体系与模型

影响生态旅游产业可持续发展的因素很多,但影响生态旅游产业可持续发展的基本因素主要有五个,即:自然环境因素、政策因素、经济因素、社会因素和科技技术因素,本章通过建立乡村旅游产业可持续发展评价指标体系与模型,以了解各因素对生态旅游产业可持续发展的影响。

7.1 因素分析

7.1.1 自然环境因素

自然环境因素是影响生态旅游产业发展的首要因素。生态旅游主要是依托森林公园、风景名胜区及自然保护区等优秀的自然资源条件而发展起来的。独具特色的高品位生态旅游资源是发展优越生态旅游产业的基本条件。

福建地处中国东南部、东海之滨,陆域介于北纬23°33′和28°20′、东经115°50′和120°40′之间,东隔台湾海峡与台湾地区隔海相望,东北与浙江省毗邻,西北横贯武夷山脉与江西省交界,西南与广东省相连,连接长江三角洲和珠江三角洲;是中国大陆重要的出海口,也是中国与世界交往的重要窗口和基地。全省陆域面积12.4万平方公里,海域面积13.6万平方公里。境内峰岭耸峙,丘陵连绵,河谷、盆地穿插其间,山地、丘陵占全省总面积的80%以上,素有"八山一水一分田"之称。地势总体上西北高东南低,横断面略呈马鞍形。因受新华夏构造体系的控制,在西部和中部形成北(北)东向斜贯全省的闽西大山带和闽中大山带,两大山带之间为互不贯通的河谷、盆地,东部沿海为丘陵、台地和滨海平原。2018年,福建省森林覆盖率为66.80%,居全国首位,拥有1.15亿亩的森林面积,全国六大林区之一,有的已辟为自然保护区,如三明格氏栲省级自然保护区、建瓯万木林保护区、福建武夷山国家级自然保护区及漳江口红树林国家级自然保护区等,福建林区可分为中西部亚热带常绿阔叶林区和东部亚热带季风雨林区。

生态旅游资源丰富而且独特,厦门市鼓浪屿风景名胜区(2007 年)、南平市武夷山风景名胜区(2007 年)、福建土楼(永定·南靖)旅游景区(2011 年)、福建省三明市泰宁风景名胜区(2011 年)、泉州市清源山景区(2012 年)、宁德市白水洋鸳鸯溪旅游区(2012 年)、宁德市福鼎太姥山旅游区(2013 年)、福建省龙岩市古田旅游区(2015 年)、福州市三坊七巷景区(2015 年)等 9 个国家 AAAAA 级旅游景区景色奇异秀丽。

7.1.2 政策因素

政策因素是生态旅游产业发展的有力保障,生态旅游产业的发展必须靠强有力的政策力量支持,否则,发展生态旅游产业就不可持续,甚至会半途而废,各国都非常清楚这一点,并且对此非常重视。

在生态保护方面,福建制定了《关于全面加强生态环境保护坚决打好污染防治攻坚战的实施意见》《福建省综合性生态保护补偿试行方案》《福建省生态环境监管能力建设三年行动方案(2020—2022 年)》《福建省天然林保护修复实施方案》等。提出了"既要金山银山、更要绿水青山""绿水青山就是金山银山""生态银行"等科学理念。

7.1.3 经济因素

经济因素是发展生态旅游产业的坚强后盾,是保护自然环境,发展生态旅游产业的命脉。它包含两个方面:一是政府是否有能力、有多大能力、投入多少资金加强环境保护以使生态旅游产业能够可持续发展。二是民众的生活条件是否允许其加入生态旅游行列。

2019 年,福建省实现地区生产总值42 395.00亿元,比上年增长7.6%。其中,第一产业增加值2 596.23亿元,增长3.5%;第二产业增加值20 581.74亿元,增长8.3%;第三产业增加值19 127.03亿元,增长7.3%。三次产业增加值占地区生产总值的比重为6.1：48.6：45.3,全年人均地区生产总值107 139元,比上年增长6.7%。其中,旅游方面,接待入境游客958.28万人次,比上年增长6.3%;国际旅游外汇收入102.43亿美元,增长12.7%;接待国内旅游人数52 697.08万人次,增长16.7%;国内旅游收入7 393.43亿元,增长22.6%;旅游总收入8 101.21亿元,增长22.1%。

7.1.4 社会因素

社会因素是一个对生态旅游产业发展有直接影响的主观因素。随着全球气候变暖,人们也在呼吁绿色消费理念,积极营造人与自然的和谐环境。

福建是一个生态大省,拥有浓厚的生态文化底蕴,孕育着竹文化、茶文化、森林文化、湿地文化、野生动物文化等生态文化。截至2019年末,全省文化系统共有国有艺术表演团体69个、公共图书馆90个、文化馆97个、博物馆103个、非国有博物馆35个。文化系统各类艺术表演团体演出0.94万场,本年度首演剧目88个,观众436.95万人次,其中,政府采购公益性演出4 160场,观众146.53万人次;各级公共图书馆组织各类讲座2 678次,书刊文献外借3 525.41万册,总流通人数3 228.11万人次;各级文化馆组织举办展览1 376个,组织文艺活动3 331次、培训班8 679期和公益性讲座751次,服务978.85万人次;博物馆举办324个基本陈列和854个临时展览,共有3 644.22万人次参观,其中,未成年人参观1 032.79万人次;举办社会教育活动2 465次,共有452.29万人次参加。

7.1.5 科技技术因素

科技技术因素是生态旅游产业发展的推进器。世界各国生态产业的发展都离不开技术的支持,生态旅游产业的发展也不例外。全省已布局建设18家省级产业技术研究院和31家省级产业技术创新战略联盟,拥有国家重点实验室10个、省创新实验室4个、省级重点实验室216个、国家级工程技术研究中心7个、省级工程技术研究中心527个、省级新型研发机构102家。建设国家专业化众创空间备案示范3家、国家备案众创空间50家、省级众创空间277家。科技企业孵化器备案178家,孵化器总面积353.43万平方米,在孵企业3 521家、在孵企业从业人员47 886人。入库备案科技型中小企业2 520家、省级高新技术企业2 000家。新认定国家高新技术企业1 920家,总数4 800家;新增国家企业技术中心10家、国家技术创新示范企业4家,新认定省级企业技术中心48家;新认定省科技小巨人领军企业503家,总数2 301家。专利申请受理153 279件,其中发明专利申请30 083件;专利授权98 955件,其中发明专利授权8 963件。截至2019年底,共存有效发明专利43 791件,同比增长13.7%;每万人口发明专利拥有11.112件,同比增长12.8%。全年共登记技术合同8 786项,成交额145.94亿元。年末共有1 338家机构通过检验检测资质认定,比上年增加158家,国家产品质量监督检验中心23个,省级产品质量监督检测中心40个。

7.2 评价指标体系构建原则

乡村旅游产业可持续发展的总目标是实现社会与自然的和谐发展,生态旅游产业可持续发展指标应考虑以下原则。

(1)市场化投资与农民利益主体的关系。发展乡村旅游必然要涉及旅游开发的投资主体问题,为促进乡村旅游的快速发展,我们鼓励投资主体多元化,通过市场手段吸引外来投资、企业投资,但发展乡村旅游与其他产业不同,必须坚持"以农为本"原则,始终要"坚持以农民为受益主体",要调动农民的积极性和创造性,鼓励农民全过程参与乡村旅游开发和经营,不能让农民成为乡村旅游发展的旁观者和边缘利益者。要大力推广"旅行社带村""景区带村""能人带户""公司+农户""合作社+农户"等乡村旅游发展模式,并通过完善利益联结机制,让农民更好地分享旅游发展红利,提高农民参与性和获得感。即把"带村""带户"的发展模式作为乡村旅游发展的基本模式,目的就是通过发展乡村旅游,让贫困户脱贫,让广大农民致富。

(2)乡村旅游发展与社会资源整合利用的关系。在乡村地区,即使有很好的资源优势,乡村旅游也不可能单独发展。发展乡村旅游应与当地经济社会发展的总体诉求和发展目标相协调。一方面,发展乡村旅游必须依托当地的基础设施和公共服务体系,包括乡村居住环境的美化、绿化、亮化和景观提升,道路交通、引导标识、移动通信、医疗卫生等公共服务。要通过"共享共建",整合资源,部门联动,统筹推进,形成多功能、全要素一体统筹的基础设施和公共服务体系。另一方面,要通过与农业、教育、科技、体育、健康、养老、文化创意、文物保护等领域的深度融合,形成以旅游为主体的新型乡村经济结构,以一二三产业深度融合的创新业态,推动乡村经济社会全面发展。

(3)农业农村现代化与保持文化特色的关系。农业农村走向现代化是一个必然趋势,而以旅游业为代表的新型乡村服务业的发展必然会推进和加快农业农村现代化进程。在充分保护好乡村传统文化、农业文化遗产、非物质文化遗产和文物古迹的基础上,进行乡村旅游开发,并在开发利用和有效传承乡村文化遗产的过程中进一步凸显乡村地区的文化特色,强化乡村旅游产品的个性化特征,形成保护与利用的良性互动。农村地区地域特色文化、民族民间文化、优秀农耕文化、传统手工艺、优秀戏曲曲艺等本身就是最有价值的旅游资源,能够开发出极具特色的乡村"非遗"和文创旅游产品,能够实现保护传承与有效利用的一体化发展。

(4)开发建设与管理服务的关系。旅游是具有现代性、时尚性的服务产品,开发建设与管理服务同等重要。在乡村旅游经营过程中,由于农民受市场意识、管理意识、服务意识的局限,往往存在重开发建设、轻管理服务的现象,既影响了经营绩效,又影响了产品声誉。因此《关于促进乡村旅游可持续发展的指导意见》特别强调乡村旅游发展过程中的人才队伍建设和专业培训,要通过提高乡村旅游管理服务水平和经营者综合素质,来提升乡村旅游的管理效益、服务效益、品牌效益,使人才队伍建设及其衍生的管理、服务和品牌效应等成为乡村旅游健康可持续发展的有力支撑。

生态旅游产业可持续发展评价指标体系的构建及指标数值见表 7-1。

表 7-1　评价指标体系及数值

目标层 A	准则层 B	要素层 C	指标层 D	意见集中度	意见协调度
生态旅游产业可持续发展评价指标体系	资源环境	资源禀赋	1.森林覆盖率	7.25	0.18
			2.生物物种多样性	7.75	0.19
			3.人文景观与自然景观相融性	8.63	0.09
			4.自然景观规模	7.25	0.18
			5.自然景观丰富度	7.00	0.22
			6.人文景观规模	7.25	0.23
			7.人文景观规模丰富度	8.25	0.13
			8.优良级旅游资源数量	8.00	0.13
		生态环境指数	9.生态承载能力	5.25	0.32
			10.乡村空气质量	6.25	0.24
			11.乡村噪声分贝	6.50	0.32
			12.乡村绿化覆盖率	7.50	0.19
			13.乡村地表水环境质量	5.50	0.26
		环境建设指数	14.建筑与周围环境协调性	7.50	0.19
			15.建设用地在乡村面积中的占用比例	6.75	0.19
			16.安全建设是否达标	8.25	0.13
		社会文化环境	17.当地居民的生态环境保护意识	8.0	0.13
			18.当地居民对旅游者的容忍度	8.25	0.13
			19.文化水平程度	6.75	0.19
			20.当地政府对环境保护的力度	8.0	0.13
			21.当地居民参与旅游业比例	7.50	0.24
			22.乡村规划与当地人文风情融合程度	8.25	0.13
	经济	社会经济指数	23.当地 GDP 的年增长率	5.25	0.24
			24.人均年收入	6.00	0.18
			25.财政收入年增长率	4.50	0.21
			26.旅游建设资金的年投入量	8.25	0.13
		旅游产业经济总指数	27.旅游收入占旅游地 GDP 比重	7.50	0.19
			28.年接待游客总数	7.00	0.15
			29.民宿接待能力	7.75	0.13
			30.旅游总收入年增长率	5.50	0.26
			31.旅游商品首日在旅游总收入中的比例	7.00	0.22

续表

目标层 A	准则层 B	要素层 C	指标层 D	意见集中度	意见协调度
生态旅游产业可持续发展评价指标体系	社会	人口素质	32.大专以上文化程度占人口比重	6.00	0.18
			33.人均受教育年限	7.50	0.24
			34.人口自然增长率	4.75	0.35
		生活质量	35.人均可支配收入	4.75	0.27
			36.人均社会商品零售额	5.75	0.26
		社会稳定	37.刑事案件发生率	8.00	0.13
			38.失业人员所占比重	7.25	0.23
		政府支持	39.地方政府对生态旅游的支持力度	8.25	0.13
			40.当地法律法规保障	7.25	0.10
	可持续发展潜力	环保投入	41.环保专职人员数量(人/平方公里)	8.00	0.13
			42.游客流量监控机制	6.75	0.19
			43.制定偶发事件预案	6.75	0.25
		资源利用	44.使用无公害清洁剂	7.75	0.19
			45.使用节能设备	7.75	0.13
			46.选用生态性建筑材料	6.25	0.17
		废弃物处理	47.垃圾无害处理	7.50	0.24
			48.污水排放量	7.00	0.22
			49.旅游者参加废物回收	6.75	0.25
			50.污水的回收利用率	8.00	0.13
		交通与商品	51.使用低污染娱乐设施	7.50	0.19
			52.使用低污染交通工具	8.25	0.13
		行为与引导	53.制定旅游者行为守则	5.25	0.24
			54.员工生态环境保护培训次数	8.00	0.13
			55.文化保护培训次数	7.75	0.13
			56.生态知识宣传教育	6.75	0.19

由表 7-1 评价指标体系中的意见集中度和意见协调度形成的散点图如图 7-1 所示。

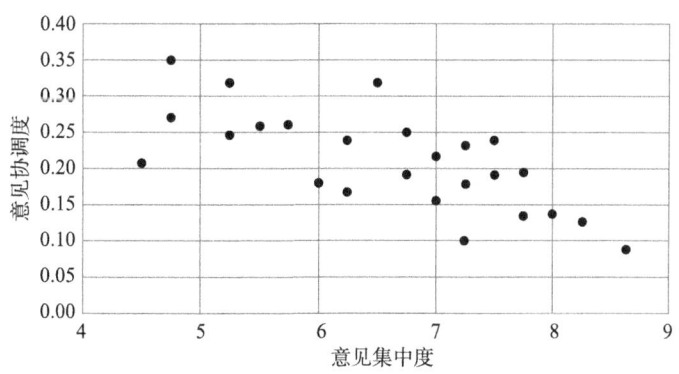

图 7-1 评价指标的意见集中度和协调度的散点图

剔除意见集中度小于7.4、变差系数大于0.22的指标,即留下图7-1右下角的指标,经过两轮的筛选最终得出生态旅游可持续发展的评价指标体系如表7-2所示。

表7-2 可持续发展评价指标体系

目标层 A	准则层 B	要素层 C	指标层 D
生态旅游产业可持续发展评价指标体系 A	资源环境 B1	资源禀赋 C1	森林覆盖率 D1
			自然景观规模 D4
			自然景观丰富度 D5
			人文景观规模 D6
		生态环境指数 C2	生态承载能力 D9
			乡村空气质量 D10
			乡村噪声分贝 D11
			乡村地表水环境质量 D13
		环境建设指数 C3	建设用地在乡村面积中的占用比例 D15
		社会文化环境 C4	文化水平程度 D19
			当地居民参与旅游业比例 D21
	经济 B2	社会经济指数 C5	当地 GDP 的年增长率 D23
			人均收入 D24
			财政收入年增长率 D25
		旅游产业经济总指数 C6	年接待游客总数 D28
			旅游总收入年增长率 D30
			旅游商品首日在旅游总收入中的比例 D31
	社会 B3	人口素质 C7	大专以上文化程度占人口比重 D32
			人均受教育年限 D33
			人口自然增长率 D34
		生活质量 C8	人均可支配收入 D35
			人均社会商品零售额 D36
		社会稳定 C9	失业人员所占比重 D38
	可持续发展潜力 B4	政府支持 C10	当地法律法规保障 D40
		环保投入 C11	游客流量监控机制 D42
			制定偶发事件预案 D43
		资源利用 C12	选用生态性建筑材料 D46
		废弃物处理 C13	垃圾无害处理 D47
			污水排放量 D48
			旅游者参加废物回收 D49
		行为与引导 C14	制定旅游者行为守则 D53
			生态知识宣传教育 D56

从以上专家打分可以看出,专家认为生态旅游可持续发展的关键在于四个方面,即环境资源、经济发展、社会因素和可持续发展潜力。从专家意见集中度和意见协调度可以看出,专家认为政府的支持是生态旅游的至关重要因素,其次是资源禀赋也是专家们认为比

较重要的一环。

7.3 指标体系构建

7.3.1 权重指标确定

把筛选下来的指标体系再进行专家打分,确定指标的权重。其判断矩阵分别为:
(1)目标层判断矩阵(表7-3)

表7-3 判断矩阵 A-B

A	B1	B2	B3	B4	权重
B1	1.00	3.00	3.00	3.00	0.474
B2	0.33	1.00	3.00	3.00	0.283
B3	0.33	0.33	1.00	1.00	0.122
B4	0.33	0.33	1.00	1.00	0.122

注:A=4.15 CI=0.05 RI=0.89 CR=0.06<0.1

(2)准则层判断矩阵(表7-4 至表7-7)

表7-4 判断矩阵 B1-C

B1	C1	C2	C3	C4	权重
C1	1.00	1.00	4.00	2.00	0.370
C2	1.00	1.00	3.00	2.00	0.345
C3	0.25	0.33	1.00	0.50	0.100
C4	0.50	0.50	2.00	1.00	0.185

注:A=4.01 CI=0.01 RI=0.89 CR=0.00<0.1

表7-5 判断矩阵 B2-C

B2	C5	C6	权重
C5	1.00	3.00	0.75
C6	0.33	1.00	0.25

注:A=2 CI=0 RI=0 CR=0<0.1

表 7-6 判断矩阵 B3-C

B3	C7	C8	C9	权重
C7	1.00	3.00	2.00	0.539
C8	0.33	1.00	0.50	0.164
C9	0.50	2.00	1.00	0.297

注:A=3 CI=0 RI=0.58 CR=0.01<0.1

表 7-7 判断矩阵 B4-C

B4	C10	C11	C12	C13	C14	权重
C10	1.00	0.50	1.00	3.00	5.00	0.254
C11	2.00	1.00	1.50	2.00	3.00	0.308
C12	1.00	0.67	1.00	1.50	7.00	0.250
C13	0.33	0.50	0.67	1.00	2.00	0.126
C14	0.20	0.33	0.14	0.50	1.00	0.061

注:A=5.24 CI=0.06 RI=1.12 CR=0<0.1

(3)要素层判断矩阵(表 7-8 至表 7-17)

表 7-8 判断矩阵 C1-D

C1	D1	D4	D5	D6	权重
D1	1.00	0.50	3.00	2.00	0.297
D4	2.00	1.00	2.00	3.00	0.408
D5	0.33	0.50	1.00	2.00	0.176
D6	0.50	0.33	0.50	1.00	0.119

注:A=4.16 CI=0.05 RI=0.89 CR=0.06<0.1

表 7-9 判断矩阵 C2-D

C2	D9	D10	D11	D13	权重
D9	1.00	2.00	0.50	2.00	0.287
D10	0.50	1.00	2.00	3.00	0.315
D11	2.00	0.50	1.00	2.00	0.283
D13	0.50	0.33	0.50	1.00	0.115

注:A=4.26 CI=0.09 RI=0.89 CR=0.1<0.1

表 7-10 判断矩阵 C4-D

C4	D19	D21	权重
D19	1.00	3.00	0.667
D21	0.33	1.00	0.222

注:A=2 CI=0 RI=0.89 CR=0<0.1

表 7-11　判断矩阵 C5-D

C5	D23	D24	D25	权重
D23	1.00	0.50	0.50	0.198
D24	2.00	1.00	2.00	0.490
D25	2.00	0.50	1.00	0.312

注：$A=3$　$CI=0.02$　$RI=0.89$　$CR=0.03<0.1$

表 7-12　判断矩阵 C6-D

C6	D28	D30	D31	权重
D28	1.00	0.50	0.50	0.195
D30	2.00	1.00	3.00	0.537
D31	2.00	0.33	1.00	0.268

注：$A=3.1$　$CI=0.06$　$RI=0.89$　$CR=0.07<0.1$

表 7-13　判断矩阵 C7-D

C7	D32	D33	D34	权重
D32	1.00	2.00	1.00	0.387
D33	0.50	1.00	0.33	0.170
D34	1.00	3.00	1.00	0.443

注：$A=3$　$CI=0.01$　$RI=0.89$　$CR=0.01<0.1$

表 7-14　判断矩阵 C8-D

C8	D35	D36	权重
D35	1.00	3.00	0.750
D36	0.33	1.00	0.250

注：$A=2$　$CI=0$　$RI=0.89$　$CR=0.0<0.1$

表 7-15　判断矩阵 C11-D

C11	D42	D43	权重
D42	1.00	2.00	0.667
D43	0.50	1.00	0.333

注：$A=2$　$CI=0$　$RI=0.89$　$CR=0.0<0.1$

表 7-16　判断矩阵 C13-D

C13	D47	D48	D49	权重
D47	1.00	3.00	3.00	0.574
D48	0.33	1.00	3.00	0.286
D49	0.33	0.33	1.00	0.140

注：$A=3.1$　$CI=0.06$　$RI=0.89$　$CR=0.07<0.1$

表 7-17 判断矩阵 C14-D

C14	D53	D56	权重
D53	1.00	2.00	0.667
D56	0.50	1.00	0.333

注：A=2 CI=0 RI=0.89 CR=0.0＜0.1

7.3.2 生态旅游可持续发展评价指标权重排序

(1)生态旅游可持续发展指标权重表

各权重指标$=W_A \times W_B \times W_C$

式中W_A、W_B、W_C分别为 A、B、C 层权重，结果如表 7-18 所示。

表 7-18 生态旅游产业可持续发展评价指标体系计算结果

目标层 A	准则层 B	要素层 C	指标层 D	
生态旅游产业可持续发展评价指标体系 A	资源环境 B1	资源禀赋 C1	森林覆盖率 D1	0.052 087 860
			自然景观规模 D4	0.071 555 040
			自然景观丰富度 D5	0.030 866 880
			人文景观规模 D6	0.020 870 220
		生态环境指数 C2	生态承载能力 D9	0.046 933 110
			乡村空气质量 D10	0.051 511 950
			乡村噪声分贝 D11	0.046 278 990
			乡村地表水环境质量 D13	0.018 805 950
		环境建设指数 C3	建设用地在乡村面积中的占用比例 D15	
		社会文化环境 C4	文化水平程度 D19	0.058 460 000
			当地居民参与旅游业比例 D21	0.019 486 667
	经济 B2	社会经济指数 C5	当地 GDP 的年增长率 D23	0.041 944 643
			人均收入 D24	0.104 103 571
			财政收入年增长率 D25	0.066 201 786
		旅游产业经济总指数量 C6	年接待游客总数 D28	0.013 768 855
			旅游总收入年增长率 D30	0.038 019 192
			旅游商品首日在旅游总收入中的比例 D31	0.018 961 953

续表

目标层 A	准则层 B	要素层 C	指标层 D	
生态旅游产业可持续发展评价指标体系 A	社会 B3	人口素质 C7	大专以上文化程度占人口比重 D32	0.025 468 178
			人均受教育年限 D33	0.011 168 422
			人口自然增长率 D34	0.029 121 400
		生活质量 C8	人均可支配收入 D35	0.015 006 000
			人均社会商品零售额 D36	0.005 002 000
		社会稳定 C9	失业人员所占比重 D38	
		政府支持 C10	当地法律法规保障 D40	
	可持续发展潜力 B4	环保投入 C11	游客流量监控机制 D42	0.025 038 349
			制定偶发事件预案 D43	0.012 519 175
		资源利用 C12	选用生态性建筑材料 D46	
		废弃物处理 C13	垃圾无害处理 D47	0.008 831 828
			污水排放量 D48	0.004 410 274
			旅游者参加废物回收 D49	0.002 154 379
		行为与引导 C14	制定旅游者行为守则 D53	0.004 984 651
			生态知识宣传教育 D56	0.002 492 326

(2) 生态旅游可持续发展评价指标权重总排序一致性检验

$$CR_{总}=\frac{\sum_{i=1}^{n}W_{A}CI_{i}}{\sum_{i=1}^{n}W_{A}RI_{i}}$$

其中,CR 总 $=(0.474\times0.001+0.283\times0+0.122\times0+0.122\times0.06)/(0.474\times0.89+0.283\times0+0.122\times0.58+0.122\times0.12)=0.015\ 364\ 9<0.1$

生态旅游可持续发展评价指标权重总排序满足一致性。

7.4 生态旅游可持续发展综合评价

7.4.1 评价指标量化

指标的量化采用统一赋值的方法,每个指标根据不同的标准统一划分 A、B、C、D、E 五个等级,每个等级分别赋值 100、80、60、40、20。具体赋值标准见表 7-19:

表 7-19　生态旅游可持续发展评价标准

指标层 D	评价标准				
森林覆盖率 D1	100	80	60	40	20
自然景观规模 D4	极为丰富	丰富	一般	低	缺乏
自然景观丰富度 D5	极为丰富	丰富	一般	少	t 无
人文景观规模 D6	优	良	中	低	差
生态承载能力 D9	0.9~1	0.8~0.9	1.1~1.2	0~0.8	1.2~1.5
乡村空气质量 D10	优	良	中	低	差
乡村噪声分贝 D11	<30	30~40	40~50	50~55	>55
乡村地表水环境质量 D13	优	良	中	低	差
建设用地在乡村面积中的占用比例 D15	优	良	中	低	差
文化水平程度 D19	本科及以上	高中	初中	小学	无
当地居民参与旅游业比例 D21	优	良	中	低	差
当地 GDP 的年增长率 D23	优	良	中	低	差
人均年收入 D24	优	良	中	低	差
财政收入年增长率 D25	优	良	中	低	差
年接待游客总数 D28	见说明				
旅游总收入年增长率 D30	优	良	中	低	差
旅游商品首日在旅游总收入中的比例 D31	优	良	中	低	差
大专以上文化程度占人口比重 D32	80%	50%~70%	30%~50%	10%~30%	0~10%
人均受教育年限 D33	优	良	中	低	差
人口自然增长率 D34	优	良	中	低	差
人均可支配收入 D35	优	良	中	低	差
人均社会商品零售额 D36	很高	较高	高	中	低
失业人员所占比重 D38	很高	较高	高	中	低
当地法律法规保障 D40	优	良	中	低	差
游客流量监控机制 D42	有	—	—	—	无
制定偶发事件预案 D43	有	—	—	—	无
选用生态性建筑材料 D46	是	—	—	—	否
垃圾无害处理 D47	是	—	—	—	否
污水排放量 D48	很高	较高	高	中	低
旅游者参加废物回收 D49	是	—	—	—	否
制定旅游者行为守则 D53	有	—	—	—	无
生态知识宣传教育 D56	有	—	—	—	无

7.4.2 指标量化说明

对于可定量指标的等级评分:对于一些环境类的指标如空气质量、水环境质量则用国家一级环境标准作为其标准值;对于一些可通过《中国旅游统计年鉴》、区域统计资料获取,但没有相应等级标准的数据,由专家咨询方法来确定评分等级,如森林覆盖率、区域旅游建设资金投入量等指标的量化。

对于定性指标的量化说明:按专家评分法来确定。首先将每项指标都分为优、良、中、低、差五个等级,每个等级系数分别为100、80、60、40、20。然后由评估专家组的各位专家按照评价指标所考核的内容进行打分,最后取所有专家打分的算术平均值为指标的评分值。

指标解释及量化说明如下:

(1)森林覆盖率D1:可量化指标,某地区森林面积是反映一个地区森林资源丰富程度,是确定森林经营和开发利用方针的重要依据之一。

(2)自然景观丰富度D5:通过专家咨询来确定指标评分值。

(3)人文景观规模D6:是人类直接作用使自然发生明显变化而形成的景观,如民居村落、工矿、城镇等。人文景观与自然景观相融性,即人类对自然的作用和影响的发展规律服从于自然规律的程度。人文景观与自然景观的相融性,属于定性指标,通过专家咨询来确定指标评分值。

(4)生态承载能力D9:生态需求量/生态供给量,当值为0~0.8时为弱载,资源利用率低,0.8~0.9为最小值,0.9~1.1为适载,资源配置利用合理,1.1~1.2为极限值,1.2~1.5为超载,缺乏发展后劲,分别赋值40、80、100、60、20。

(5)乡村空气质量D10:按空气污染指数分为五个等级,即优、良、轻度污染、中度污染、重污染,分别赋值100、80、60、40、20。

(6)乡村噪声分贝D11:一般声音在30分贝左右时,不会影响正常的生活和休息。而达到50分贝以上时,人们有较大的感觉,很难入睡。根据社会生活环境噪声排放标准划分为A、B、C、D、E五个等级,分别赋值100、80、60、40、20。

(7)乡村地表水环境质量D13:按《地表水环境质量标准》(GB3838-2002)中相应水质指标的要求划分不同等级,进行评分。

(8)制定偶发事件预案D43:在偶发事件发生后如何处理这一应急事件。

(9)垃圾无害处理D47:由专家打分进行等级划定。数据来自《福建省统计年鉴》,对于处理率大于90%的给予100分;80%~90%,80分;70%~80%,60分;60%~70%,40分;<60%的20分。

(10)污水排放量D48:污水主要有三个来源,即工业、农业、人们的生活,污水排放量越多,引起环境的污染可能性越大、程度越严重,同时,说明该地区的人口越多、工业越发达、农业的集约化程度越高,该类型社会的生态脆弱性越强。通过咨询专家,将污水排放量指标分为五个等级,即年排放量达大于 50 000 万吨的 20 分,40 000～50 000 万吨的 40 分,30 000～40 000 万吨的 60 分,20 000～30 000 万吨的 80 分,小于 20 000 万吨的 100 分。

(11) 旅游者参加废物回收 D49：旅游者参加废弃物回收,可以从以下两个方面进行评估,一是旅游区的引导,包括导游的引导和标识引导；二是旅游区废弃物回收设施情况。通过专家打分进行评估。

7.4.3 评价模型

采用多目标线性加权评价模型对某地区生态旅游可持续发展进行综合评价。

$$I = \sum_{i=1}^{l} \left[\sum_{j=1}^{m} \left(\sum_{k=1}^{n} S_k W_k \right) W_j \right] W_i$$

式中：I 为某地区总得分值；

W_i 为准则层第 i 个指标权重；

W_j 为要素层第 j 个指标权重；

W_k 的为指标层第 k 个指标权重；

L 为准则层指标个数,本模型取 4；

M 为要素层指标个数,本模型取 14；

N 为指标层指标个数,本模型取 56。

第 8 章 福建山区乡村旅游发展与乡村振兴耦合评价指标体系构建

——以武夷山市、泰宁县、连城县为例

乡村振兴和乡村旅游具有很大耦合关系,在城乡融合发展、生态环境和美丽乡村建设等方面都发挥着十分重要的作用。国家在乡村振兴的时代下,乡村旅游业也面临着新的挑战和机遇。文章运用多种方法对乡村旅游发展与乡村振兴耦合评价指标体系进行构建,通过科学有效的方法对二者耦合关系进行评估,使其具有一定的实践意义。采用理论分析法、频度统计法及专家咨询法,初步形成乡村旅游发展与乡村振兴耦合评价指标体系框架,Pearson 相关系数法用于消除重复指标,熵权法用于确定指标权重。通过对三个县市的指标数据分别构建耦合评价指标体系,因此构建的指标体系具有较好的科学性和适用性,可为乡村旅游发展和乡村振兴耦合关系测量和评价提供参考。

乡村振兴战略是关系 2035 年基本实现社会主义现代化国家的全局性、历史性任务,是新时代"三农"工作的总抓手。目前,乡村旅游是我国乡村振兴战略的重要产业落脚点,2019 年中央一号文件亦指出发展壮大乡村产业、发展休闲旅游等乡村新型服务业,拓宽农民增收渠道。对乡村旅游促进乡村振兴的发展路径与趋势进行深入思考与研判,对于巩固乡村旅游脱贫攻坚成果,做好脱贫攻坚与乡村振兴战略的有效衔接,使乡村旅游更好地服务乡村振兴,具有现实迫切性和历史必要性。乡村旅游是旅游业的重要组成部分,是实施乡村振兴战略的重要力量。

乡村振兴是新时期下的一项多元化的系统性工程。它不仅是某一领域或某一方面的振兴,而且是经济、社会、文化、治理体制创新和生态文明进步的全面振兴。它在促进乡村旅游发展方面发挥了重要作用。而乡村旅游作为社会经济发展的产物,有助于实现农业的多功能性价值,同时对乡村各方面均具有显著的积极影响,是实现乡村振兴战略的重要路径和抓手。乡村旅游发展与乡村振兴可以形成互动的耦合关系。

武夷山市位于福建省西北部、闽赣两省交界处,我国第 4 处,世界第 23 处世界文化与自然"双遗产"地;被评为首批中国优秀旅游城市、全国旅游标准化示范城市等,拥有首批国家重点风景名胜区、首批国家旅游度假区、首批国家重点自然保护区、全国重点文物保护单位、全国首批 5A 级风景旅游区、全国十大文明风景旅游区等。武夷山主要特点体现在六个方面:自然景观独特、生态环境优良、人文底蕴深厚、品牌价值卓越、旅游产业基础扎实、区位优势凸显。

泰宁地处福建西北部,居闽赣两省三地市交界处,创下了世界自然遗产、世界地质公园、国家5A级旅游景区等众多国内外顶级旅游品牌,创造了全国第5个县域旅游发展新模式——泰宁路径,年接待游客近600万人次。"一地",即宜居宜养的生态福地,被誉为"中国丹霞故事开始的地方",是首批国家生态文明建设示范县、国家重点生态功能区、国家园林县城。

连城县地处福建省龙岩市北部,先后获得"中国红心地瓜干之乡""中国连城白鸭之乡""中国客家硒都""中国优秀旅游县""中国文化旅游大县""中国客家美食名城""中国温泉之城""全国武术之乡""全国双拥模范县""中国客家民俗文化之乡"和"全国首批创建生态文明典范城市"等荣誉。连城生态优美,是著名的旅游胜地。拥有冠豸山、培田古村落、天一温泉度假村3个国家4A级旅游景区和世界A级自然保护区——梅花山。冠豸山被誉为"南豸北夷(武夷山)、丹霞双绝",有"放大的盆景、缩小的仙境""阳刚天下第一、阴柔举世无双"之称;培田古村落入选"中国十大最美村镇""中国最美休闲乡村"。本章选取上述三个特点较明的显县、市对山区乡村旅游发展与乡村振兴耦合评价指标体系进行构建。

8.1 评价指标体系构建

8.1.1 研究方法

指标的选择在遵循对接国家战略、抓住关键环节、具备可操作性以及独立性原则的基础上,采用理论分析法、频度统计法、专家咨询法、实地考察法对耦合评价指标进行设置和筛选。

理论分析法:在对乡村旅游和乡村振兴的发展前景、相关影响及实际带来的经济效益等多种因素分析后,科学地选取重要指标;

频度统计法:针对现有的文献报告选取出现频度较高的指标;

专家咨询法:结合前两项所选取的指标咨询旅游管理局、农民农村发展局、高校教师等相关领域专家对所选取的指标进行筛选;

实地调查法:查询相关统计年鉴、政府报告等有关资料,对无法获取数据的指标进行再调整,对数据来源地较突出的地区进行实地调查,最后构建全部可量化的乡村旅游发展与乡村振兴指标评价体系。

8.1.2 评价指标体系构建

所筛选的指标体系见表 8-1。

表 8-1 乡村旅游发展与乡村振兴耦合评价初始指标体系

系统层	一级指标	二级指标	单位	测算方法
乡村旅游发展	旅游环境	环保投资额	万元	环保类项目投资总额
		旅游景点数	个	优良旅游资源单体数量
		农家乐户数	户	3A（及以上）农家乐户数
		旅游培训人员	人	当年参加旅游培训总人数
	旅游经济效益	乡村旅游经营收入	亿元	乡村旅游经营总收入
		住宿餐饮业零售总额	亿元	住宿、餐饮业零售总收入
		旅游收入增长率	%	本年旅游收入增加额/去年旅游收入总额
		乡村旅游年接待人次	万人	乡村旅游年接待游客总数
		人均旅游消费	元/人	旅游消费总额/游客总数
	旅游景观质量	旅游舒适期	月	旅游体验感最佳的月份
		乡村旅游景观丰度		乡村优良旅游资源数量/人口与地区面积乘积的平方根
		乡村旅游景观密度	个/万平方公里	乡村优良旅游景观数量/地区土地总面积
	旅游设施	旅游设施建设资金	万元	旅游设施类项目投资总额
		旅游服务设施	个	3A 旅游厕所、星级旅游饭店个数
	旅游服务管理	村级公共服务中心	个	地区村级公共服务中心总个数
		旅游咨询服务中心数	个	区域旅游咨询服务中心总数
		旅游投诉发生率	件/千万人	线上投诉事件数/旅游者总数

续表

系统层	一级指标	二级指标	单位	测算方法
乡村振兴	产业兴旺	人均农产品占有量	吨/人	农产品生产总量/总人口
		农业单位面积产量	万元/公顷	农业总产值/耕地面积
		农业结构水平	%	农业产值/农林牧渔副业总产值
		农业机械化水平	%	机器设备作业数量/总作业量
		二三产业发展程度	%	二三产业产值/总产值
	生态宜居	村庄绿化覆盖率	%	乡村绿化覆盖面积/乡村总用地面积
		二级以上空气优良天数占比	%	二级以上(包括二级)空气优良的年度总天数/年度总天数
		乡镇污水处理率	%	乡镇处理的污(废)水总量/污水排放总量
		农村家庭卫生厕所普及率	%	农村厕所改造户数/农村总户数
		垃圾处理率	%	对生活垃圾进行处理的村数/总村数
		农村道路硬化率	%	村庄硬化道路里程/村庄道路总里程
	乡风文明	学龄儿童入学率	%	农村学龄儿童总人数/农村总人口
		文体娱消费比率	%	农村居民文化体育娱乐消费支出/农村居民人口总支出
		文娱设施可及性	%	乡镇文化站数量/乡镇数量
		乡村特色文化财政投入比率	%	乡村特色文化财政投入额/乡村财政投入总额
		文明化程度	%	市级(及以上)文明卫生村个数/地区行政村总个数
	治理有效	乡村治理参与程度	%	参与投票人数/当年实现选举的选民登记数
		城乡收入差距程度	%	1-乡村居民收入/城市居民收入
		城乡生活差距程度	%	1-乡村居民消费支出/城市居民消费支出
		安居乐业程度	%	户籍人口城镇化率/常住人口城镇化率
	生活富裕	农村居民收入水平	元	农村居民年均可支配收入
		农村居民消费水平	元	全年农村居民人均消费额
		财产性收入水平	%	全年农村居民财产净收入/人均可支配收入
		生活信息化程度	个/百户	平均每100户家庭拥有的手机数量
		共同富裕程度	%	1-农村贫困发生率

8.2 研究数据

数据主要来源于 2016—2018 年《南平市国民经济和社会发展统计公报》、2016—2018 年《武夷山市经济社会统计年鉴》、2016—2018 年《武夷山市国民经济和社会发展统计公报》《武夷山市政府工作报告》，2016—2018 年《三明国民经济和社会发展统计公报》、2016—2018 年《泰宁县经济社会统计年鉴》、2016—2018 年《泰宁县国民经济和社会发展统计公报》《泰宁县政府工作报告》，2016—2018 年《龙岩市国民经济和社会发展统计公报》、2016—2018 年《连城县经济社会统计年鉴》、2016—2018 年《连城县国民经济和社会发展统计公报》《连城县政府工作报告》，武夷山市、泰宁县、连城县旅游发展委员会、农业局、环境保护局等相关部门资料，部分指标数据是根据年鉴数据推算得出，个别缺失数据采用相邻年份差值补齐。武夷山市、泰宁县、连城县乡村旅游发展与乡村振兴耦合评价指标体系原始数据见表 8-2、表 8-3、表 8-4。

表 8-2　2016—2018 年武夷山市乡村旅游发展与乡村振兴初始指标原始数据

一级指标	二级指标	单位	2016 年	2017 年	2018 年	指标性质
旅游环境	环保投资额	万元	531.66	6 793.87	11 180.00	正向
	旅游景点数	个	19	19	19	正向
旅游经济效益	乡村旅游经营收入	亿元	192.63	240.66	308.20	正向
	住宿餐饮业零售总额	亿元	46.89	51.81	57.54	正向
	旅游收入增长率	%	21.30	24.90	28.10	正向
	乡村旅游年接待人次	万人	1 093.90	1 283.10	1 514.70	正向
	人均旅游消费	元/人	1 761.00	1 875.60	2 034.70	正向
旅游景观质量	旅游舒适期	月	6.00	6.10	6.20	正向
	旅游投诉发生率	件/千万人	120.00	101.00	69.30	负向
产业兴旺	人均农产品占有量	吨/人	0.55	0.58	0.58	正向
	农业单位面积产量	万元/公顷	14.22	14.88	15.01	正向
	农业结构水平	%	67.37	65.80	63.65	正向
	农业机械化水平	%	65.35	68.41	70.10	正向
	二三产业发展程度	%	81.86	85.93	86.29	正向

续表

一级指标	二级指标	单位	2016年	2017年	2018年	指标性质
生态宜居	村庄绿化覆盖率	%	80.60	82.36	86.70	正向
	二级以上空气优良天数占比	%	97.46	97.31	96.99	正向
	乡镇污水处理率	%	77.13	80.36	83.44	正向
	农村家庭卫生厕所普及率	%	85.12	88.34	90.61	正向
	垃圾处理率	%	96.44	97.76	98.82	正向
	农村道路硬化率	%	91.62	96.56	99.80	正向
乡风文明	学龄儿童入学率	%	99.80	99.80	99.90	正向
	文娱设施可及性	%	100.00	100.00	100.00	正向
	文明化程度	%	60.13	61.33	63.87	正向
治理有效	乡村治理参与程度	%	93.10	95.40	97.10	正向
	城乡收入差距程度	%	44.13	44.34	44.77	正向
	城乡生活差距程度	%	32.15	32.33	32.61	正向
生活富裕	农村居民收入水平	元	14 622	15 848	17 293	正向
	农村居民消费水平	元	11 338	12 313	13 140	正向
	生活信息化程度	个/百户	87	90	99	正向
	共同富裕程度	%	88.64	90.13	95.32	正向

注：表中正向指积极正面的指标，负向指造成负面影响的指标，下同。

表8-3　2016—2018年泰宁县乡村旅游发展与乡村振兴初始指标原始数据

一级指标	二级指标	单位	2016年	2017年	2018年	指标性质
旅游环境	环保投资额	万元	365.69	462.25	568.20	正向
	旅游景点数	个	10	10	10	正向
旅游经济效益	乡村旅游经营收入	亿元	32.80	36.77	45.20	正向
	住宿餐饮业零售总额	亿元	22.05	24.01	26.45	正向
	旅游收入增长率	%	10.40	12.20	22.90	正向
	乡村旅游年接待人次	万人	390.50	457.38	453.44	正向
	人均旅游消费	元/人	839.95	809.93	996.82	正向
旅游景观质量	旅游舒适期	月	6.10	6.00	6.30	正向
	旅游投诉发生率	件/千万人	325.00	186.00	123.00	负向
产业兴旺	人均农产品占有量	吨/人	1.10	0.83	0.67	正向
	农业单位面积产量	万元/公顷	5.65	7.88	9.23	正向
	农业结构水平	%	48.34		47.64	正向
	农业机械化水平	%	80.00	83.12	85.33	正向
	二三产业发展程度	%	80.40	82.78	81.40	正向

续表

一级指标	二级指标	单位	2016 年	2017 年	2018 年	指标性质
生态宜居	村庄绿化覆盖率	%	70.33	71.53	80.60	正向
	二级以上空气优良天数占比	%	98.33	98.76	98.45	正向
	乡镇污水处理率	%	98.00	98.00	98.00	正向
	农村家庭卫生厕所普及率	%	85.12	89.45	93.63	正向
	垃圾处理率	%	88.74	90.14	95.66	正向
	农村道路硬化率	%	95.12	98.58	99.12	正向
乡风文明	学龄儿童入学率	%	99.90	100.00	100.00	正向
	文娱设施可及性	%	98.00	100.00	100.00	正向
	文明化程度	%	66.13	68.42	72.65	正向
治理有效	乡村治理参与程度	%	86.21	90.24	95.75	正向
	城乡收入差距程度	%	48.21	48.63	48.94	正向
	城乡生活差距程度	%	54.27	56.86	55.81	正向
生活富裕	农村居民收入水平	元	13 106	14 347	15 693	正向
	农村居民消费水平	元	10 345	11 282	12 064	正向
	生活信息化程度	个/百户	69	78	82	正向
	共同富裕程度	%	86.34	92.68	96.66	正向

表 8-4　2016—2018 年连城县乡村旅游发展与乡村振兴初始指标原始数据

一级指标	二级指标	单位	2016 年	2017 年	2018 年	指标性质
旅游环境	环保投资额	万元	531.66	662.12	895.54	正向
	旅游景点数	个	10	11	11	正向
旅游经济效益	乡村旅游经营收入	亿元	62.80	72.25	83.00	正向
	住宿餐饮业零售总额	亿元	55.30	60.30	69.40	正向
	旅游收入增长率	%	6.30	7.10	8.50	正向
	乡村旅游年接待人次	万人	893.90	966.50	1 093.60	正向
	人均旅游消费	元/人	520.80	623.90	759.00	正向
旅游景观质量	旅游舒适期	月	6.00	6.10	6.30	正向
	旅游投诉发生率	件/千万人	346.79	258.66	113.21	负向

续表

一级指标	二级指标	单位	2016年	2017年	2018年	指标性质
产业兴旺	人均农产品占有量	吨/人	0.68	0.71	0.73	正向
	农业单位面积产量	万元/公顷	7.03	7.15	7.29	正向
	农业结构水平	%	55.64	54.36	53.21	正向
	农业机械化水平	%	55.31	60.80	66.10	正向
	二三产业发展程度	%	80.23	81.35	83.46	正向
生态宜居	村庄绿化覆盖率	%	80.10	83.40	88.70	正向
	二级以上空气优良天数占比	%	97.90	98.10	99.40	正向
	乡镇污水处理率	%	76.40	79.64	83.61	正向
	农村家庭卫生厕所普及率	%	80.55	86.45	90.31	正向
	垃圾处理率	%	70.10	81.60	88.40	正向
	农村道路硬化率	%	99.30	99.90	100.00	正向
乡风文明	学龄儿童入学率	%	99.90	100.00	100.00	正向
	文娱设施可及性	%	100.00	100.00	100.00	正向
	文明化程度	%	61.33	66.14	70.65	正向
治理有效	乡村治理参与程度	%	94.24	95.56	97.03	正向
	城乡收入差距程度	%	48.87	48.95	49.08	正向
	城乡生活差距程度	%	53.97	54.13	54.60	正向
生活富裕	农村居民收入水平	元	12 810	14 091	15 500	正向
	农村居民消费水平	元	9 985	10 758	11 231	正向
	生活信息化程度	个/百户	58	62	71	正向
	共同富裕程度	%	87.50	90.31	94.20	正向

8.3 指标筛选

8.3.1 指标数据标准化

因为系统中的各项指标量纲或数值的数量级并不完全相同,因此需要消除原始数据的量纲和数量级,避免数值相差较大引起误差,所以需要将数值转换为可比较的数据序

列。采取初值化处理,将每个数据标准化,公式如下:

$$A_i(k) = \frac{X_i(k) - \overline{X_i}}{\zeta_i} \tag{8-1}$$

$i = 1, 2, 3, \cdots, 9; k = 2016, 2017, 2018$

$$B_j(k) = \frac{Y_j(k) - \overline{Y_j}}{\zeta_j} \tag{8-2}$$

$j = 1, 2, 3, \cdots, 21; k = 2016, 2017, 2018$

式中:$A_i(k)$、$B_i(k)$ 为标准化后的指标值;$X(k)$、$Y(k)$ 为指标值;$\overline{X_i}$、$\overline{Y_j}$ 为指标的平均值;ζ_i、ζ_j 为指标的标准差。用 Excel 软件进行标准化处理(表 8-5,表 8-6,表 8-7)。

表 8-5 武夷山市乡村旅游发展与乡村振兴初始指标数据标准化

一级指标	二级指标	2016年	2017年	2018年
旅游环境	环保投资额	−0.153 42	1.468 77	2.249 21
	旅游景点数	−0.309 02	−0.352 96	−0.362 79
旅游经济效益	乡村旅游经营收入	−0.256 32	−0.293 35	−0.295 10
	住宿餐饮业零售总额	−0.300 55	−0.344 13	−0.353 77
	旅游收入增长率	−0.308 32	−0.351 37	−0.360 66
	乡村旅游年接待人次	0.017 22	−0.013 05	−0.012 75
	人均旅游消费	0.219 68	0.146 27	0.108 95
旅游景观质量	旅游舒适期	−0.312 96	−0.356 43	−0.365 78
	旅游投诉发生率	−0.278 36	−0.330 91	−0.351 01
产业兴旺	人均农产品占有量	−0.314 62	−0.357 91	−0.367 10
	农业单位面积产量	−0.310 47	−0.354 06	−0.363 72
	农业结构水平	−0.294 34	−0.340 37	−0.352 34
	农业机械化水平	−0.294 95	−0.339 67	−0.350 83
	二三产业发展程度	−0.289 94	−0.334 96	−0.347 04
生态宜居	村庄绿化覆盖率	−0.290 32	−0.335 92	−0.346 94
	二级以上空气优良天数占比	0.285 20	0.331 90	0.344 53
	乡镇污水处理率	−0.291 37	−0.336 46	−0.347 70
	农村家庭卫生厕所普及率	−0.288 95	−0.334 31	−0.346 03
	垃圾处理率	−0.285 51	−0.331 78	−0.344 11
	农村道路硬化率	−0.286 98	−0.332 10	−0.343 88
乡风文明	学龄儿童入学率	−0.284 49	−0.331 23	−0.343 85
	文娱设施可及性	−0.284 43	−0.331 18	−0.343 83
	文明化程度	−0.296 53	−0.341 57	−0.352 28

续表

一级指标	二级指标	2016年	2017年	2018年
治理有效	乡村治理参与程度	−0.286 53	−0.332 41	−0.344 51
	城乡收入差距程度	−0.301 39	−0.346 14	−0.356 75
	城乡生活差距程度	−0.305 02	−0.349 37	−0.359 60
生活富裕	农村居民收入水平	4.123 02	3.903 37	3.679 82
	农村居民消费水平	3.126 32	2.952 83	2.707 90
	生活信息化程度	−0.288 38	−0.333 87	−0.344 06
	共同富裕程度	−0.287 88	−0.333 83	−0.344 92

表 8-6　泰宁县乡村旅游发展与乡村振兴初始指标数据标准化

一级指标	二级指标	2016年	2017年	2018年
旅游环境	环保投资额	−0.177 72	−0.155 61	−0.136 19
	旅游景点数	−0.297 43	−0.294 77	−0.294 50
旅游经济效益	乡村旅游经营收入	−0.289 76	−0.286 54	−0.284 52
	住宿餐饮业零售总额	−0.293 37	−0.290 46	−0.289 84
	旅游收入增长率	−0.297 29	−0.294 10	−0.290 85
	乡村旅游年接待人次	−0.169 37	−0.157 11	−0.168 73
	人均旅游消费	−0.018 11	−0.048 62	−0.014 62
旅游景观质量	旅游舒适期	−0.298 74	−0.296 01	−0.295 55
	旅游投诉发生率	−0.191 42	−0.240 62	−0.262 46
产业兴旺	人均农产品占有量	−0.300 42	−0.297 60	−0.297 15
	农业单位面积产量	−0.298 89	−0.295 43	−0.294 72
	农业结构水平	−0.284 53	−0.283 04	−0.283 83
	农业机械化水平	−0.273 87	−0.272 27	−0.273 14
	二三产业发展程度	−0.273 74	−0.272 38	−0.274 25
生态宜居	村庄绿化覆盖率	−0.277 12	−0.275 84	−0.274 48
	二级以上空气优良天数占比	−0.267 70	−0.267 46	−0.269 42
	乡镇污水处理率	−0.267 81	−0.267 69	−0.269 55
	农村家庭卫生厕所普及率	−0.272 15	−0.270 33	−0.270 79
	垃圾处理率	−0.270 93	−0.270 11	−0.270 21
	农村道路硬化率	−0.268 78	−0.267 52	−0.269 23

续表

一级指标	二级指标	2016年	2017年	2018年
乡风文明	学龄儿童入学率	-0.267 17	-0.267 08	-0.268 98
	文娱设施可及性	-0.267 81	-0.267 08	-0.268 98
	文明化程度	-0.278 54	-0.276 80	-0.276 74
治理有效	乡村治理参与程度	-0.271 78	-0.270 08	-0.270 18
	城乡收入差距程度	-0.284 57	-0.282 89	-0.283 46
	城乡生活差距程度	-0.282 53	-0.280 35	-0.281 51
生活富裕	农村居民收入水平	4.110 04	4.117 07	4.153 57
	农村居民消费水平	3.180 82	3.173 89	3.124 30
	生活信息化程度	-0.277 57	-0.273 85	-0.274 08
	共同富裕程度	-0.271 74	-0.269 33	-0.269 93

表8-7 连城县乡村旅游发展与乡村振兴初始指标数据标准化

一级指标	二级指标	2016年	2017年	2018年
旅游环境	环保投资额	-0.122 17	-0.095 16	-0.042 08
	旅游景点数	-0.302 79	-0.301 61	-0.301 67
旅游经济效益	乡村旅游经营收入	-0.284 51	-0.282 19	-0.280 54
	住宿餐饮业零售总额	-0.287 11	-0.285 98	-0.284 53
	旅游收入增长率	-0.304 07	-0.302 85	-0.302 40
	乡村旅游年接待人次	0.003 25	0.001 35	0.016 04
	人均旅游消费	-0.125 93	-0.107 28	-0.082 16
旅游景观质量	旅游舒适期	-0.304 18	-0.303 17	-0.303 05
	旅游投诉发生率	-0.186 18	-0.223 09	-0.271 68
产业兴旺	人均农产品占有量	-0.306 02	-0.304 87	-0.304 68
	农业单位面积产量	-0.303 82	-0.302 83	-0.302 76
	农业结构水平	-0.286 99	-0.287 86	-0.289 28
	农业机械化水平	-0.287 10	-0.285 82	-0.285 50
	二三产业发展程度	-0.278 47	-0.279 31	-0.280 41

续表

一级指标	二级指标	2016年	2017年	2018年
生态宜居	村庄绿化覆盖率	−0.278 52	−0.278 66	−0.278 87
	二级以上空气优良天数占比	−0.272 36	−0.274 00	−0.275 73
	乡镇污水处理率	−0.279 80	−0.279 85	−0.280 36
	农村家庭卫生厕所普及率	−0.278 36	−0.277 69	−0.278 40
	垃圾处理率	−0.281 98	−0.279 23	−0.278 96
	农村道路硬化率	−0.271 87	−0.273 42	−0.275 55
乡风文明	学龄儿童入学率	−0.271 66	−0.273 39	−0.275 55
	文娱设施可及性	−0.271 63	−0.273 39	−0.275 55
	文明化程度	−0.285 02	−0.284 13	−0.284 17
治理有效	乡村治理参与程度	−0.273 62	−0.274 80	−0.276 42
	城乡收入差距程度	−0.289 33	−0.289 58	−0.290 50
	城乡生活差距程度	−0.287 57	−0.287 94	−0.288 88
生活富裕	农村居民收入水平	4.129 03	4.162 73	4.243 89
	农村居民消费水平	3.150 91	3.105 94	2.991 07
	生活信息化程度	−0.286 17	−0.285 44	−0.284 06
	共同富裕程度	−0.275 96	−0.276 47	−0.277 25

8.3.2 剔除重复指标

在表8-5、表8-6、表8-7乡村旅游发展与乡村振兴耦合系统指标体系构建的基础上，因为乡村旅游和乡村振兴体系的部分数据变化受到区域政府行为、自然灾害、突发性事件等各因素的影响较大，所以带入某些数据进行实证分析时，难免会出现一些相关系数较高的指标，为保证数据的独立性，需剔除一些重复性指标以得到相对科学合理的指标评价体系。利用SPSS 25.0计算各指标相关系数，定义绝对值不小于1.44的指标为武夷山市的重复指标进行剔除，定义绝对值不小于1.00的指标为泰宁县的重复指标进行剔除，定义绝对值不小于0.99的指标为连城县的重复指标进行剔除。武夷山市的指标剔除生活富裕中的农村居民收入水平、农村居民消费水平，旅游环境中的环保投资额；泰宁县的指标剔除生活富裕中的农村居民收入水平、农村居民消费水平；连城县的指标剔除生活富裕中的农村居民收入水平、农村居民消费水平。剔除指标见表8-8、表8-9、表8-10。

表 8-8　武夷山市相关系数绝对值不小于1.44的初始指标

一级指标	二级指标	2016年	2017年	2018年
生活富裕	农村居民收入水平	4.123 02	3.903 37	3.679 82
	农村居民消费水平	3.126 32	2.952 83	2.707 90
旅游环境	环保投资额	−0.153 42	1.468 77	2.249 21

表 8-9　泰宁县相关系数绝对值不小于1.00的初始指标

一级指标	二级指标	2016年	2017年	2018年
生活富裕	农村居民收入水平	4.110 04	3.886 68	4.153 57
	农村居民消费水平	3.180 82	2.989 21	3.124 30

表 8-10　连城县相关系数绝对值不小于0.99的初始指标

一级指标	二级指标	2016年	2017年	2018年
生活富裕	农村居民收入水平	4.129 03	4.162 73	4.243 89
	农村居民消费水平	3.150 91	3.105 94	2.991 07

8.4　确定指标权重

由于文中研究乡村旅游发展与乡村振兴系统耦合的评价指标较多,因此采用熵值法确定权重(表 8-11、表 8-12、表 8-13)。对数据进行标准化处理后,计算每项指标的熵值(表 8-14、表 8-15、表 8-16)。而后,依据各项指标的熵值,计算出差异度。某项指标的权重就等于该项指标的冗余度与所有指标冗余度的比值。用 Excel 软件处理数据,最后以此构建出武夷山市包含 6 个一级指标,27 个二级指标的耦合评价指标体系(表 8-17),泰宁县包含 8 个一级指标,28 个二级指标的耦合评价指标体系(表 8-18),连城县包含 8 个一级指标,28 个二级指标的耦合评价指标体系(表 8-19)。具体计算公式如下:

$$Z_{ij} = \frac{X_{ij}}{\sum_{i=1}^{n} X_{ij}} \tag{8-3}$$

其中,Z_{ij} 为第 j 项评价指标值的比重;

$$H_j = -\frac{1}{\ln n} \sum_{i=1}^{n} Z_{ij} \ln Z_{ij} \tag{8-4}$$

H_j 为第 j 项指标的熵值;

$$e_j = 1 - H_j \tag{8-5}$$

$$\lambda_j = \frac{e_j}{\sum_{j=1}^{m} e_j} \tag{8-6}$$

e_j 为第 j 项指标的差异度;λ_j 为第 j 项指标权重。

表 8-11　武夷山市评价指标比重

一级指标	二级指标	2016年	2017年	2018年
旅游经济效益	旅游景点数	0.043 548 908	0.042 397 750	0.042 004 509
	乡村旅游经营收入	0.036 122 115	0.035 237 364	0.034 167 233
	住宿餐饮业零售总额	0.042 355 266	0.041 337 086	0.040 960 156
	旅游收入增长率	0.043 450 260	0.042 206 759	0.041 757 893
	乡村旅游年接待人次	−0.002 426 743	0.001 567 573	0.001 476 219
	人均旅游消费	−0.030 958 592	−0.017 570 033	−0.012 614 436
旅游景观质量	旅游舒适期	0.044 104 155	0.042 814 569	0.042 350 696
	旅游投诉发生率	0.039 228 121	0.039 749 092	0.040 640 598
产业兴旺	人均农产品占有量	0.044 338 092	0.042 992 347	0.042 503 528
	农业单位面积产量	0.043 753 250	0.042 529 883	0.042 112 186
	农业结构水平	0.041 480 116	0.040 885 433	0.040 794 588
	农业机械化水平	0.041 566 081	0.040 801 348	0.040 619 757
	二三产业发展程度	0.040 860 042	0.040 235 580	0.040 180 944
生态宜居	村庄绿化覆盖率	0.040 913 594	0.040 350 896	0.040 169 366
	二级以上空气优良天数占比	0.040 192 054	0.039 868 012	0.039 890 331
	乡镇污水处理率	0.041 061 566	0.040 415 761	0.040 257 360
	农村家庭卫生厕所普及率	0.040 720 526	0.040 157 502	0.040 064 004
	垃圾处理率	0.040 235 741	0.039 853 597	0.039 841 703
	农村道路硬化率	0.040 442 902	0.039 892 036	0.039 815 073
乡风文明	学龄儿童入学率	0.040 091 996	0.039 787 531	0.039 811 600
	文娱设施可及性	0.040 083 541	0.039 781 525	0.039 809 284
	文明化程度	0.041 788 744	0.041 029 577	0.040 787 641
治理有效	乡村治理参与程度	0.040 379 485	0.039 929 273	0.039 888 016
	城乡收入差距程度	0.042 473 643	0.041 578 528	0.041 305 186
	城乡生活差距程度	0.042 985 204	0.041 966 518	0.041 635 164
	生活信息化程度	0.040 640 198	0.040 104 649	0.039 835 914
	共同富裕程度	0.040 569 735	0.040 099 844	0.039 935 486

表 8-12　泰宁县评价指标比重

一级指标	二级指标	2016年	2017年	2018年
旅游环境	环保投资额	0.024 375 725	0.023 188 939	0.018 712 841
	旅游景点数	0.040 794 913	0.040 349 324	0.040 465 025
旅游经济效益	乡村旅游经营收入	0.039 742 911	0.039 334 630	0.039 093 748
	住宿餐饮业零售总额	0.040 238 051	0.039 818 003	0.039 824 729
	旅游收入增长率	0.040 775 711	0.040 266 386	0.039 963 506
	乡村旅游年接待人次	0.023 230 456	0.023 374 254	0.023 183 917
	人均旅游消费	0.002 483 932	0.009 996 618	0.002 008 824
旅游景观质量	旅游舒适期	0.040 974 590	0.040 502 241	0.040 609 297
	旅游投诉发生率	0.026 254 790	0.033 671 522	0.036 062 650
产业兴旺	人均农产品占有量	0.041 205 016	0.038 566 158	0.040 829 141
	农业单位面积产量	0.040 995 164	0.038 284 946	0.040 495 253
	农业结构水平	0.039 025 574	0.036 679 319	0.038 998 941
	农业机械化水平	0.037 563 470	0.035 283 628	0.037 530 108
	二三产业发展程度	0.037 545 639	0.035 297 883	0.037 682 625
生态宜居	村庄绿化覆盖率	0.038 009 233	0.038 015 398	0.037 714 228
	二级以上空气优良天数占比	0.036 717 205	0.036 981 265	0.037 018 971
	乡镇污水处理率	0.036 732 292	0.037 011 071	0.037 036 833
	农村家庭卫生厕所普及率	0.037 327 558	0.037 335 047	0.037 207 213
	垃圾处理率	0.037 160 225	0.037 309 129	0.037 127 519
	农村道路硬化率	0.036 865 336	0.036 989 041	0.036 992 865
乡风文明	学龄儿童入学率	0.036 644 511	0.036 934 612	0.036 958 514
	文娱设施可及性	0.036 732 292	0.036 934 612	0.036 958 514
	文明化程度	0.038 203 998	0.038 133 325	0.038 024 757
治理有效	乡村治理参与程度	0.037 276 810	0.037 305 242	0.037 123 397
	城乡收入差距程度	0.039 031 061	0.038 883 655	0.038 948 102
	城乡生活差距程度	0.038 751 258	0.038 571 342	0.038 680 167
生活富裕	生活信息化程度	0.038 070 955	0.037 769 176	0.037 659 267
	共同富裕程度	0.037 271 323	0.037 213 232	0.037 089 046

表 8-13 连城县评价指标比重

一级指标	二级指标	2016年	2017年	2018年
旅游环境	环保投资额	0.017 068 165	0.013 265 491	0.005 850 238
	旅游景点数	0.042 302 281	0.042 045 027	0.041 940 144
旅游经济效益	乡村旅游经营收入	0.039 748 413	0.039 337 841	0.039 002 512
	住宿餐饮业零售总额	0.040 111 655	0.039 866 174	0.039 557 228
	旅游收入增长率	0.042 481 108	0.042 217 885	0.042 041 633
	乡村旅游年接待人次	−0.000 454 052	−0.000 188 193	−0.002 229 986
	人均旅游消费	0.017 593 468	0.014 955 043	0.011 422 422
旅游景观质量	旅游舒适期	0.042 496 476	0.042 262 494	0.042 132 000
	旅游投诉发生率	0.026 010 894	0.031 099 184	0.037 770 737
产业兴旺	人均农产品占有量	0.042 753 539	0.042 499 477	0.042 358 613
	农业单位面积产量	0.042 446 181	0.042 215 097	0.042 091 682
	农业结构水平	0.040 094 890	0.040 128 250	0.040 217 604
	农业机械化水平	0.040 110 258	0.039 843 870	0.039 692 084
	二三产业发展程度	0.038 904 575	0.038 936 363	0.038 984 439
生态宜居	村庄绿化覆盖率	0.038 911 560	0.038 845 752	0.038 770 338
	二级以上空气优良天数占比	0.038 050 957	0.038 196 139	0.038 333 794
	乡镇污水处理率	0.039 090 387	0.039 011 640	0.038 977 487
	农村家庭卫生厕所普及率	0.038 889 207	0.038 710 532	0.038 704 995
	垃圾处理率	0.039 394 951	0.038 925 211	0.038 782 850
	农村道路硬化率	0.037 982 500	0.038 115 285	0.038 308 770
乡风文明	学龄儿童入学率	0.037 953 161	0.038 111 103	0.038 308 770
	文娱设施可及性	0.037 948 970	0.038 111 103	0.038 308 770
	文明化程度	0.039 819 665	0.039 608 280	0.039 507 179
治理有效	乡村治理参与程度	0.038 226 990	0.038 307 660	0.038 429 723
	城乡收入差距程度	0.040 421 807	0.040 368 021	0.040 387 217
	城乡生活差距程度	0.040 175 921	0.040 139 402	0.040 161 994
生活富裕	生活信息化程度	0.039 980 329	0.039 790 897	0.039 491 886
	共同富裕程度	0.038 553 907	0.038 540 461	0.038 545 115

表 8-14 武夷山市评价指标信息熵

一级指标	二级指标	信息熵
旅游经济效益	旅游景点数	0.367 404 317
	乡村旅游经营收入	0.321 508 520
	住宿餐饮业零售总额	0.360 897 912
	旅游收入增长率	0.366 348 814
	乡村旅游年接待人次	0.017 973 710
	人均旅游消费	0.000 000 000
旅游景观质量	旅游舒适期	0.369 979 985
	旅游投诉发生率	0.350 809 550
产业兴旺	人均农产品占有量	0.371 079 309
	农业单位面积产量	0.368 273 021
	农业结构水平	0.357 935 581
	农业机械化水平	0.357 587 734
	二三产业发展程度	0.354 162 578
生态宜居	村庄绿化覆盖率	0.354 478 467
	二级以上空气优良天数占比	0.351 492 706
	乡镇污水处理率	0.355 081 785
	农村家庭卫生厕所普及率	0.353 490 074
	垃圾处理率	0.351 453 207
	农村道路硬化率	0.351 893 876
乡风文明	学龄儿童入学率	0.350 968 796
	文娱设施可及性	0.350 934 889
	文明化程度	0.358 821 789
治理有效	乡村治理参与程度	0.351 989 238
	城乡收入差距程度	0.362 298 553
	城乡生活差距程度	0.364 724 956
	生活信息化程度	0.352 761 542
	共同富裕程度	0.352 811 864

表 8-15 泰宁县评价指标信息熵

一级指标	二级指标	信息熵
旅游环境	环保投资额	0.229 626 443
	旅游景点数	0.354 832 907
旅游经济效益	乡村旅游经营收入	0.347 884 949
	住宿餐饮业零售总额	0.351 351 492
	旅游收入增长率	0.353 617 046
	乡村旅游年接待人次	0.238 908 105
	人均旅游消费	0.066 823 505
旅游景观质量	旅游舒适期	0.355 789 234
	旅游投诉发生率	0.299 984 493
产业兴旺	人均农产品占有量	0.352 758 302
	农业单位面积产量	0.351 092 034
	农业结构水平	0.340 745 459
	农业机械化水平	0.331 754 895
	二三产业发展程度	0.332 064 880
生态宜居	村庄绿化覆盖率	0.338 795 923
	二级以上空气优良天数占比	0.332 509 354
	乡镇污水处理率	0.332 640 649
	农村家庭卫生厕所普及率	0.334 916 371
	垃圾处理率	0.334 347 266
	农村道路硬化率	0.332 781 492
乡风文明	学龄儿童入学率	0.332 132 806
	文娱设施可及性	0.332 317 003
	文明化程度	0.340 084 012
治理有效	乡村治理参与程度	0.334 573 677
	城乡收入差距程度	0.345 219 668
	城乡生活差距程度	0.343 458 926
生活富裕	生活信息化程度	0.338 299 989
	共同富裕程度	0.334 298 741

表 8-16　连城县评价指标信息熵

一级指标	二级指标	信息熵
旅游环境	环保投资额	0.142 812 522
	旅游景点数	0.364 144 330
旅游经济效益	乡村旅游经营收入	0.347 716 357
	住宿餐饮业零售总额	0.350 652 012
	旅游收入增长率	0.365 037 502
	乡村旅游年接待人次	0.000 000 000
	人均旅游消费	0.168 409 157
旅游景观质量	旅游舒适期	0.365 333 912
	旅游投诉发生率	0.297 281 647
产业兴旺	人均农产品占有量	0.366 750 825
	农业单位面积产量	0.365 062 156
	农业结构水平	0.352 482 992
	农业机械化水平	0.350 877 598
	二三产业发展程度	0.345 143 231
生态宜居	村庄绿化覆盖率	0.344 534 219
	二级以上空气优良天数占比	0.340 535 056
	乡镇污水处理率	0.345 662 425
	农村家庭卫生厕所普及率	0.344 077 702
	垃圾处理率	0.345 708 097
	农村道路硬化率	0.340 175 331
乡风文明	学龄儿童入学率	0.340 106 052
	文娱设施可及性	0.340 097 387
	文明化程度	0.349 438 009
治理有效	乡村治理参与程度	0.341 325 355
	城乡收入差距程度	0.353 965 678
	城乡生活差距程度	0.352 556 814
生活富裕	生活信息化程度	0.350 101 893
	共同富裕程度	0.342 713 671

表 8-17　武夷山市乡村旅游发展与乡村振兴耦合评价指标体系

系统层	一级指标	二级指标	指标权重
乡村旅游与发展	旅游经济效益	旅游景点数	0.037 052 757
		乡村旅游经营收入	0.039 740 992
		住宿餐饮业零售总额	0.037 433 854
		旅游收入增长率	0.037 114 580
		乡村旅游年接待人次	0.057 519 806
		人均旅游消费	0.058 572 573
	旅游景观质量	旅游舒适期	0.036 901 893
		旅游投诉发生率	0.038 024 755
	产业兴旺	人均农产品占有量	0.036 837 503
		农业单位面积产量	0.037 001 874
		农业结构水平	0.037 607 365
		农业机械化水平	0.037 627 739
		二三产业发展程度	0.037 828 359
乡村振兴	生态宜居	村庄绿化覆盖率	0.037 809 857
		二级以上空气优良天数占比	0.037 984 741
		乡镇污水处理率	0.037 774 519
		农村家庭卫生厕所普及率	0.037 867 750
		垃圾处理率	0.037 987 054
		农村道路硬化率	0.037 961 243
	乡风文明	学龄儿童入学率	0.038 015 427
		文娱设施可及性	0.038 017 413
		文明化程度	0.037 555 457
	治理有效	乡村治理参与程度	0.037 955 658
		城乡收入差距程度	0.037 351 814
		城乡生活差距程度	0.037 209 694
		生活信息化程度	0.037 910 422
		共同富裕程度	0.037 907 474

表 8-18 泰宁县乡村旅游发展与乡村振兴耦合评价指标体系

系统层	一级指标	二级指标	指标权重
乡村旅游与发展	旅游环境	环保投资额	0.044 477 073
		旅游景点数	0.037 981 412
	旅游经济效益	乡村旅游经营收入	0.038 390 443
		住宿餐饮业零售总额	0.038 186 365
		旅游收入增长率	0.038 052 991
		乡村旅游年接待人次	0.044 805 982
		人均旅游消费	0.054 936 715
	旅游景观质量	旅游舒适期	0.037 925 112
		旅游投诉发生率	0.041 210 374
	产业兴旺	人均农产品占有量	0.038 103 545
		农业单位面积产量	0.038 201 640
		农业结构水平	0.038 810 749
		农业机械化水平	0.039 340 030
		二三产业发展程度	0.039 321 781
	生态宜居	村庄绿化覆盖率	0.038 925 520
		二级以上空气优良天数占比	0.039 295 614
		乡镇污水处理率	0.039 287 885
		农村家庭卫生厕所普及率	0.039 153 912
		垃圾处理率	0.039 187 415
		农村道路硬化率	0.039 279 593
乡村振兴	乡风文明	学龄儿童入学率	0.039 317 782
		文娱设施可及性	0.039 306 938
		文明化程度	0.038 849 689
	治理有效	乡村治理参与程度	0.039 174 086
		城乡收入差距程度	0.038 547 350
		城乡生活差距程度	0.038 651 006
	生活富裕	生活信息化程度	0.038 954 716
		共同富裕程度	0.039 190 272

表 8-19 连城县乡村旅游发展与乡村振兴耦合评价指标体系

系统层	一级指标	二级指标	指标权重
乡村旅游发展	旅游环境	环保投资额	0.049 462 602
		旅游景点数	0.037 431 242
	旅游经济效益	乡村旅游经营收入	0.038 398 316
		住宿餐饮业零售总额	0.038 225 502
		旅游收入增长率	0.037 378 663
		乡村旅游年接待人次	0.058 867 514
		人均旅游消费	0.048 953 685
	旅游景观质量	旅游舒适期	0.037 361 215
		旅游投诉发生率	0.041 367 282
	产业兴旺	人均农产品占有量	0.037 277 804
		农业单位面积产量	0.037 377 212
		农业结构水平	0.038 117 716
		农业机械化水平	0.038 212 222
		二三产业发展程度	0.038 549 790
乡村振兴	生态宜居	村庄绿化覆盖率	0.038 585 641
		二级以上空气优良天数占比	0.038 821 062
		乡镇污水处理率	0.038 519 226
		农村家庭卫生厕所普及率	0.038 612 515
		垃圾处理率	0.038 516 537
		农村道路硬化率	0.038 842 238
	乡风文明	学龄儿童入学率	0.038 846 316
		文娱设施可及性	0.038 846 826
		文明化程度	0.038 296 967
	治理有效	乡村治理参与程度	0.038 774 539
		城乡收入差距程度	0.038 030 434
		城乡生活差距程度	0.038 113 371
	生活富裕	生活信息化程度	0.038 257 886
		共同富裕程度	0.038 692 812

8.5 小结

乡村振兴是乡村旅游发展的助推器,为乡村旅游的可持续发展起到了不可忽视的作用;乡村旅游有助于实现农业的多功能性价值,是实现乡村振兴战略的重要路径和抓手。美丽乡村建设的过程不仅让乡村的生态环境得到明显改善,还让农民的生活质量和品质有所提升,促进当地的乡村旅游发展,同时就业率和农民的收入也增长,是乡村振兴战略的重点内容。

以福建省武夷山市、泰宁县、连城县三地 2016 年、2017 年、2018 年的数据为例构建了乡村旅游发展与乡村振兴耦合评价指标体系。乡村旅游发展给农村的现代化建设起到促进作用,让农民致富,实现了城乡融合协调发展,乡村振兴的重要举措得到了实施。在实施乡村振兴战略下,建设美丽乡村和乡村旅游在发展过程中互有很强的关系。美丽乡村的建设,给乡村旅游打造了更加优质的环境,同时乡村旅游发展,也给建设乡村提供了资金的支持。为此,二者存在的耦合关系要加以重视,同时探讨二者的耦合度以及耦合的协调性,是促进乡村振兴战略不断深入的重要措施。

第9章　闽西北乡村旅游与精准扶贫耦合性分析

基于南平市与龙岩市乡村旅游与精准扶贫发展现状,在区域经济与旅游业相互协调发展作用机理的基础上,建立了经济-旅游耦合协调度指标体系,并引入耦合协调度数学模型及计算方法,对两市2010年至2018年的经济-旅游耦合协调性进行分析,旨在为福建省乡村旅游与精准扶贫的协调发展提供合理的参考意见。研究结果表明,2010—2018年,南平市、龙岩市乡村旅游与精准扶贫二者从起步阶段发展到了加速发展阶段,二者的耦合度正逐年上升,但上升趋势不明显;2010年—2018年,南平市、龙岩市乡村旅游与精准扶贫协调度呈现了稳步上升的趋势,从原来的低度协调衰退型转变为良好协调发展型,精准扶贫效果显著。

旅游业具有"无烟产业"和"永远的朝阳产业"的美称,它已经和石油业、汽车业并列为世界三大产业,是贫困地区脱贫致富的新路径。2016年12月印发的《"十三五"旅游业发展规划》提及将旅游业作为重要战略性支柱产业。随着市场经济的发展和人民生活水平的提升,人民对旅游消费的需求进一步提升。乡村旅游作为一种新型的旅游模式,以特有的乡村人居环境、乡村田园风光、乡村文化民俗以及自然生态环境进行旅游商业开发,对乡村经济发展具有一定的促进作用。2013年11月,习近平总书记在湖南湘西考察时首次做出了"实事求是、因地制宜、分类指导、精准扶贫"的重要指示,改革开放以来,经过全国范围有计划有组织的大规模开发式扶贫,我国贫困人口大量减少,贫困地区面貌显著变化。进入21世纪以来,中国经济腾飞发展,人民生活水平不断提高,但扶贫开发工作依然面临十分艰巨而繁重的任务,已进入啃硬骨头的冲刺期,对党和国家的扶贫工作提出了新的要求和挑战。精准扶贫正是以习近平同志为核心的党中央治国理政方略中对新时期扶贫工作新挑战与新要求的积极应对和正确指引。而发展乡村旅游正是精准扶贫的创新方式,利用贫困地区的旅游资源,既可以满足乡村居民的日常休闲娱乐,又可增加乡村居民与政府的收入,以此带动当地的经济、文化、娱乐的发展。发展乡村旅游就是实行精准扶贫,可提升全面建成小康社会的速度。

9.1 国内外研究概况

国内外学者对旅游业与经济二者关系的研究集中在三个方面：一是旅游业对当地经济的促进作用研究；二是旅游业对国民经济的影响研究；三是旅游业对经济发展贡献的研究。随着社会的不断发展，旅游业的不断壮大，研究重心逐渐转向乡村旅游与精准扶贫二者耦合关系的研究。例如，华萍学者以河南省为例，分析乡村旅游精准扶贫情况与金融需求，未来应精准识别农户的金融需求和乡村旅游项目、精准支持乡村旅游项目及精准推出乡村旅游信贷产品。徐佳萍、郑林学者对福建省旅游产业与区域经济耦合关系研究，结果表明：在 2000—2015 年，福建省旅游产业与区域经济二者的耦合关系呈现低度耦合、中度耦合、高度耦合的三个耦合阶段，两者协调度呈现逐年稳步上升趋势，但福州、三明、莆田及漳州旅游业发展滞后，未来应大力发展不同类型、层次、功能的旅游产品，提供更多有特色、个性化的旅游服务。张琼学者以河南省为例，从乡村旅游与精准扶贫的耦合发展角度对其耦合性进行研究，并总结影响二者耦合发展的因素和耦合发展协调水平。

9.2 研究区概况与数据来源

9.2.1 研究区概况

福建省位于我国东南部，是沿海省份，东隔台湾海峡，与宝岛台湾隔海相望，东北方与浙江接壤，西北处交界于江西，西南毗邻于广东。而南平是福建辖区面积最大的设市区，辖区土地面积 2.63 万平方公里，占福建省总面积的五分之一，是福建省往北的咽喉要塞之一，森林覆盖率 77.99%，森林蓄积量高达 1.68 亿立方米，南平市境内有武夷山、杉岭、仙霞岭、鹫峰山四大山脉，独特的地貌与气候条件构成了南平市内得天独厚的旅游资源。龙岩市位于福建省西部，龙岩旅游资源丰富，有 1 个世界文化遗产地、2 个国家 5A 级旅游景区、11 个国家 4A 级旅游景区、33 个国家 3A 级旅游景区、1 个国家级风景名胜区、1 个国家历史文化名城、13 处国家重点文物保护单位，森林覆盖率为 78.93%，森林储集量为 12 725 万立方米。2016 年，国务院印发《"十三五"脱贫攻坚计划》，并在同年提出全国乡村旅游年扶贫重点村的概念。截至2017年,乡村旅游脱贫人口约占总脱贫人口的17.5%。可见,乡村旅游是扶贫的重要方式,对于打赢脱贫攻坚战具有重要意义。该文基于福建省南平市、龙岩市乡村旅游发展和精准扶贫现状,以二者的融合发展水平为研究对象,旨在通过分析二者的耦合性为乡村旅游发展和精准扶贫相结合的旅游扶贫提供合理的发展建议。

9.2.2 数据来源

本章研究数据源自:(1)南平市统计年鉴(2010—2019),(2)龙岩市统计年鉴(2010—2019),(3)南平市国民经济和社会发展统计公报(2010—2019),(4)龙岩市国民经济和社会发展统计公报(2010—2019)。南平市2010—2018年数据如表9-1所示,三明市2010—2018年数据如表9-2所示。

表9-1 南平市2010—2018年乡村旅游与精准扶贫指标

项目	2010年	2011年	2012年	2013年	2014年	2015年	2016年	2017年	2018年
旅游总收入/亿	155.93	191.18	225.35	258.53	312.46	371.63	463.57	592.11	790.08
总接待人数/万人次	1 317.37	1 573.47	1 839.29	2 105.90	2 503.10	2 925.48	3 441.72	4 149.76	4 991.82
农林牧渔业产值/亿	248.80	330.36	358.59	389.47	420.48	450.39	503.74	494.44	514.02
森林覆盖率/%	71.14	71.62	72.10	72.25	73.06	73.54	77.35	77.35	77.99
城镇化水平/%	49.90	51.10	51.60	52.60	53.40	54.00	54.80	55.80	56.70
农村居民人均可支配收入/元	6 759.00	7 861.00	8 893.00	10 031.00	11 252.00	12 264.00	13 331.00	14 558.00	15 868.00
农村恩格尔系数	45.40	45.00	45.20	44.80	42.00	41.50	36.30	37.80	34.00
乡村劳动者/万	127.49	127.11	126.75	127.62	127.5	127.04	124.96	124.38	124.22
第三产业人员占比/%	32.59	33.23	33.71	36.26	39.81	40.34	41.36	40.84	42.03

表9-2 龙岩市2010—2018年乡村旅游与精准扶贫指标

项目	2010年	2011年	2012年	2013年	2014年	2015年	2016年	2017年	2018年
旅游总收入/亿	70.27	88.38	109.60	133.49	165.45	196.25	253.42	332.76	453.81
总接待人数/万人次	986.97	1 209.25	1 486.84	1 808.42	2 180.10	2 532.21	3 059.12	3 784.14	4 607.76

续表

项目	2010年	2011年	2012年	2013年	2014年	2015年	2016年	2017年	2018年
农林牧渔业产值/亿	210.48	251.29	262.52	285.96	306.53	331.28	373.88	395.46	421.35
森林覆盖率/%	73.10	74.50	75.67	76.23	77.9	77.91	77.91	77.91	78.90
城镇化水平/%	45.00	47.50	49.40	50.90	51.60	52.60	53.80	55.70	57.00
农村居民人均可支配收入/元	6 931.00	8 234.00	9 396.00	10 842.00	12 054.00	13 274.00	14 429.00	15 698.00	17 154.00
农村恩格尔系数	45.82	45.98	45.41	41.82	41.19	40.92	39.81	38.96	38.63
乡村劳动者/万	130.54	130.90	132.03	132.67	134.72	135.02	135.44	135.45	135.27
第三产业人员占比/%	35.51	35.66	36.61	38.46	40.51	42.62	42.72	43.08	43.06

9.3 理论基础和研究方法

9.3.1 耦合协调发展理论和乡村旅游与精准扶贫的耦合机理

耦合协调发展注重的不仅是单一的系统或者要素的增加，而且注重内部性、全局性、综合性的发展。耦合协调度被用来衡量多系统或多要素之间相互作用程度的指标；耦合协调发展指数则是综合了系统或要素之间的协调状况与系统或要素之间的总体协调水平，更是系统或要素之间整体协调发展程度的体现。乡村旅游在经济、社会、生态效益上所体现的价值与精准扶贫在乡村经济与环境所产生的结果只是碰巧耦合，故需对二者的耦合发展及耦合机制进行分析。乡村旅游的经济带动以及精准扶贫的本质，要求二者在时空与目标等方面存在紧密关联。乡村旅游的发展会形成人流、物流、信息流与资金流，发挥了旅游乘数效应，推动了贫困地区经济发展，这是二者在空间上的耦合关联。乡村旅游作为一种新型的旅游模式，以特有的乡村人居环境、乡村田园风光、乡村文化民俗以及自然生态环境进行旅游开发，对乡村的农业、人居环境、生态环境建设具有重要的推动作用，有效地防止贫困的再次发生，此为二者在时间上的耦合关联。二者在目标上的耦合关联是贫困人口在参与乡村旅游精准扶贫工作中，可以提升自身能力，不仅在经济上脱贫，更可在精神上脱贫。通过乡村旅游发展可增强其对所处地的文化价值、乡土特色的认同感,从而形成乡村向心力与凝聚力,杜绝贫困的再次发生。

9.3.2 构建耦合指标体系

由于乡村旅游在社会效益、经济效益、生态效益上所展现的价值与精准扶贫在乡村经济与环境所体现的现象只是碰巧耦合,二者所组成的系统正处在不断发展,不断变化的过程中因此需要对此系统进行具体指标分析研究。精准扶贫的概念是 2013 年习近平总书记在湖南湘西考察时首次提出,基于南平市与龙岩市的实际状况,通过查阅南平市统计年鉴、南平市国民经济和社会发展统计公报、龙岩市统计年鉴、龙岩市国民经济和社会发展统计公报,选取了 2010—2018 年的数据,以此分析乡村旅游与精准扶贫在 9 年内的耦合情况。具体指标的选取参考前人研究成果以及南平市、龙岩市具体情况,构建了耦合指标体系,其中乡村旅游子系统有 5 个具体指标,精准扶贫子系统包含 4 个具体指标,具体划分如图 9-1、图 9-2 所示。

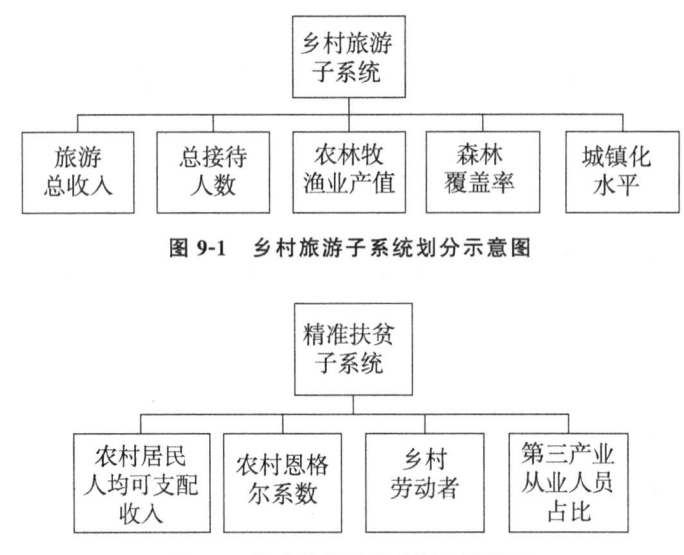

图 9-1 乡村旅游子系统划分示意图

图 9-2 精准扶贫子系统划分示意图

9.3.3 指标权重确定

采用熵值赋权法计乡村旅游与精准扶贫系统各指标权重,可以避免人的主观因素对权重的影响,可使权重更加客观,有更高的可信度。具体步骤如下:

1.对各个指标做比重变化：

$$P_{ij}=\frac{X_{ij}}{\sum_{i=1}^{m}X_{ij}} \qquad (9\text{-}1)$$

此处的 m 为被评价的对象数，对象数 m 为 9。

2.计算第 j 项指标的泰尔熵：

$$H_j=-k\sum_{i=1}^{m}P_{ij}ln(P_{ij}) \qquad (9\text{-}2)$$

在此公式中，$k=1/ln(m)$。

3.计算指标的差异性系数：

$$A_j=1-H_j \qquad (9\text{-}3)$$

4.计算指标的权重：

$$\lambda_j=\frac{A_j}{\sum_{i=1}^{m}A_j} \qquad (9\text{-}4)$$

5.对指标进行标准化：

正向指标的标准化：

$$U_{ij}=\frac{P_{ij}-\min P_{ij}}{\max P_{ij}-\min P_{ij}} \qquad (9\text{-}5)$$

逆向指标的标准化：

$$U_{ij}=\frac{\max P_{ij}-P_{ij}}{\max P_{ij}-\min P_{ij}} \qquad (9\text{-}6)$$

9.3.4 综合贡献的确定

计算各年度的综合贡献：

$$U=\sum_{i=1}^{m}\lambda_j U_{ij},\sum_{i=1}^{m}\lambda_j=1 \qquad (9\text{-}7)$$

式(9-7)中，U 为系统耦合发展第 i 年的综合贡献值，λ_j 是系统指标的权重。

9.3.5 耦合度模型的建立

参考前人研究成果，从而构建耦合度模型，将乡村旅游与精准扶贫代入耦合度模型中。乡村旅游与精准扶贫所构成的系统耦合度计算公式为：

$$C=\left[\frac{(U_1\times U_2)}{(U_1+U_2)^2}\right]^{\frac{1}{2}} \qquad (9\text{-}8)$$

式(9-8)中，C 为乡村旅游与精准扶贫的耦合度，取值范围是[0,1]。当 C 值越接近

1，说明乡村旅游与精准扶贫二者相互作用程度越强烈，系统处于一种有序发展阶段；当 C 值越接近 0，表明乡村旅游与精准扶贫二者相互作用越微弱，系统处于无序发展阶段。U_1 是乡村旅游子系统的综合贡献值，U_2 是精准扶贫子系统的综合贡献值。参考前人研究成果以及南平市、龙岩市具体情况，将耦合状态分为三个阶段：一是起步阶段，此时 $0 \leqslant C \leqslant 0.3$，乡村旅游与精准扶贫所构成的系统耦合度较低，系统趋于无序发展阶段。二是加速发展阶段，此时 $0.3 < C \leqslant 0.5$，乡村旅游与精准扶贫所构成的系统耦合度中等，相较之前有所发展。三是高度耦合阶段，此时 $0.5 < C \leqslant 1.0$，乡村旅游与精准扶贫所组成的系统耦合度较高，系统处于最佳的耦合点。

9.3.6 耦合协调度理论模型的建立

由于乡村旅游与精准扶贫系统的耦合度只能说明二者相互作用程度的强弱，无法反应二者整体的协同作用，因此建立耦合协调度理论模型，以此来说明乡村旅游与精准扶贫耦合的协调发展程度。耦合协调度计算公式如下：

$$D = \sqrt{C \times F}$$
$$F = \alpha U_1 + \beta U_2 \tag{9-9}$$

式(9-9)中，D 为耦合协调度，C 为乡村旅游与精准扶贫的耦合度，F 为乡村旅游与精准扶贫的综合评价指数，耦合协调度反应乡村旅游与精准扶贫所组成的系统的整体协同作用。α、β 是待定系数，旅游业与精准扶贫对该地区的经济都起着重要作用，故取 $\alpha = 0.5$，$\beta = 0.5$。为了更好地说明乡村旅游与精准扶贫的协调发展程度，对耦合协调度进行划分。参考张琼的研究，将耦合协调性划分为 4 个层次，如下表 9-3 所示。

表 9-3　乡村旅游与精准扶贫耦合协调度层次划分

耦合协调度范围	协调程度
0.0000～0.4000	低度协调衰退型
0.4000～0.6000	勉强协调发展型
0.6000～0.8000	良好协调发展型
0.8000～1.0000	高度协调发展型

9.4 研究分析

9.4.1 乡村旅游与精准扶贫指标标准化

基于表 9-1 以及表 9-2 数据,利用公式(9-5)对数据进行计算即可得出南平市、龙岩市乡村旅游与精准扶贫指标标准化的结果,仅对乡村恩格尔系数这一指标进行逆向的标准化,其余指标进行正向的标准化。由于 2010 年指标数据为最小值,导致多项指标标准化后数值为 0.000 0,2018 年多项指标为最大值,故指标标准化后数值为 1.000 0。具体数据如表 9-4 及表 9-5 所示。

表 9-4 南平市乡村旅游与精准扶贫指标标准化

项目	2010 年	2011 年	2012 年	2013 年	2014 年	2015 年	2016 年	2017 年	2018 年
旅游总收入	0.000 0	0.055 6	0.109 5	0.161 8	0.246 8	0.340 1	0.485 1	0.687 8	1.000 0
总接待人数	0.000 0	0.069 7	0.142 0	0.214 6	0.322 7	0.437 6	0.578 1	0.770 8	1.000 0
农林牧渔业产值	0.000 0	0.307 5	0.414 0	0.530 4	0.647 3	0.760 1	0.961 2	0.926 2	1.000 0
森林覆盖率	0.000 0	0.070 1	0.140 1	0.210 2	0.280 3	0.350 4	0.906 6	0.906 6	1.000 0
城镇化水平	0.000 0	0.176 5	0.250 0	0.397 1	0.514 7	0.602 9	0.720 6	0.867 6	1.000 0
农村居民人均可支配收入	0.000 0	0.121 0	0.234 3	0.359 2	0.493 2	0.604 3	0.721 5	0.856 2	1.000 0
农村恩格尔系数	0.000 0	0.035 1	0.017 5	0.052 6	0.298 2	0.342 1	0.798 2	0.666 7	1.000 0
乡村劳动者	0.961 8	0.850 0	0.744 1	1.000 0	0.964 7	0.829 4	0.217 6	0.047 1	0.000 0
第三产业从业人员占比	0.000 0	0.067 8	0.118 6	0.388 8	0.764 8	0.821 0	0.929 0	0.873 9	1.000 0

表 9-5 龙岩市乡村旅游与精准扶贫指标标准化

项目	2010 年	2011 年	2012 年	2013 年	2014 年	2015 年	2016 年	2017 年	2018 年
旅游总收入	0.000 0	0.047 2	0.102 5	0.164 8	0.248 2	0.328 5	0.477 5	0.684 4	1.000 0
总接待人数	0.000 0	0.061 4	0.138 1	0.226 9	0.329 5	0.426 8	0.572 3	0.772 5	1.000 0

续表

项目	2010年	2011年	2012年	2013年	2014年	2015年	2016年	2017年	2018年
农林牧渔业产值	0.000 0	0.193 5	0.246 8	0.358 0	0.455 5	0.572 9	0.774 9	0.877 2	1.000 0
森林覆盖率	0.000 0	0.241 4	0.443 1	0.539 7	0.827 6	0.829 3	0.829 3	0.829 3	1.000 0
城镇化水平	0.000 0	0.208 3	0.366 7	0.491 7	0.550 0	0.633 3	0.733 3	0.891 7	1.000 0
农村居民人均可支配收入	0.000 0	0.127 5	0.241 1	0.382 6	0.501 1	0.620 5	0.733 4	0.857 6	1.000 0
农村恩格尔系数	0.022 8	0.000 0	0.077 3	0.567 0	0.652 3	0.689 0	0.839 8	0.956 0	1.000 0
乡村劳动者	0.000 0	0.073 2	0.303 7	0.434 0	0.851 2	0.913 8	0.997 7	1.000 0	0.964 4
第三产业从业人员占比	0.000 0	0.019 8	0.019 8	0.390 2	0.659 8	0.938 7	0.952 7	1.000 0	0.996 5

9.4.2 乡村旅游与精准扶贫指标比重变化

基于表 9-1 与表 9-2 的原始数据，在 excel 表格中利用公式（9-1）对其进行比重变化，具体结果如表 9-6 与表 9-7 所示。由表可知，大部分数据呈现上升趋势，唯有农村恩格尔系数与乡村劳动者这两个指标呈现下降趋势。

表 9-6　南平市乡村旅游与精准扶贫指标比重变化

项目	2010年	2011年	2012年	2013年	2014年	2015年	2016年	2017年	2018年
旅游总收入	0.046 4	0.056 9	0.067 1	0.076 9	0.093 0	0.110 6	0.137 9	0.176 2	0.235 1
总接待人数	0.053 0	0.063 3	0.074 0	0.084 8	0.100 7	0.117 7	0.138 5	0.167 0	0.200 9
农林牧渔业产值	0.067 1	0.089 0	0.096 6	0.105 0	0.113 3	0.121 4	0.135 8	0.133 3	0.138 5
森林覆盖率	0.106 7	0.107 4	0.108 1	0.108 9	0.109 6	0.110 3	0.116 0	0.116 0	0.117 0
城镇化水平	0.104 0	0.106 5	0.107 5	0.109 6	0.111 3	0.112 5	0.114 2	0.116 3	0.118 1
农村居民人均可支配收入	0.067 0	0.078 0	0.088 2	0.099 5	0.111 6	0.121 6	0.132 2	0.144 4	0.157 4
农村恩格尔系数	0.122 0	0.121 0	0.121 5	0.120 4	0.112 9	0.111 6	0.097 6	0.101 6	0.091 4
乡村劳动者	0.112 1	0.111 8	0.111 5	0.112 2	0.112 1	0.111 7	0.109 9	0.109 4	0.109 2
第三产业从业人员占比	0.095 8	0.097 7	0.099 1	0.106 6	0.117 0	0.118 6	0.121 6	0.120 1	0.123 6

表 9-7 龙岩市乡村旅游与精准扶贫指标比重变化

项目	2010年	2011年	2012年	2013年	2014年	2015年	2016年	2017年	2018年
旅游总收入	0.039 0	0.049 0	0.060 8	0.074 0	0.091 7	0.108 8	0.140 5	0.184 5	0.251 6
总接待人数	0.045 6	0.055 8	0.068 7	0.083 5	0.100 7	0.116 9	0.141 3	0.174 7	0.212 8
农林牧渔业产值	0.074 1	0.088 5	0.092 5	0.100 7	0.108 0	0.116 7	0.131 7	0.139 3	0.148 4
森林覆盖率	0.105 9	0.108 0	0.109 7	0.110 5	0.112 9	0.112 9	0.112 9	0.112 9	0.114 3
城镇化水平	0.097 1	0.102 5	0.106 6	0.109 8	0.111 3	0.113 5	0.116 1	0.120 2	0.123 0
农村居民人均可支配收入	0.064 2	0.076 2	0.087 0	0.100 4	0.111 6	0.122 9	0.133 6	0.145 3	0.158 8
农村恩格尔系数	0.121 0	0.121 5	0.120 0	0.110 5	0.108 8	0.108 1	0.105 2	0.102 9	0.102 1
乡村劳动者	0.108 6	0.108 9	0.109 8	0.110 4	0.112 1	0.112 3	0.112 7	0.112 7	0.112 5
第三产业从业人员占比	0.099 1	0.099 5	0.102 2	0.107 4	0.113 1	0.119 0	0.119 3	0.120 3	0.120 2

9.4.3 乡村旅游与精准扶贫指标的泰尔熵值

在表 9-6 和表 9-7 的基础上，利用公式(9-2)对其进行计算，即可获得南平市以及龙岩市乡村旅游与精准扶贫指标的泰尔熵值，具体数值如表 9-8、表 9-9 所示。

表 9-8 南平市乡村旅游与精准扶贫指标的泰尔熵值

项目	旅游总人数	总接待人数	农林牧渔业产值	森林覆盖率	城镇化水平	农村居民人均可支配收入	农村恩格尔系数	乡村劳动者	第三产业从业人员占比
H_j	0.941 1	0.960 6	0.990 0	0.999 7	0.999 6	0.984 4	0.997 7	1.000 0	0.997 9

表 9-9 龙岩市乡村旅游与精准扶贫指标的泰尔熵值

项目	旅游总人数	总接待人数	农林牧渔业产值	森林覆盖率	城镇化水平	农村居民人均可支配收入	农村恩格尔系数	乡村劳动者	第三产业从业人员占比
H_j	0.925 0	0.949 3	0.989 7	0.999 9	0.998 9	0.982 8	0.999 0	1.000 0	0.998 6

9.4.4 乡村旅游与精准扶贫指标的差异性系数

将各项目的泰尔熵值代入公式(9-3)中即可获得南平市、龙岩市乡村旅游与精准扶贫各项目的差异性系数。具体计算得数如表9-10、表9-11所示。

表9-10　南平市乡村旅游与精准扶贫指标的差异性系数

项目	旅游总人数	总接待人数	农林牧渔业产值	森林覆盖率	城镇化水平	农村居民人均可支配收入	农村恩格尔系数	乡村劳动者	第三产业从业人员占比
A_j	0.058 9	0.039 4	0.010 0	0.000 3	0.000 4	0.015 6	0.002 3	0.000 0	0.002 1

表9-11　龙岩市乡村旅游与精准扶贫指标的差异性系数

项目	旅游总人数	总接待人数	农林牧渔业产值	森林覆盖率	城镇化水平	农村居民人均可支配收入	农村恩格尔系数	乡村劳动者	第三产业从业人员占比
A_j	0.075 0	0.050 7	0.010 3	0.000 1	0.001 1	0.017 2	0.001 0	0.000 0	0.001 4

9.4.5 乡村旅游与精准扶贫指标的权重

将表9-10、表9-11数值代入公式(9-4)中即可获得南平市、龙岩市乡村旅游与精准扶贫各项目的权重。具体计算得数如表9-12、表9-13所示。

表9-12　南平市乡村旅游与精准扶贫指标的权重

项目	旅游总人数	总接待人数	农林牧渔业产值	森林覆盖率	城镇化水平	农村居民人均可支配收入	农村恩格尔系数	乡村劳动者	第三产业从业人员占比
λ_j	0.540 4	0.362 1	0.091 7	0.002 5	0.003 3	0.781 0	0.112 6	0.001 3	0.105 1

由表9-12可知,旅游总人数、农村居民人均可支配收入的权重超过0.5,权重较大,而其他指标均小于0.5。

表9-13　龙岩市乡村旅游与精准扶贫指标的权重

项目	旅游总人数	总接待人数	农林牧渔业产值	森林覆盖率	城镇化水平	农村居民人均可支配收入	农村恩格尔系数	乡村劳动者	第三产业从业人员占比
λ_j	0.546 5	0.369 5	0.074 8	0.000 9	0.008 2	0.877 0	0.050 1	0.002 4	0.070 5

9.4.6 乡村旅游与精准扶贫的综合贡献与耦合协调度

通过公式(9-1)至公式(9-4)算出乡村旅游与精准扶贫系统指标的权重后通过公式(9-5)将系统指标进行标准化,再将权重代入公式(9-6)即可得出乡村旅游与精准扶贫这两个系统的综合贡献值 U_1,U_2,最后将 U_1,U_2 代入公式(9-7)、(9-8)得出福建省乡村旅游与精准扶贫系统的耦合度和耦合协调度。计算结果如表 9-14、表 9-15 所示。

表 9-14 南平市乡村旅游与精准扶贫的综合贡献与耦合协调度

年份	U_1	U_2	耦合度 C	协调度 D	协调等级
2010年	0.000 0	0.001 2	0.000 0	0.000 0	低度协调衰退型
2011年	0.084 2	0.106 6	0.496 5	0.217 7	低度协调衰退型
2012年	0.149 7	0.198 3	0.495 1	0.293 5	低度协调衰退型
2013年	0.215 6	0.328 6	0.489 1	0.364 8	低度协调衰退型
2014年	0.312 0	0.500 4	0.486 4	0.444 5	勉强协调发展型
2015年	0.414 8	0.597 9	0.491 8	0.499 0	勉强协调发展型
2016年	0.564 3	0.751 3	0.494 9	0.570 6	勉强协调发展型
2017年	0.740 9	0.835 7	0.499 1	0.627 2	良好协调发展型
2018年	1.000 0	0.998 7	0.500 0	0.706 9	良好协调发展型

表 9-15 龙岩市乡村旅游与精准扶贫的综合贡献与耦合协调度

年份	U_1	U_2	耦合度 C	协调度 D	协调等级
2010年	0.000 0	0.001 1	0.000 0	0.000 0	低度协调衰退型
2011年	0.064 9	0.113 4	0.481 2	0.207 1	低度协调衰退型
2012年	0.128 9	0.226 3	0.480 9	0.292 2	低度协调衰退型
2013年	0.205 2	0.392 5	0.474 8	0.376 7	低度协调衰退型
2014年	0.296 8	0.520 7	0.480 9	0.443 3	勉强协调发展型
2015年	0.386 1	0.647 0	0.483 8	0.499 9	勉强协调发展型
2016年	0.537 2	0.754 9	0.492 9	0.564 3	勉强协调发展型
2017年	0.733 2	0.872 9	0.498 1	0.632 5	良好协调发展型
2018年	1.000 0	0.999 7	0.500 0	0.707 0	良好协调发展型

9.4.7 乡村旅游与精准扶贫系统耦合发展程度分析

由表 9-14、表 9-15 可知,无论是南平市还是龙岩市,乡村旅游与精准扶贫的耦合度都处在 0.0~0.5 间,属于加速发展阶段。但耦合度变化不大,由此可知,如何将乡村旅游与精准扶贫在实际生活中更紧密地结合在一起,是实现二者高度耦合的关键之处。2010—2013 年南平市与龙岩市的乡村旅游与精准扶贫系统的耦合协调度均低于 0.4,被划分为低度协调衰退型。在 2013 年习近平总书记提出"精准扶贫"这个理念后,2014—2016 年南平市与龙岩市的乡村旅游与精准扶贫系统的耦合协调度均高于 0.4,被划分为勉强协调发展型。在 2017—2018 年度两市的耦合协调度介于 0.6 至 0.7 的水平,已经是良好协调发展型。2010—2018 年,无论是耦合度还是耦合协调度都呈逐步上升趋势(见图 9-3、图 9-4),当地政府应结合当前的乡村振兴战略与当地旅游资源,进一步地开发旅游业,进一步改善农村居民生活,提升当地农民的收入与生活质量,使乡村旅游与精准扶贫二者尽快达到高速协调发展。乡村旅游是贫困地区脱贫致富的新路径,在提升农村就业率、改善农村恩格尔系数、改善农村居住环境、提升第三产业人员占比等方面与精准扶贫政策有较好的融合性,具体体现在乡村旅游带动了农林牧渔业的产值、城镇化水平以及农村人均可支配收入等方面。

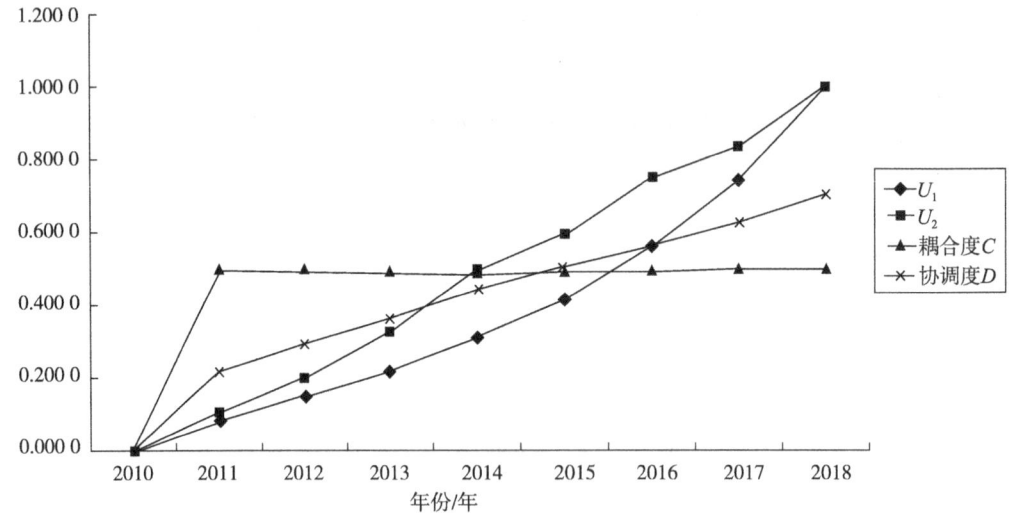

图 9-3　南平市乡村旅游与精准扶贫系统的耦合度与耦合协调度

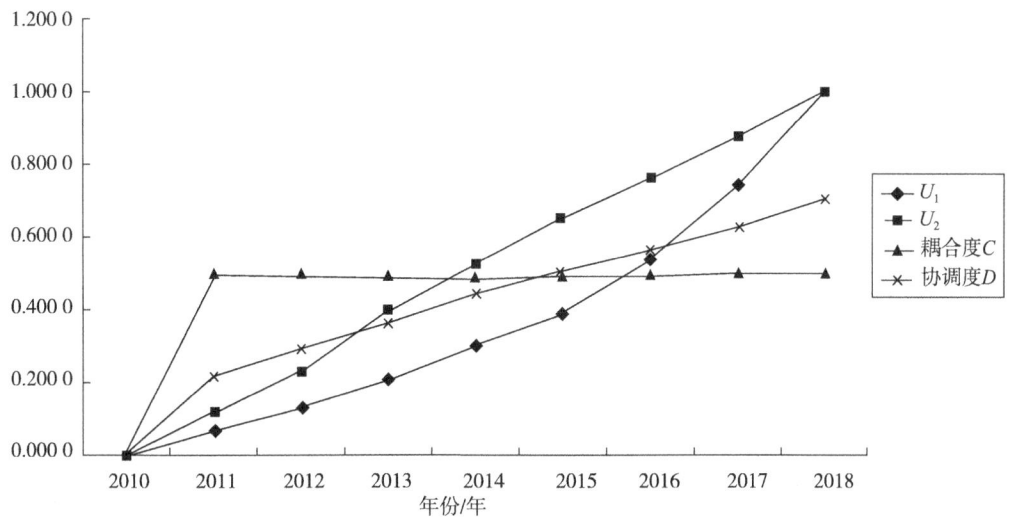

图 9-4　龙岩市乡村旅游与精准扶贫系统的耦合度与耦合协调度

9.5　结论与建议

9.5.1　结论

本章利用熵值法、耦合度模型、耦合协调度模型对福建省乡村旅游与精准扶贫耦合协调发展进行研究,得出了以下结论:(1)从耦合度方面看,2010—2018 年,南平市、龙岩市乡村旅游与精准扶贫二者从起步阶段发展到了加速发展阶段,二者的耦合度正逐年上升,但上升趋势不明显。故如何将乡村旅游与精准扶贫在实际生活中更加紧密地结合在一起,是实现二者高度耦合的关键之处。(2)从耦合协调度方面可知,2010—2018 年,南平市、龙岩市乡村旅游与精准扶贫呈现了稳步上升的趋势,从原来的低度协调衰退型转变为良好协调发展型,精准扶贫效果显著。(3)福建省乡村旅游与精准扶贫发展虽有良好的协同作用,但二者还未达到高度耦合,当地政府应重视旅游业的开发以及基础交通设施的建设。

9.5.2 建议

结合当前福建省乡村旅游与精准扶贫耦合发展现状提出相关建议:

(1)应大力开发不同类型的旅游产品,深度挖掘产品的内涵,进行个性化设计。提供具有当地文化特色的旅游服务;提升旅游满意度,树立乡村旅游品牌,提升旅游业在当地经济的地位。

(2)发挥政府的主导作用,从人文、经济、生态资源等方面合理规划旅游路线与产品,保证精准扶贫的效果,使乡村旅游与精准扶贫的耦合度、耦合协调度更高。

(3)建立农民培训机制。随着社会的发展,人民对于贫困的认知也有了更进一步的了解,贫困是包括物质、精神、权利等方面的贫困。加强对农民的文化教育以及旅游培训,提升农民的知识面与技能,使每一位农民都有能力参与到乡村旅游中,加强精准扶贫的效果,奠定乡村旅游发展的根基。

第 10 章 福建山区乡村旅游地空间分异及其影响因素分析

乡村旅游是在乡村地区进行的学习、体验乡村生活模式的休闲旅游活动,是实现乡村特色城镇化的重要途径。乡村旅游的发展对农村经济发展具有重要作用,推动农村经济绿色发展,助力"美丽乡村"建设。福建森林覆盖率全国最高,特别是南平、三明、龙岩等山区森林资源丰富,乡村地貌景观和乡土文化丰富多样,生态景观类型较多,具有丰富的生态旅游资源,有很大的发展潜力。研究乡村旅游地空间分异特征及其影响因素,有助于明晰乡村旅游发展的有效空间模式,为乡村振兴战略背景下乡村旅游可持续发展提供有力抓手。

空间分布特异性(以下简称空间分异)属空间结构范畴,是研究事物在地理空间上的分布规律。空间分异主要通过收集事物地理空间位置、采用地理信息技术处理软件和空间特征分布方法等进行分析。目前有学者利用空间结构的分析方法对旅游资源进行空间分布规律研究,如曹哲等利用最邻近点指数、地理集中指数、核密度分析等多种定量方法对山西省 182 个省级以上休闲农业和乡村旅游地进行集聚度、分布类型等方面的空间格局分析,田东娜等从时间尺度上对大连市的乡村旅游演化进行空间结构分析;在福建乡村旅游的空间结构研究方面,姜山等利用可视化、最邻近指数等技术和方法对福建 169 个三星级以上乡村旅游地的空间分异特征进行了研究,陈娟采用地理信息系统研究了福州郊区乡村景观空间分布特征。近年来,在乡村振兴、精准扶贫、美丽乡村建设等背景下,具有丰富的森林、景观资源以及优质环境资源的福建山区(南平市、三明市、龙岩市)乡村特色资源开发和建设得到较快发展,类型多样,涉及农事体验型、乡村文化型、休闲观光型、养生运动型、特色村镇型等,而关于这些地区的乡村旅游地空间分异规律研究尚少。因此,本研究拟采用地理信息技术、空间计量分析方法,对福建南平、三明、龙岩的乡村旅游地空间分异特性及其影响因素分析,旨在乡村旅游地空间布局规划、乡村旅游资源开发等提供相应建议。

10.1 材料与方法

10.1.1 研究材料

本次研究收集了南平、三明、龙岩等福建山区乡村旅游地空间分布及经济指标,包括地区生产总值、城镇化水平、旅游总收入、城镇居民人均可支配收入、农村居民人均可支配收入等信息数据,旅游地材料来源于各市、区、县政府和旅游局官方公布的数据,以及通过实际社会调研获取,共收集了 203 个乡村数据(截至 2019 年 1 月),每个区、县的乡村旅游地包括农事体验型、乡村文化型、休闲观光型、养生运动型、特色村镇型 5 种类型。以福建山区地图为底图、村落为空间质点,经 ArcGIS 软件处理,可得到各乡村空间分布信息。

10.1.2 研究方法

空间特征分析方法较多,如叠置分析、聚类分析、聚合分析、泰森多边形分析、缓冲区分析、网络分析等。结合研究目的和数据类型特点,拟采用 Moran's I、Rosenblatt-Parzen 核估计、缓冲区分析等方法和技术。

Moran's I(莫兰指数)是由帕克·莫兰提出,通过计算 Moran's I 指数值、Z 得分和 p 值对福建山区乡村旅游地的显著性进行评估,计算公式为:

$$I = n \frac{\sum_{i=1}^{n}\sum_{j=1}^{n} w_{ij}(x_i - \bar{x})(x_j - \bar{x})}{\sum_{i=1}^{n}\sum_{j=1}^{n} w_{ij} \sum_{i=1}^{n}(x_j - \bar{x})^2} \tag{10-1}$$

式中,n 为带入计算的乡村旅游地数量;x_i、x_j 为区域 i、j 乡村旅游地数量;w_{ij} 为空间计算矩阵;I 为 Moran's I 值,当 I 大于 0,说明区域呈聚集型,反之呈离散型。

Rosenblatt-Parzen 核估计是基于概率密度非参数估计方法,计算公式为:

$$R_n(x) = \frac{1}{nh}\sum_{i=1}^{n} k\left(\frac{x - x_i}{h}\right) \tag{10-2}$$

式中,$k\left(\dfrac{x - x_i}{h}\right)$ 为核函数,h 为闽山区乡村旅游空间搜索带宽,$R_n(x)$ 为概率。

缓冲区分析是以点、线、面实体为基础,根据设定的分析半径,利用 ArcGIS 软件缓冲区分析自动建立其周围一定宽度范围内的缓冲区多边形图层,主要采用点、线实体缓冲

分析,主要公式为:

$$P = \{x \mid d(x,A) \leq r\} \tag{10-3}$$

式中,d 为分析距离(欧式),r 为分析半径,A 为缓冲区分析对象,P 为缓冲区计算结果。

10.2 空间特征分析

10.2.1 空间分异特性

根据 Moran's I 计算原理,经 ArcGIS 软件的空间统计模块分析福建山区乡村旅游地集聚程度,得到 Moran's I 值为 0.6(大于 0),说明研究区域内乡村旅游地空间呈正自相关,具有一定集聚性;对空间数据权重执行标准化处理后,得到 Z 值为 14.48,通过数理特征检验,具体见图 10-1。

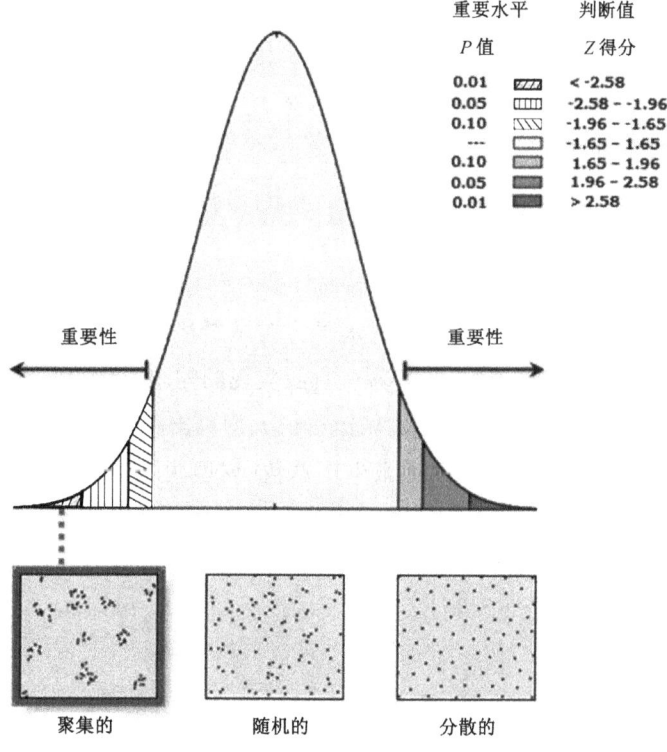

图 10-1　福建山区乡村旅游地空间集聚特征图

10.2.2 空间分布热点

在空间集聚特征分析的基础上,为探求福建山区旅游地的分布热点,采用 Rosenblatt-Parzen 核估计方法。经 ArcGIS 的核密度估计,可得到福建山区旅游地的空间分布热点。

研究发现,在南平地区,北边区域高于南边区域,并出现 2 个高热点,高密度聚集区为武夷山市和松溪县;在三明地区,分布特点明显低于闽北地区;在龙岩地区,以连城县南部区域为 1 个高热点,但高热点区域范围小于闽北 2 个高热点区域。因此,空间密度分布热点反映了福建山区的乡村旅游地以南平占优势,龙岩其次。

10.3 空间分异影响因素

福建山区乡村旅游地数量在空间分布上具有一定集聚性,但各区县在空间结构上分布不均衡,存在较显著差异。基于国内外学者对乡村旅游空间结构影响因素的研究,结合福建山区乡村旅游发展现状,分析社会经济发展水平、旅游市场距离、交通条件、政策等因素对福建山区乡村旅游地空间结构的影响。

10.3.1 社会经济水平

乡村旅游的发展离不开当地经济发展水平。在马斯洛需求层次理论(Maslow's Hierarchy of Needs)的第五层理论中,旅游属于自我实现的需求,旅游研究界内一般将居民收入列入旅游发展的客观因素中,因此以城镇居民人均可支配收入、农村居民人均可支配收入为居民收入水平评价指标。选取地区生产总值、城镇化水平、旅游总收入、城镇居民人均可支配收入、农村居民人均可支配收入为社会经济水平指标,利用相关系数、显著性两个指标分析乡村旅游地数量与社会经济水平的相关关系(表 10-1)。

表 10-1 乡村旅游地数量与社会经济水平相关分析结果

相关变量		相关系数	显著性
乡村旅游地数量	地区生产总值	0.100	0.607
	城镇化水平	−0.183	0.342
	旅游总收入	0.555	0.014
	城镇居民人均可支配收入	−0.025	0.898
	农村居民人均可支配收入	−0.110	0.572

从表 10-1 看出,乡村旅游地数量与旅游总收入呈显著正相关关系,说明乡村旅游地数量对旅游总收入起到正向作用。乡村旅游地数量与地区生产总值、城镇化水平及居民收入的相关分析显著性水平均超过0.05,则说明不存在显著相关关系。一般研究认为,地区生产总值为旅游资源开发建设、宣传、设施完善等方面提供基础,促进其旅游发展;城镇化水平则代表地区城镇居民人数所占比重,为当地及周边地区提供了丰富的客源市场。但本研究结果显示,地区乡村旅游地数量与其经济水平较不吻合,说明福建山区发展乡村旅游潜力较大,但需要在乡村旅游资源开发和基础建设方面进一步投入资金,并积极开拓当地及周边城镇居民的乡村旅游市场。

居民可支配收入是影响居民旅游动机的重要客观因素。因此,将研究各区县市乡村旅游地数量及城乡居民人均可支配收入进行排序,进一步分析各地区乡村旅游地数量与其居民收入水平的吻合情况(表 10-2)。

表 10-2 福建山区乡村旅游地数量与居民收入吻合情况分析

名称	乡村旅游地数量/个	排序	城镇居民人均可支配收入/元	排序	农村居民人均可支配收入/元	排序
武夷山市	16	1	31 043	12	15 848	12
政和县	14	2	26 911	25	11 452	28
连城县	12	3	28 708	19	14 091	21
新罗区	10	4	36 736	2	18 919	1
延平区	9	7	31 071	11	16 102	8
建瓯市	9	6	29 998	17	15 951	9
武平县	9	8	31 027	13	14 852	16
永定区	9	9	34 645	5	16 626	6
松溪县	9	5	26 435	27	11 206	29
邵武市	8	10	31 691	9	16 788	5
上杭县	8	11	35 991	3	15 355	14

续表

名称	乡村旅游地数量/个	排序	城镇居民人均可支配收入/元	排序	农村居民人均可支配收入/元	排序
漳平市	7	13	31 497	10	15 902	10
光泽县	7	12	27 193	24	12 574	27
建阳区	6	14	30 587	16	14 645	17
明溪县	6	16	27 651	22	13 839	25
长汀县	6	18	23 330	29	13 991	22
泰宁县	6	15	29 490	18	14 347	19
尤溪县	6	17	30 846	14	15 849	11
三元区	5	21	35 074	4	17 716	2
顺昌县	5	20	27 375	23	13 883	24
浦城县	5	19	28 340	20	13 260	26
永安市	4	27	33 362	6	16 374	7
沙县	4	24	33 083	7	17 190	3
将乐县	4	23	30 790	15	14 943	15
大田县	4	28	32 532	8	15 413	13
清流县	4	26	28 266	21	14 403	18
建宁县	4	22	26 647	26	14 094	20
宁化县	4	25	25 653	28	13 911	23
梅列区	3	29	37 182	1	16 840	4

从表 10-2 看出,福建山区的乡村旅游地数量与居民收入水平较不一致,即人均可支配收入较高的区县市其乡村旅游地数量较少,而收入较低的地区其乡村旅游地数量较多,如政和县的居民人均可支配收入较其他地区低但乡村旅游地数量更高。表 10-2 中有 60% 地区的乡村旅游地数量与城镇居民人均可支配收入成正相关,66% 的县城乡村旅游地数量与农村居民人均可支配收入成正相关,也说明福建山区约 40% 的县城还需要进一步投入资金,申请、建设更多乡村旅游地,满足居民对农村休闲旅游的需求。

10.3.2 旅游市场距离

随着居民生活水平的提高、自驾游的兴起,周末观光休闲旅游的游客量越来越大。2015 年福建过夜游游客所占比例不超过 20%,乡村旅游还是以一日短途游为主。乡村旅游地的主要客源市场为行政中心及周边经济发展水平相对较好、休闲欲望较强的县市,其乡村旅游需求较大。乡村旅游地越接近客源市场，游客量越大。因此，以区、县行政中心为中心点，采用缓冲分析法，可分析不同距离对福建山区乡村旅游地的影响。

研究发现，大部分乡村旅游地能在半个小时的车辆驾驶时间范围到达，符合居民对短途乡村休闲旅游的需求。在0～30km范围内，乡村旅游地占比84%，即大部分的乡村旅游地能满足出行意愿。

10.3.3 交通条件

结合乡村旅游在乡（镇）和村网点的分布、旅行时间短、客源周边性等特点，交通条件对乡村旅游发展具有重要的支撑作用，是影响其空间分布的重要因素。随着南三龙铁路的通车，使南平、三明、龙岩的旅游地形成一条线，缩短了山区各市县之间的旅游距离和旅行时间，形成了"一体化"的生活圈。交通条件进一步影响着福建山区的乡村旅游在不同铁路、高速公路、国道和省道主干线的区域范围的空间分布规律。

总体上看，乡村旅游地主要集中在国道、省道、环路、高速等交通干线附近，且主要道路（国道、省道、环路）附近的乡村旅游地数量多于高速公路。随着交通干线间距加大，乡村旅游地数量减少，在交通干线5km范围内乡村旅游地数量达到最多（占60%），5～10km范围内乡村旅游地数量占25%。因此，在福建山区，交通干线影响乡村旅游地的空间分布，特别是主要道路（国道、省道、环路）的影响更大。

10.3.4 政策因素

政策对旅游空间结构形成具有重要的影响，随着旅游扶贫、乡村旅游等国家政策的不断推进，福建山区乡村旅游发展迎来发展契机。如制定了《促进乡村旅游发展提质升级行动方案（2018年—2020年）》，进一步促进乡村旅游发展；2018年颁布的《福建省人民政府办公厅转发省旅发委关于加快推进全域生态旅游实施方案的通知》提出福建要建设100个休闲集镇，开发1 000个乡村旅游村，形成10 000个具有福建特色的观光、休闲、度假、康养、研学等各类旅游产品的要求。通过颁布良好的旅游政策，合理利用生态环境资源，调整和升级资源要素配置、结构，丰富乡村旅游种类，大力发展乡村旅游业，提高山区乡村居民的收入，均衡福建经济的发展，形成福建山区乡村旅游空间特征。

南平地区的生产总值较龙岩、三明低，但该地区的绿水青山和美丽风光资源较多，如世界双遗产地武夷山，有三十六峰、九十九岩、九曲溪等旅游特色。武夷山国家重点自然保护区已作为国家公园试点，被纳入"人与生物圈"保护网。因此从数量上发现，南平的武夷山市乡村旅游地数量最大，也正是由于武夷山风景名胜区所在地及相关政策的倾斜，形成以核心景区为依托，带动乡村旅游发展。借助武夷山的绿水青山和美丽风光，发掘乡村旅游资源，在保护生态环境的前提下，助力经济发展，形成南平特色的乡村旅游空间格局。

10.4 小结与建议

本章结合ArcGIS地理信息系统处理软件，经Moran's I、核密度、缓冲区等空间分析技术，得到闽山区乡村旅游的空间分异，并进行社会经济水平、居民收入水平、客源市场远近、政策因素、交通因素等空间分布影响分析。

福建山区乡村旅游地空间分布具有一定集聚性，从热点分布可知南平、龙岩为"高热区"，三明为"低冷区"，形成两边"热"、中间"冷"的特点。社会经济水平对福建山区乡村旅游地空间分异的影响不大，但受居民收入水平、旅游市场远近、政策因素、交通因素等影响，其中60%以上的县、区乡村旅游数与居民收入水平呈正相关，80%以上的乡村旅游地分布在行政中心30km范围内，政策因素和交通因素进一步影响福建山区乡村旅游地空间分异规律。

乡村旅游是农业农村经济工作的重要增长极，目前正处在乡村旅游发展提质扩容的重要阶段。但从龙岩、南平、三明各区县市山区乡村旅游地空间分布特征看，空间分布上还存在一定的不合理性，数量上还无法满足居民的农村休闲旅游。而福建山区资源丰富，特别是山、水、空气环境等优异，地方文化资源繁多，但部分经济较落后县市的旅游基础设施不完善。因此在精准扶贫、旅游扶贫的国家战略下，应发掘本地区乡村旅游资源，积极争取扶持资金，因地制宜地开发旅游产品。同时，结合周边的旅游设施，实现乡村旅游通达性，均衡经济发展。

在福建山区虽然已形成了核心景区带动周边乡村旅游的发展模式，但整体上，数量和规模还不足。如武夷山在旅游黄金时节，景区人流量会出现"井喷"现象，不方便游客休闲游玩。因此景区游客量"井喷"的时候，乡村旅游就有了发展契机，应进一步增加乡村旅游个数，居民有更多的旅游选择目的地，缓解旅游景区的人流量，提高旅游的舒适性、体验度、融洽度。

第 11 章　大武夷旅游圈乡村旅游点空间特征及优化分析

以大武夷旅游圈 291 个乡村旅游点为研究样本,采用最邻近指数、核密度指数、泰森多边形法等 GIS 空间分析方法,对乡村旅游点的空间分布类型、空间集聚度、空间密度、空间均衡度进行探究。运用地理探测器模型对大武夷旅游圈乡村旅游发展水平空间分异的驱动因子进行探测。结果表明,特色村镇型与休闲观光型数量占主导地位;乡村旅游点呈聚集状态分布,形成了 1 个主核心点和 4 个次级核心点。宁德与三明、南平、龙岩三地的区域乡村旅游数、分布特征存在较显著差异。大武夷旅游圈乡村旅游发展水平差异是多种影响因素综合作用的结果,交通便捷度、城镇居民人均可支配收入和城镇化率是主要因素。研究认为,应通过建设互动型景点、挖掘"较冷区"乡村旅游市场资源、提升乡村旅游点质量等对策,优化大武夷旅游圈乡村旅游点空间结构,推进产业、文化、生态等乡村振兴。

党的十九大作出乡村振兴战略的重大决策部署,提出农业强、农村美、农民富目标,坚持人与自然和谐共生是其中一个基本原则。而发展乡村旅游是实现乡村振兴的重要路径,体现科学、合理地利用自然资源发展生态经济,践行"绿水青山就是金山银山"的科学论断,也是推进乡村产业振兴、文化振兴、生态振兴的具体体现。因此,乡村旅游发展已经成为旅游扶贫、农村精准扶贫、农民脱贫致富的重要渠道,对农村经济发展具有重要作用。

在乡村振兴战略背景下,诸多学者进行了乡村旅游产业发展相关研究,并取得了一定成果。主要基于单个市、县或村的视角,用定性与定量分析方法探讨了乡村旅游现状、资源类型,并针对存在的问题提出对策与建议。测度与分析区域乡村旅游产业发展水平,对于各地区在激烈竞争中正确认识自身的优势与劣势,制定切合实际的发展战略,推进旅游产业发展有着重要的现实意义。区域乡村旅游空间结构研究是现代旅游研究的前沿领域之一,学者多以省或市为研究区域,进行乡村旅游空间类型、空间结构存在问题、发展模式、结构演化等方面的研究,而基于旅游圈视角的乡村旅游空间结构方面文献较少。因此,本章以大武夷旅游圈为研究对象,探讨其乡村旅游点的空间结构特征及驱动因素,并提出优化对策。

大武夷旅游圈是"清新福建"的核心区,涉及南平、三明、龙岩和宁德四个市,圈内资源丰富、文化积淀深厚,森林覆盖率居全省前列,森林人家评定个数远高于其他设区市。圈内建设了大量的知名乡村旅游品牌,各地的乡村旅游已有相当的产业规模和发展水平。根据福建省旅游局统计,2018 年大武夷旅游圈四个市的国内旅游总收入为 1 594.6 亿元,占福建省的 34.89%。大武夷旅游圈的乡村旅游发展情况对福建省旅游产业起着重要作用,研究其乡村旅游点的空间结构特征将有利于构建福建省乡村旅游的合理空间结构网,进一步促进乡村旅游产业发展。

11.1 材料与方法

11.1.1 研究样本

由于等级较高的乡村旅游点数据较容易获取且在空间结构上的分布具有一定的规律可循,因此,本章根据福建省及大武夷旅游圈四个城市旅游局公布的乡村旅游名镇名村、乡村旅游特色村、乡村旅游模范村名单,选取大武夷旅游圈乡村旅游点 291 个,收集其空间位置、类型等数据。通过 ArcGIS 软件呈现各乡村旅游点在空间上的分布情况。根据乡村旅游点功能的不同,结合相关学者的分类,将景点标记为五种不同的分类属性:农事体验型、乡村文化型、休闲观光型、养生运动型、特色村镇型,进一步分析不同类型在空间上的分布状态。其中,农事体验型以采摘垂钓、生态体验为主,乡村文化型主要以乡村文化或少数民族风情为主,休闲观光型主要以观光休闲娱乐为主,养生运动型主要以乡村山林水体等自然环境疗养健身度假为主,特色村镇型主要以新农村示范村和历史古镇为代表。

经统计,特色村镇型、休闲观光型数量较多,占比分别为 28.86% 与 27.84%,说明大武夷旅游圈乡村旅游市场主要还是以休闲观光浏览为主,现代城市快速发展,都市人或多或少需要释放长期积累的压力,这种类型的景点市场需求旺盛。数量最少的为养生运动型,仅为 16 个。大部分景点属于资源导向型景点,过度依赖其自身资源,缺少创新产品,市场活力不足,无法与游客多元化的需求相适应。

因此,大武夷旅游圈应立足生态、农业资源优势,因地制宜加快发展休闲观光农业,打造田园化、景观化农业生产基地,发展以赏花采果、渔业垂钓、山地运动、康体休闲等为主题的"果、菜、茶、渔"农业生态旅游和以家庭聚会、农事体验等为主题的休闲农业生态旅游,大力推动当地乡村旅游的发展。

11.1.2 方法说明

通过谷歌地图获取各乡村旅游点的地理坐标数据,将收集到的乡村旅游点数据以点要素为表现形式,投影到行政规划图中,运用 ArcGIS 的相关空间分析工具分析大武夷旅游圈乡村旅游的多维空间特征,主要通过最邻近指数分析空间分布类型,用核密度指数分析空间集聚度,用泰森多边形的变异系数法分析空间均衡度。

1.最邻近指数法

采用最邻近指数确定大武夷旅游圈乡村旅游点的空间分布类型,并判断研究区域内各乡村旅游点在空间位置上的邻近值。空间分布类型判断标准为:若最邻近指数小于1,则空间分布类型为聚集分布型;若最邻近指数等于1,则空间分布类型为随机分布型;而最邻近指数大于等于1属于均匀分布型。

最邻近指数计算公式为:

$$NNA = \frac{\bar{D}_O}{\bar{D}_E} \tag{11-1}$$

其中,式(11-1)的 $\bar{D}_O$ 为研究区域内各点与最邻近点间的距离平均值,即

$$\bar{D}_O = \frac{\sum\limits_{i=1}^{n} d_i}{n} \tag{11-2}$$

$\bar{D}_E$ 为研究区域内各点最邻近指数等于1时的平均距离,即

$$\bar{D}_E = \frac{0.5}{\sqrt{\frac{n}{A}}} \tag{11-3}$$

n 为所有样本数,式(11-2)中的 d_i 为 i 点与最邻近点的距离,式(11-3)中的 A 为研究区域的面积。

2.核密度指数法

多距离空间聚类分析(Ripley's 函数)是分析空间点的集聚分散程度状况,较好地描述空间点分布关系,公式为:

$$L(d) = \sqrt{\frac{Q\sum\limits_{a=1}^{n}\sum\limits_{b=1}^{n} K(f_{a,b})}{\pi n(n-1)}} \tag{11-4}$$

其中,式(11-4)中的 n 表示景点总数量,Q 为研究区域面积,$f_{a,b}$ 指的是 a 景点与 b 景点之间的距离。核密度估计法则以 $L(d)$ 为搜索半径生成核密度图,如果搜索半径越多,生成的曲线越平滑,越有利于整体特征的识别。

3. 泰森多边形的变异系数法

泰森多边形（又称 Voronoi 图）常用于解决邻接度问题。根据离散的样本点，经 ArcGIS 软件的空间分析工具，将大武夷旅游圈乡村旅游点为质点画出 Voronoi 图。在多边形面积的基础上，计算变异系数 CV 值分析乡村旅游点空间分布的变化程度，以此来评估其分布类型。CV 值是泰森多边形面积的标准差与平均值的比值，计算公式为

$$CV = \frac{S}{\overline{X}} \times 100\% \tag{11-5}$$

式(11-5)中，S 为多边形面积的标准差，$\overline{X}$ 为多边形面积的平均值。可根据 CV 值将乡村旅游点的空间分布类型进行划分：当 CV 值的范围为 33%～64% 时，乡村旅游点为随机分布；当 CV 值的范围为 64%～92% 时，乡村旅游点为均匀分布；当 CV 值较高，超过 92% 时，乡村旅游点为集群分布。

4. 地理探测器

地理探测器是用于研究空间分异的一种新统计学方法，可揭示各影响因子对空间分异的解释能力。其主要思想基于假设"如果自变量对因变量存在影响，则自变量与因变量在空间分布上应具有相似性"。该方法分为因子探测器、风险探测器、交互探测器和生态探测器 4 个方面内容。本章采用因子探测器、交互探测器和生态探测器这 3 个探测方法研究大武夷乡村旅游点空间分异的驱动机制。因变量空间分异性及不同因子的解释能力，用 q 衡量，公式为：

$$q = 1 - \frac{1}{n\sigma^2} \sum_{i=1}^{k} n_i \sigma_i^2 \tag{11-6}$$

式中：k 为因变量或自变量的分层数，n_i 和 n 分别表示第 i 层和全研究区的乡村旅游景点数，σ_i^2 和 σ^2 分别为第 i 层和全研究区乡村旅游景点数的方差。q 的值域为 $[0,1]$，取值越大，表示影响因子对因变量的解释能力越强，反之则越弱。

11.2 实证结果分析

11.2.1 类型特征分析

利用收集的乡村旅游点数据，经 ArcGIS 软件的分层设色地图制图处理，可得到各种类型的乡村旅游分布情况我们发现，农事体验型景点主要分布在武夷山市和松溪县；特色村镇型景点主要分布在屏南县、武平县、永定区及武夷山市等，究其原因在于当地文化和民俗；乡村文化型景点主要分布在宁德市的屏南县、福安市及霞浦县，南平市的建阳区、建

瓯市、政和县等,主要与当地的民俗文化和民族风情有关;休闲观光型景点主要分布在南平市武夷山市、宁德市福鼎市及三明市明溪县,这种类型的景点主要依托游客需求发展导向;养生运动型景点主要集中在龙岩市连城县、三明市大田县及宁德市福鼎市、屏南县,连城县养生运动型景点的发展离不开温泉,大田县则因其宜人的气候条件成为高山度假避暑胜地和运动乐园,宁德市屏南县大力发展户外运动产业,包括山地户外、水上休闲、球类、武术、保健康复养生、射箭棋牌、冰雪等7大板块。

11.2.2 空间分布特征分析

1.空间集聚分析

通过 ArcGIS 软件计算大武夷旅游圈乡村旅游点样本的最邻近距离结果如表 11-1 和图 11-1 所示。根据表 11-1 可知,$NNA=0.714\,6\leqslant 1$,Z-score$=-9.361\,0<-2.58$,P 值接近于零,则说明在 0.01 的显著性水平下可认为大武夷旅游圈乡村旅游点呈聚集状态分布。

表 11-1　大武夷旅游圈乡村旅游点最邻近指数分析结果(一)

指标	NNA	Z 得分	P 值
值	0.714 6	−9.361 0	0.000 0

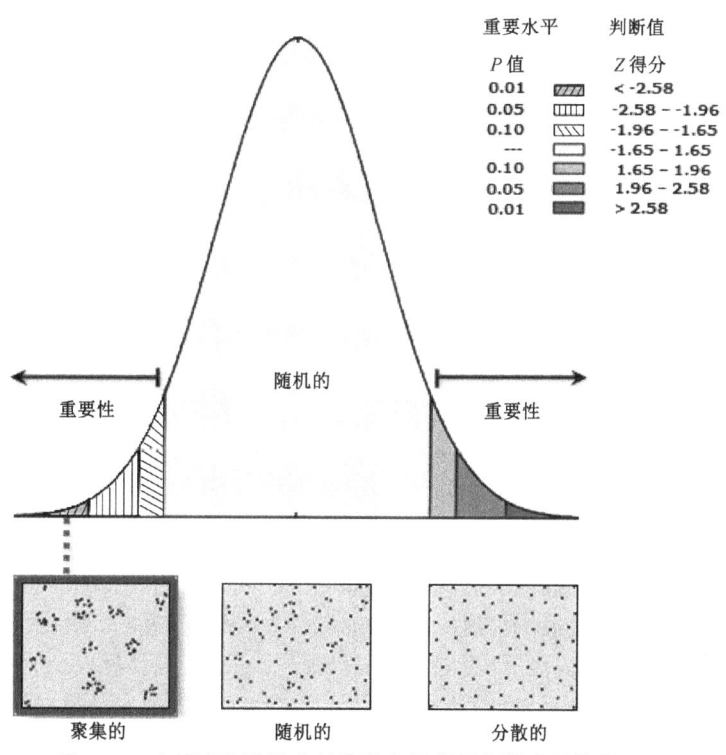

图 11-1　大武夷旅游圈乡村旅游点最邻近指数分析结果(二)

2.空间密度分析

为了更全面地分析研究区域乡村旅游点总体空间结构特征,通过多距离空间聚类分析进一步描述空间点的分布关系特征,掌握各点在不同空间上的集聚或分散程度。通过ArcGIS软件的空间分析工具得到$L(d)$为31km,即研究范围内的乡村旅游点在31km的范围内呈现聚集状态,超过31km则为分散分布。因此,以31km为搜索半径运用ArcGIS软件的核密度工具可生成大武夷旅游圈乡村旅游点核密度分布图。

研究发现,大武夷旅游圈乡村旅游点的空间分布具有明显的"核心-等级"分布特征,形成了1个主核心点和4个次级核心点。其中,1个主核心点指的是屏南县,其乡村旅游点为高密度集聚分布。次级核心点则是以武夷山市、福鼎市、松溪县、连城县4个区县为中心的地区。这些地区的旅游景点功能较为完善,物流、人流及信息流较为集聚,经济发展较好。

3.空间均衡度分析

通过泰森多边形及CV值进一步分析不同尺度范围内乡村旅游点空间分布的集聚程度、分布类型。经ArcGIS软件处理,得到大武夷旅游圈乡村旅游点为质点的Voronoi图。

分别以三明、龙岩、宁德及南平各区县为单元,计算每个单位的泰森多边形的面积和标准差,得到各CV值,见表11-2。

表11-2 大武夷旅游圈各区县乡村旅游点的CV值

县市	标准差	平均数	CV	排序
蕉城区	142.12	71.44	1.99	1
沙县	176.62	123.97	1.42	2
浦城县	449.50	315.66	1.42	3
宁化县	314.80	237.49	1.33	4
永安市	219.44	174.47	1.26	5
尤溪县	349.71	286.20	1.22	6
梅列区	50.65	41.91	1.21	7
邵武市	179.59	151.12	1.19	8
建瓯市	290.59	249.57	1.16	9
光泽县	223.56	193.57	1.15	10
长汀县	277.89	240.68	1.15	11
福鼎市	89.96	78.02	1.15	12
古田县	152.16	133.43	1.14	13
建阳区	229.09	204.85	1.12	14
周宁县	52.20	47.88	1.09	15

续表

县市	标准差	平均数	CV	排序
上杭县	146.98	136.13	1.08	16
明溪县	134.12	124.33	1.08	17
顺昌县	161.18	154.44	1.04	18
新罗区	146.94	142.19	1.03	19
霞浦县	86.13	86.03	1.00	20
屏南县	54.35	55.92	0.97	21
漳平市	204.40	211.51	0.97	22
寿宁县	139.22	146.70	0.95	23
建宁县	278.04	293.00	0.95	24
福安市	83.94	89.60	0.94	25
清流县	165.89	184.98	0.90	26
松溪县	68.18	76.35	0.89	27
大田县	164.22	185.64	0.88	28
武平县	190.82	219.86	0.87	29
武夷山市	145.18	168.97	0.86	30
将乐县	175.34	207.97	0.84	31
三元区	59.75	71.06	0.84	32
永定区	119.56	147.73	0.81	33
政和县	81.23	105.13	0.77	34
延平区	113.82	157.93	0.72	35
柘荣县	36.06	50.69	0.71	36
连城县	101.33	144.92	0.70	37
泰宁县	69.03	105.03	0.66	38

屏南县、福鼎市、武夷山市、松溪县、连城县等的泰森多边形面积小，乡村旅游点的集聚程度较高。从表 11-2 可知各区县的 CV 值，并在此基础上可分析乡村旅游点内部的均衡性及空间分布类型。蕉城区的 CV 值最高，其乡村旅游点的分布最集聚，而清流县、松溪县、大田县、武平县等 13 个区县的 CV 值小于 92%，乡村旅游点空间分布为均匀分布。浦城县、宁化县、永安市等地虽然乡村旅游点在数量上不具优势，但其 CV 值较高，空间分布较集聚。武夷山市、连城县、松溪县等地景点数量较多，但其 CV 值较小，乡村旅游点的分布集聚程度不高，空间结构较均衡。总体来说，宁德与南平、三明、龙岩三地的区域差异较显著，大武夷旅游圈乡村旅游点整体空间分布特征为宁德"高热区"、龙岩与南平"次高热区"、三明"较冷区"的不均衡格局。

11.2.3 空间分异影响因子分析

1.影响因素的选取及数据处理

乡村旅游发展水平是由多种因素共同作用的结果,借鉴李涛等的研究思路,结合大武夷乡村旅游发展的特点,综合考虑数据获取的难易程度及数据全面性,共选取了8个乡村旅游发展空间分异的影响因素,包括市场需求、交通便捷度、区域购买力等方面,如表11-3所示。

表 11-3　大武夷乡村旅游点空间分异影响因素表

影响因素	指标
社会经济发展状况	GDP(X1)
乡村旅游市场需求	城镇化率(X2)
产业的资源利用情况	公路旅客周转量(X3)
交通便捷度	公路里程/人口数(X4)
环境质量	区域植被覆盖率(X5)
公共卫生保障	公共卫生机构数(X6)
区域购买力	城镇居民人均可支配收入(X7)
信息化发展水平	国际互联网接入户数(X8)

将表11-3的8个影响因素作为探测因子,通过地理探测器研究其对大武夷乡村旅游点空间分异的作用强度。根据2019年大武夷38个县市统计年鉴、国民经济和社会发展公报以及文化和旅游局搜集以上影响因素数据,均为数值型数据,但地理探测器要求自变量需为类别型数据。因此,利用ArcGIS软件对38个县市的各影响因素(X1~X8)数据进行自然断点法离散化处理。

2.结果分析

(1)因子探测

因子探测器主要用来研究所选取的8个影响因子对因变量乡村旅游点存在空间分异的影响程度。探测结果如表11-4所示。

表 11-4　大武夷乡村旅游点空间分异因子探测结果

统计量	X1	X2	X3	X4	X5	X6	X7	X8
q 统计量	0.16	0.29	0.12	0.43	0.04	0.19	0.32	0.13
p 值	0.02	0.01	0.01	0.01	0.00	0.01	0.02	0.00

表11-4揭示了大武夷乡村旅游点空间分异现象解释力的排名情况。各探测因子对

大武夷乡村旅游景点数空间分异的解释能力由强到弱分别是交通便捷度(X4)、城镇居民人均可支配收入(X7)、城镇化率(X2)、公共卫生机构数(X6)、GDP(X1)、国际互联网接入户数(X8)、公路旅客周转量(X3)和区域植被覆盖率(X5)。结合当地区位条件、资源特色和市场需求,积极开发农业多种功能,推动乡村旅游与新型城镇化有机结合,优先发展景区周边、中心城市周边、动车和高速公路沿线周边的"三边"特色乡村,逐步形成点、线、面整体开发态势。

(2)生态探测

生态探测器主要用于研究各个探测因子对因变量的影响是否存在显著差异。生态探测结果(表11-5)显示区域植被覆盖率(X5)与其他探测因子对大武夷乡村旅游景点数空间分异的影响均存在显著差异,交通便捷度(X4)与GDP(X1)、公路旅客周转量(X3)、公共卫生机构数(X6)、国际互联网接入户数(X8)对大武夷乡村旅游景点数空间分异的影响也存在显著差异。此外,城镇居民人均可支配收入(X7)与GDP(X1)、公共卫生机构数(X6)、国际互联网接入户数(X8)对大武夷乡村旅游景点数空间分异影响的重要性也存在显著差异。

表 11-5　大武夷乡村旅游点空间分异生态探测结果

因子	X1	X2	X3	X4	X5	X6	X7	X8
X1								
X2	N							
X3	N	N						
X4	Y	N	Y					
X5	Y	Y	Y	Y				
X6	N	N	N	Y	Y			
X7	Y	N	Y	N	Y	Y		
X8	N	N	N	Y	Y	N	Y	

(3)交互探测

交互探测器用于判断影响因子之间的交互作用。根据探测结果(表11-6),任何两个因子的交互作用均要大于一个因子的单独作用,因子相互之间进行交互探测会增强对因变量的解释能力。可见,大武夷乡村旅游景点数空间分异现象是多种影响因素综合作用的结果。其中,公共卫生机构数(X6)与城镇居民人均可支配收入(X7)、城镇化率(X2)与区域植被覆盖率(X5)的交互作用解释力度在所有交互作用中较突出,均超过60%,可以看出虽然这些探测因子的单独影响较小,但因子之间的交互作用影响会有较大幅度的增加。

表 11-6　大武夷乡村旅游点空间分异影响因子交互作用

因子	X1	X2	X3	X4	X5	X6	X7	X8
X1	0.06							
X2	0.33	0.09						
X3	0.35	0.36	0.12					
X4	0.28	0.29	0.29	0.03				
X5	0.35	0.60	0.58	0.27	0.04			
X6	0.38	0.40	0.40	0.36	0.35	0.09		
X7	0.21	0.36	0.57	0.51	0.23	0.66	0.02	
X8	0.43	0.38	0.52	0.50	0.32	0.49	0.38	0.13

11.3 乡村旅游点空间结构优化对策

大武夷旅游圈乡村旅游点在数量和类型方面已发展到一定水平，乡村旅游资源分布较广泛，各区县均有分布，其空间分布具有明显的"核心-等级"分布特征，形成了 1 个主核心点和 4 个次级核心点。其中，1 个主核心点指的是屏南县，其乡村旅游点为高密度集聚分布；次级核心点则是以武夷山市、福鼎市、松溪县、连城县 4 个区县为中心的地区。但是，大武夷旅游圈乡村旅游在发展过程中不可避免地存在地区发展失衡问题，宁德与南平、龙岩、三明三地的区域差异较显著，整体空间分布特征为宁德"高热区"、龙岩与南平"次高热区"、三明"较冷区"的不均衡格局。根据地理探测器结果显示，对大武夷乡村旅游空间分异影响较大的因子包括交通便捷度、城镇居民人均可支配收入和城镇化率，因子相互之间进行交互探测会增强的解释能力，大武夷乡村旅游空间分异现象是多种影响因素综合作用的结果。为优化旅游资源空间结构，促进乡村旅游产业集聚发展、提升发展，均衡区域乡村生态经济发展，从产业振兴、文化振兴、生态振兴等视角提出大武夷旅游圈乡村旅游相关优化对策。

11.3.1 融合产业发展，建设互动型景点

研究区四个市旅游经济发展不均衡，乡村旅游产业仍存在基础设施建设滞后、内容单一、布局不合理、功能不配套、市场定位不准确、特色不鲜明等问题，有效供给不足。因此，

需要优化旅游供给,以旅游收入、接待游客数高的县区市为中心,以乡村旅游供给结构改革为主线,在"热、冷区"周边建设产业链、价值链,实现一、二、三产业的融合发展,形成环状或块状的互动型景点空间分布模式,连接热、冷区域旅游资源,推进产业振兴下的乡村旅游经济发展。与村游网合作,开展"互联网+旅游扶贫"工程,充分发挥电商扶贫的独特优势,加大对贫困人口参与旅游经营服务的扶持力度,借助平台全力推动各县域农特产品在线推广和营销,开设扶贫频道,建设乡村旅游扶贫电商示范村。让商户通过互联网带来客源,带来收益。

11.3.2 挖掘文化资源,开发"冷区"乡村旅游市场

从市域视角看出,整个研究区出现宁德"高热区"、龙岩与南平"次高热区"、三明"较冷区"的空间分布格局,这也是大武夷旅游圈旅游经济发展不均衡现象。乡村振兴战略背景下,居民收入水平将进一步提高,但市域"较冷区"的出现,必然与居民农村观光休闲旅游意愿相违背。在研究区乡村旅游全面发展的基础上,增加"较冷区"乡村旅游点数,充分挖掘当地农业旅游资源,进一步满足当地居民乡村旅游潜在需求。三明是"全省份最绿的城市",红色旅游资源丰富、自然资源优越、人文资源独特;地区汇集岩溶、丹霞、火成岩等奇特地貌,拥有革命纪念园、红军街、抗战文化遗址、革命纪念馆、红军战地医院等 11 个老区红色旅游资源,是世界客家祖地,也是一个多民族的散居地区。因此,在该区域应该充分挖掘乡土文化本土人才、典型历史人物事迹、自然资源,与周边区域(龙岩、南平、江西)形成"客家路线""红色路线""森林步道"等联动合作,通过修复乡镇村落、打造文化要素等文化振兴实现乡村繁荣。培育乡村旅游民俗文化型、红色旅游型等特色化乡村旅游产品,培育乡村旅游精品线路,引导村民开办农家乐,发展高山种植农产品、竹雕、竹楼等旅游产品,吸引更多的游客。

11.3.3 依托生态环境,提升乡村旅游点质量

目前,大武夷旅游圈乡村旅游点涉及农事体验型、乡村文化型、休闲观光型、养生运动型、特色村镇型五种类型,但质量、特色等方面还不足,对游客的吸引力不够。自实施河长制、湖长制、"铁腕治污"等一系列环境治理举措,农村的生态环境得到进一步改善。而大武夷旅游圈不仅森林资源丰富,水域面积也较大。依托农村特色山水的生态环境,开发优质的青山绿水旅游资源和 A 级以上景点,优势打造特色鲜明、功能完备的乡村旅游精品;全力打造乡村农家乐,拉动当地居民就业;加大对乡村旅游休闲基础设施建设的投入,全面提升交通道路、步行道、健身路径设施、停车场、厕所、供水供电、应急救援、游客信息系统等的旅游基础设施建设。在乡村旅游服务质量方面,除了规模化的乡村旅游点有专业

的旅游组织队伍外,存在一些乡村旅游点无旅游组织队伍。不管是乡村文化传播、旅游秩序维护,还是生态环境保护,均离不开组织队伍的管理。因此,通过对农村剩余劳动力的旅游服务技能培训,组建一支专业化旅游服务管理队伍,可提高乡村旅游软实力,提升乡村旅游点质量,促进乡村经济发展,实现生态振兴战略下的农业强、农村美、农民富目标。

第 12 章 福建森林旅游研究

12.1 福建森林文化旅游资源分析及开发对策分析

旅游业是当今世界规模最大的经济产业。自 20 世纪 80 年代以来,我国旅游业发展迅速。2011 年,国内旅游人数达 26 亿人次,同比增长 12%;国内旅游收入达 1.9 万亿元,同比增长 21%。旅游业对经济增长的贡献日益突出,已一跃成为国民经济发展的支柱产业。森林旅游作为旅游业的重要分支,发展势头尤为强劲。来自国家林业和草原局的统计表明,自 1990 年开始,我国森林旅游人数每年都保持 30% 以上的高增长。2009 年,全国森林公园共接待游客 3.33 亿人次,直接旅游收入达 225.9 亿元,分别比上一年度增长 21.5% 和 20.3%。

福建是森林资源大省,森林覆盖率居全国首位,森林旅游资源丰富。截至 2009 年底,全省已建成省级以上森林公园 85 个(其中国家级 26 个),省级以上自然保护区 32 处(其中国家级 10 处),建成"森林人家"358 个。福建森林文化旅游资源底蕴深厚、形态各样、特色鲜明、源远流长,它以其独有的资源优势满足了人们回归大自然、走向大森林的愿望,具有巨大的开发价值。基于此,本章从旅游资源开发的角度,对福建森林文化旅游资源的现状进行分析,并对今后的开发提出对策建议。

12.1.1 森林文化与森林文化旅游资源

森林文化是以森林为背景的一种文化现象。千百年来,人类与森林朝夕相处,在人类认识和利用森林的过程中,森林的品格既影响着人类,人类亦把自身的情感与人格融进森林,形成以森林为背景,以森林树木、竹茶花果、园林、名木古树等为载体,体现人与森林、人与自然和谐共处关系的文化体系。

旅游是现代社会的一种经济文化现象,它与文化是密不可分的,旅游活动归根结底是一种文化活动。旅游资源是指自然界和人类社会凡是能对旅游者产生吸引力,并能为旅游业所利用,开发后能产生经济效益、社会效益和环境效益的各种事物和因素。旅游资源按其基本属性可分为自然旅游资源和人文旅游资源。自然旅游资源是指地球表面自然存在的各种自然地理要素,它是人文景观形成的物质基础;人文旅游资源是人类文化与自然景物结合的产物,它的形成是自然环境和社会、历史、文化多方面作用的结果。广义的文化旅游资源等同于人文旅游资源;狭义的文化旅游资源特指以文化吸引为最主要功能的、对旅游者产生强烈吸引力的文化现象。因此,森林文化旅游资源是指人们在认识和利用森林的过程中创造和形成的,并能对旅游者产生吸引力的一切事物和现象的总和。

从旅游资源开发的视角,森林文化旅游资源可分为三类:一为实体文化旅游资源,主要指一切以景观实体为存在形式,并可供旅游者直接作为旅游目的地的森林文化形态,如森林景观文化、树文化、花文化、茶文化、竹文化、名木古树文化、风水林文化等;二为行为文化旅游资源,主要指一切以旅游者可以感受到的由物质、行为、观念等构成的森林文化形态,如森林民俗文化、森林饮食文化、森林休闲文化等;三为精神文化旅游资源,主要指狭义的森林精神文化形态,如林谚、神话、传说、绿色诗词、生态文学、科普作品、音乐、绘画、戏剧、歌舞、宗教等。

12.1.2 福建森林文化旅游资源分析

福建地处东南沿海,是我国南方重点林区,气候温和、雨量充沛、生态环境优越,全省生态环境质量评比连续多年居全国前列,是我国生态环境、空气质量最好的省份之一。全省有林地面积 1.15 亿亩,森林覆盖率达 63.1%,居全国第一;其中竹林 1 490 万亩,居全国第一;森林蓄积量 4.84 亿立方米,居全国第 7。良好的生态环境、丰富的森林资源为森林旅游资源的开发利用奠定了坚实基础。

福建森林旅游资源十分丰富,有多季相的林冠色彩,有形态各异的峰、崖、谷、洞、溪、涧、潭、瀑,有迷人的"春英、夏荫、秋毛、冬骨"四季不同的森林景观。福建森林文化旅游资源区位优势明显、丰富多样、别具特色,如福州的榕树文化、武夷山的茶文化、建瓯的万木林文化、顺昌的杉文化、浦城的丹桂文化,以及福建的风水林文化、名木古树文化、花文化、竹文化等,使福建的森林旅游业具有得天独厚的资源优势和极大的开发潜力。世界自然与文化遗产地武夷山,福州的鼓山、棋山、北峰,连江的青芝山,福鼎的太姥山,南平的曚瞳洋,建瓯的万木林,龙岩的梅花山,连城的冠豸山,永安的桃源洞,福清的灵石山,永泰的青云山,德化的戴云山等旅游区,均已推出森林旅游黄金路线,发展森林旅游文化产业。

福建又是多民族聚居的地方,全省 53 个少数民族人口的 70% 分布在边远山区、林区,森林民俗、人文风情异彩纷呈,客家文化、闽台文化、畲族文化和森林文化相互融合、交相辉映。福建乡间的寺庙、道观、书院,大多同森林公园、森林风景区融为一体,游客在欣赏森林美景时,也体验到中国传统的山岳文化、道教文化、佛教文化、书院文化的文化意蕴。

(1)森林景观文化

森林景观文化是指人们在与森林景观长期互动的过程中所形成的、具有与该景观相适应的精神观念,并把这种观念具体地体现在森林景观建设、维护和适度开发利用的各个环节之中。森林景观产生并存在于森林生态系统中,由于森林生态系统特定小环境和林相季节变化等原因,从而形成了独特的自然风光景相。森林景观对旅游者能产生吸引力的原因是它们具有美学价值。森林景观的美包括形态美、色彩美、听觉美、动态美等,其中形态美是森林景观美的核心。梁希先生曾这样深情描绘祖国大地森林繁茂、山清水秀的美丽图景:"无山不绿、有水皆清、四时花香、万壑鸟鸣,替河山装成锦绣,把国土绘成丹青。"森林景观是大地艺术的一部分,是森林旅游的物质基础,人们到森林风景区中去休闲、观光、度假、疗养,主要目的就是去感受森林景观之美。

福建森林景观资源的特点是景观类型多样、组成成分复杂、地理分布各异,既有郁郁葱葱、藤蔓缠绕的天然阔叶林,又有整洁疏朗的针叶林,还有景致交错的针阔混交林、挺拔秀丽的竹林等。概括起来可划分为常绿阔叶林景观、落叶阔叶林景观、常绿落叶阔叶混交林景观、亚热带针叶林景观、针阔混交林景观、山地矮林景观、灌丛景观、竹林景观、经济林景观、沿海防护林景观等10种森林景观类型。每一种森林景观类型都呈现了一幅幅形态各异、多姿多彩的森林图景,每一种森林形态都和环境之间显得和谐无间、浑然天成。这一切都是大自然孕育的杰作,都要经过漫长年代的演变、适应、竞争、完善,才能达到如今这样鬼斧神工、结构完美的状态,这正是森林景观资源之魅力所在。

(2)森林民俗文化

森林民俗文化是指在森林背景中进行的、民众在生产生活过程中所创造、共享、传承的风俗生活习惯。它起源于人类对森林的敬畏和崇拜、对社会制度的适应和对群体生活的需要。作为一种常见的文化现象,民俗是千百年来民众所创造的知识和认知系统,它是人们在日常生活中以口头和行为方式传承的一种文化模式。森林民俗文化则是森林文化与民俗文化相互交融的产物,在历经数千年的融合与传承中,民众总是将自己对自然的认知感悟、对森林的崇拜敬仰、对生活的美好追求、对器物的精神寄托、对行为的自我约束等同森林中的诸多因素交织在一起,相互映衬、相得益彰。这些与森林相关的民俗,通过共同的精神和物质利益驱动,拉近了人与人、人与自然之间的距离,也反映了人们崇尚自然、珍惜生命、爱家园、热爱生活的理念。这些对旅游者都具有极大的吸引力。

在中华民俗文化园地中,福建民俗文化的独特性、丰富性尤为显著。福建是古闽越族文化的发源地。晋、唐以后,由于征战不断,大批中原汉人南迁入闽,中原文化、荆楚文化,与古闽越族的文化相融合,并逐渐向台湾延伸,形成了有地域特色的闽台文化。福建境内群山连绵、森林密布,闽先民在世代繁衍中与森林结下不解之缘,在八闽大地留下了底蕴深厚、形式多样的森林民俗文化。闽江流域是孕育福建森林文化的摇篮,武夷山的碧水丹山造就了朱子等一大批文人墨客,留下丰富的森林文化历史遗产,如闽西北的山水文化、茶文化、竹文化、桂花文化、蛇崇拜文化、竹浆造纸和雕刻印刷文化等,在历史上早已闻名遐迩。闽西客家是我国独具特色的一个族群,中原文化与福建少数民族文化的交融,形成了色彩浓郁的客家文化。闽西客家文化的璀璨成果反映了客家人独特的民俗风情和对森林的敬畏、崇拜,如文亨的竹浆宣纸文化、四堡的古籍雕版印刷文化、汀江的客家母亲河文化、梅花山的华南虎文化、永定和南靖土楼的木建筑文化、永福的花文化,以及客家人对"神山""神树"的崇拜习俗等。闽南滨海地区是我国"海上丝绸之路"的始发地,也是闽台文化的发祥地,拥有特色鲜明、多元化的森林民俗文化资源,如闽南传统建筑文化、木雕文化、古船文化、晋江漳浦的海底森林文化、闽南传统竹编文化等。历史文化名城福州至今还保存着大量的森林文化历史遗存、书画碑刻楹联等,如三坊七巷的木构建筑艺术、福州细木雕画艺术、福州根雕艺术、榕城的榕树文化,以及福州的三山生态文化等,充分表现了闽都森林民俗文化的风采。闽东的古民居文化、古廊桥文化和寺庙建筑文化等,都具有鲜明的地域性和民族性。闽东的畲族生态文化绵延几千年,仍然保持着简单淳朴、崇尚自然的生活方式和与自然共生的传统民族风俗,是一份珍贵的森林文化遗产。福建森林旅游区大都处在一定的民俗风情区,这些民俗风情资源如年节风俗旅游资源、戏剧艺术旅游资源、服饰文化旅游资源、民间婚俗旅游资源、奇特风情旅游资源、特产风物旅游资源、风味美食旅游资源等,都可成为森林旅游区开发民俗旅游产品的资源基础。

(3)树文化

在人类文明发展的进程中,树木由一种单纯的自然物逐步转化成为一种重要的文化载体。它以丰富的文化内涵与文学、艺术、哲学、宗教、园林、建筑以及民族习俗、民众日常生活等都发生了广泛的联系,成为中国民俗文化不可或缺的组成部分。

树文化的形成起源于人类对植物的原始崇拜。据《山海经》记载,夸父追日,干渴而死,弃其杖,化为邓林(即桃林),于是神木、神树出现了,树木成为人们祭祀的对象。在古代,社树也享有崇高的地位,《周礼》一书记载:"二十五家为社,各树其土所宜之木。"凡是植在国界边陲或二十五家边界上的树,称为社树,是一个地区或一个国家的象征。树文化形成的另一个标志是树木成为审美对象,开始进入人类的文化生活,如《诗经》中以松竹为审美对象,"如竹苞矣,如松茂矣";以桃为审美对象,"桃之夭夭,灼灼其华";以桑为审美对象,"桑之落叶,其叶沃若";以白杨为审美对象,"东门之杨,其叶牂牂"。许多树木还被赋予人的品格特征,"松竹梅岁寒三友",松的高大挺拔、坚韧不屈,竹的柔弱守静、劲节虚心,梅的凌霜傲雪、独步早春,历来为中国人所推崇。

我国森林文化的基本架构,多以树种为单位,如松柏文化、槐树文化、榕树文化、胡杨文化、杉文化、樟树文化、银杏文化等,显示了森林文化本身固有的特征,又具有地域民俗文化的特色。福建地处泛北极植物区的边缘地带,是泛北极植物区向古热带植物区的过渡地带,植被类型丰富,植物种类以亚热带区系成分为主,区系成分较复杂,种类繁多。据近年陆续进行的调查统计,全省有高等植物4 703种,占全国高等植物种类的15.7%;有木本植物1 943种(含变种153种),分属142科、543属,约占全国木本植物的81%、55%、39%;有国家重点保护野生植物24科、36属、46种,其中一级保护植物7种,二级保护植物39种。

丰富的森林资源催生了风格各异、多姿多彩的森林树种文化形态。以福州的市树榕树为例,千百年来,福州民众在同榕树的相处中,敬榕、崇榕、植榕、护榕,榕树已深深融入社会生活的方方面面,形成具有闽台特色的榕树文化。福州森林公园内的"榕树王",以其树冠宽大、姿态端庄、气根长垂而独树一帜,居福州十大古榕树之首,成为福州城市的象征性标志。古榕树作为历史的见证,它与历史故事、历史人物联系密切,如福州著名的"编网榕"与闽越王无诸、"十八学士榕"与程咬金、"700里驿道榕"与蔡襄、"榕树王"与张伯玉、"宋帝泰山榕"与瑞宗、"思儿亭榕"与戚继光、"思贤亭榕"与林则徐等历史人物的关联,使树木被赋予了人文价值。

福建是我国三大杉木中心产区之一,以盛产优质杉木而蜚声海内。福建有些地名、山名亦因"杉"得名,如福建光泽与江西黎川交界的关口称为"杉关";"华东屋脊"黄岗山有一条长达100多千米的山脉称为"杉岭";中国十佳魅力名镇泰宁别称为"杉阳",因四周杉木林立而得名;古田县杉洋镇昔称"三阳",因"遍地多杉木"而改名"杉洋"。这种因树而得名的文化现象体现了人类与森林相互依存、共处共生的紧密关系。

(4)花文化

花文化是人类在观赏、培育、利用花卉的漫长历史发展过程中形成的一系列以花卉为载体的文化现象和文化信息的总和。中国花文化的形成,是中国人在对花卉各种不同的生物学特性和生态习性认识的基础上,将花卉的各种自然属性与人的品格、人的情操进行类比,逐步形成花卉自然属性与人性的种种关联,进而形成一种社会普遍认同的观念。它是中国传统文化不可分割的组成部分。

古今中外,花卉以其"色、香、姿、韵"而深受人们的青睐,养花、赏花、品花一直是人们的爱好。花卉作为美的象征,已深深地渗透到民众的日常生活中,采花种花、买花卖花、探花赏花,在各地都已成风俗。花卉还被赋予人格化的内涵,于是就有了"岁寒三友"(松、竹、梅)、"花中四君子"(梅、兰、竹、菊)、"花王花相"(牡丹、芍药)等内涵丰富的说法。花卉在人们的心目中还成了幸福、吉祥、长寿的化身,并与人们的衣食住行、婚丧嫁娶等发生了密切的联系,久而久之就在民间形成了民俗。比如菊花开放正是农历九月,重阳节赏菊便成了风俗;桂花开放正好是在农历八月,因而中秋节赏桂也成了风俗。

当下,花文化作为一种独特的旅游文化资源,已呈现良好的开发前景。福建是全国七大花卉主产区之一,并与云南、广东等省一起跻身于"中国花卉五强"。至2012年底,全省花卉苗木种植面积达 415km²,总产值达 259.8 亿元;花卉每亩平均销售额连续 11 年超万元,2012 年达到 1.55 万元/亩,继续领跑全国。水仙花、榕树盆景、中国兰花等传统产品继续保持较高的市场占有率,蝴蝶兰、百合、富贵籽及食用药用花卉等增长迅速,市场占有率不断扩大。与此同时,福建还把花卉文化、花卉生产、花卉旅游、花卉美食、花卉节庆等诸方面有机结合起来,促进旅游业和花卉业共同发展。先后举办了福建迎春花展暨名贵兰花展(1995)、福建省"元生杯"插花花艺大赛(2004)、第 1 届至第 14 届海峡两岸(福建·漳州)花卉博览会、第 1 届至第 4 届花王评选暨花卉精品展等花事活动,有力推动了福建花文化旅游产业的发展。

(5)茶文化

中国是茶的故乡,也是世界上最早发现茶树和利用茶叶的文明古国,悠久的饮茶习俗渐渐形成了内涵丰富的茶文化。在中国,茶已经从物质形态,升华到精神领域,成为一种境界、一种修养、一种人格力量。茶艺和茶道精神,是中国茶文化的核心。茶艺是将日常的饮茶活动,提升为生活的艺术,它包括制茶、烹茶、品茶等整个艺茶过程,这是一种以茶为媒的生活礼仪,也是修身养性的一种方式。茶道是茶文化的精神内涵部分,是茶文化的灵魂。中国的茶道精神有不同的提法,如庄晚芳教授认为中国的茶道精神应是"廉、美、和、敬",并解释为"廉俭育德、美真康乐、和诚处世、敬爱为人"。程启坤和姚国坤两位专家则主张中国的茶道精神可用"理、敬、清、融"四字来表述:理者,品茶论理、理智和气之意;敬者,客来敬茶、以茶示礼之意;清者,廉洁清白、清心健身之意;融者,祥和融洽、和睦友谊之意。

福建是我国产茶大省,境内山峦叠翠、流水潺潺、云雾缭绕,茶叶生产地理条件优越,品种资源丰富,名茶种类繁多。据统计,2011 年全省茶叶总产量高达 29.6 万吨,居全国第 1 位;茶园种植面积 2 116km²,居全国第 4 位;涉茶人数超过 300 万,涉茶总值高达 260 亿元。

茶文化是福建独具特色的旅游资源。茶文化旅游是以茶为载体、以文化为主题而开展的形式多样、内容丰富的系列旅游活动,游客通过亲身体验茶区的自然景观、人文历史、茶史茶事、茶俗茶礼、茶具茶制品、茶书茶画等,感受茶文化的精髓,享受自然、清幽、淡泊、恬静的生活方式。福建是茶文化的发祥地,茶文化在福建已有一千多年的历史,我国现有的红、黄、绿、白、黑、乌龙六大茶类中,红、白、乌龙三大茶类以及再加工茶类中的茉莉花茶均起源于福建。福建有关产茶文字的记载比陆羽的《茶经》尚早 300 余年,千年的茶文化积淀下来的茶说茶典、茶俗茶礼、茶歌茶舞、茶诗茶画、茶艺茶事,还有茶文化遗迹遗址等茶文化旅游资源,比比皆是。武夷山、安溪等名茶产地是历史上的贡茶产地,至今还遗存有御茶园遗址、水帘洞古代制茶作坊、武夷茶事石刻、宋兵部尚书庞擅吃茶处,以及苏东坡赞颂武夷茶的诗句等。福建悠久的茶文化历史还孕育了许多茶俗茶礼,如擂茶、新娘茶、采茶灯、安溪茶艺、祭茶、喊山等传统茶文化活动。福建茶事活动异彩纷呈,如海峡两岸茶博会、海峡两岸茶文化交流会、福建(厦门)国际茶文化节、中国安溪铁观音节、福鼎白茶文化节以及各地茶王大赛等。武夷山的《印象大红袍》自2010年正式公演以来,每年的观众超过40万人次,营业收入超过5 000万元,成为福建茶文化旅游产业的一大亮点。

(6)竹文化

在中国悠久的文明史中,竹类植物占有十分重要的位置。著名史学家陈寅恪先生认为,中国文化是"竹的文化";英国的李约瑟博士也认为,中国的文明是"竹子的文明"。中国人历来喜爱竹子,种竹、用竹、爱竹、咏竹、画竹之风长盛不衰,形成内涵丰富、风格独特的竹文化。竹文化影响着中国人的审美观和伦理道德,并对中国文学、绘画艺术、工艺美术、园林艺术、音乐、宗教、民俗文化的发展,起着很大的促进作用。中国竹文化就其内容来说,可分为竹文化景观和竹文化符号两大体系。竹文化景观是指人化了的竹所显示出来的中华文化性质,或者说是中华民族为了满足衣食住行等生活、生产、书写和审美需要,有意识地用竹创造的景象。竹文化符号则是指竹被中华文化赋予象征宗教观念和理想人格、表现审美情感和审美理想的功能,中华民族的内在情感、观念常借竹得以象征和表现,因而竹成为中华文化的一种重要符号。

福建独特的地理、气候环境,孕育了丰富多样的竹类植物。据统计,全省已经鉴定的竹类有19属、近200种,分别占我国竹子属、种的39.58%和40.00%,其中有34个变种、15个变型、36个特有竹种、6个特有变种,物种多样性和遗传多样性都很丰富。竹子具有很高的观赏、审美和文化价值,目前福建竹区已开发出大量各具特色的风景名胜区竹林、竹文化博览园、竹子专类园、庭院竹林、竹类盆景园等竹文化旅游资源以及由竹制建筑、竹编、竹雕刻、竹帘画、竹制文房用品、竹制乐器、竹乡土特产品等组成的竹文化旅游系列产品。福建武夷山、建瓯、永安、顺昌、尤溪、沙县等竹类中心产区,还分别被授予"中国笋竹之乡""中国竹子之乡""中国绿竹之乡""中国竹席之乡"等称号。从2002年开始,福建连续举办了11届永安笋竹文化旅游节,并于2006年10月在福建武夷山成功举办了第五届中国竹文化节,全方位传播竹文化。

(7)古树名木文化

树龄在百年以上的大树称之为古树。而树种稀有、名贵或具有历史价值、纪念意义的树木称为名木。古树名木是自然历史长期孕育的产物,是自然界和前人留下的珍贵遗产。古树名木历经世间沧桑和风云变幻,它们见证和记载着悠远的历史和文化,具有丰富的文化内涵,在生态、民俗、旅游等方面都占有重要位置,是一种不可替代的森林文化旅游资源。

福建古树名木种类繁多、资源丰富。全省现存古树名木49 458株(含群状分布的古树群21 412株)。其中一级古树2 954株、二级古树6 485株、三级古树39 993株,名木26株。古树名木的树种达300多种,以榕树、樟树、南方红豆杉、马尾松等乡土树种居多。许多古树为国家重点保护植物,稀有珍贵,有很高的科研价值、观赏价值和文化价值。

2008年8月,福建省野生动植物保护协会经过1年多的野外科学考察,评选出71株古树名木为本省首批"树王",涉及南方红豆杉、樟树、闽楠、银杏、苏铁、杉树等24个树种。其中树龄最大的是古田县大甲乡前桃村的一株罗汉松,已有3 000多岁;长得最高的为屏南县双溪镇峭顶村的一株柳杉,树高48m;胸径最大的为仙游县社硎乡乌柄村的一株银杏,宽达5.8m;冠幅最大的为莆田市涵江区大洋崇兴村一株小叶榕,幅宽43m×39m。还有许多古树名木奇观,如华安国家森林公园的"夫妻树"、建瓯万木林自然保护区的"红男绿女鸳鸯树"、福清灵石山国家森林公园的"胸有成竹"、周宁鲤鱼溪畔的千年古柳杉等,都成为各个森林旅游区的知名景点。

(8) 风水林文化

从风水思想出发,根据某种需要营造和保留的森林称为"风水林",是一种独特的森林文化旅游资源。风水林植根于中国传统文化,历经数千年的传承和发展,蕴含丰富的历史文化思想、民俗特点和生态意义。人们之所以营造风水林,主要目的就是追求理想的居住或安息场所。风水思想要求人、建筑、自然的和谐统一,主张以良好的生态环境来构建理想的人居环境。风与水实际上就是生态环境因素,风水学中包含了许多与环境相协调的艺术,通过树木、植物的合理配置,以消除外界喧嚣的干扰,营造一个舒适清新的绿色空间,实现天人合一。所以风水林实际上是人类与大自然共同创造的一种特殊的景观环境。

福建风水林资源丰富,根据对福建省88个乡村的风水林进行分层抽样调查的结果,风水林树种组成包括35科、55属、69种,以樟科、壳斗科、金缕梅科、山茶科、桑科、禾本科、蔷薇科、无患子科、杉科、漆树科为主,分布区域主要集中在村口、庙祠、房周、坟墓、山腰、围村、水口和村内等地方。风水林分布的数量与格局主要受福建地域文化的影响,山区型、半山型和平地型乡村多以湿地生态文化、闽江源生态文化、客家文化为主,沿海型乡村多以闽台妈祖生态文化为主。不同的文化形成了不同的风水林结构布局,闽江源文化、湿地文化多以保护水源为主,因此片林较多,而妈祖文化多以寺庙为主,因此单株风水树较多。

风水林的基本类型主要有村落宅基风水林、坟园墓地风水林以及祠堂、寺观风水林等。如南靖县和溪乡乐土村黄氏家族,在1369年建村时,将村庄周围2 000多亩山林划为风水林,如今黄氏祠堂后面还有300多亩风水林保存完好,形成罕见的原始森林景观,被列为亚热带雨林自然保护区。建瓯"万木林"占地面积1 600亩,是1354年由乡绅杨达卿逢灾年募民"植杉一株、偿粟一斗"营造的人工林,并于1400年作为杨家风水林封禁保护,迄今已有600多年历史。该人工林经长期的自然演替,成为现今富有特色的中亚热带常绿阔叶林,也是世界上唯一的由人工林起源的自然保护区和面积最大的人造古森林,被中外专家誉为"中亚热带森林博物馆""东南奇秀""绿色宝库"。

12.1.3 福建森林文化旅游资源开发对策

(1) 可持续发展战略

森林文化旅游资源是自然界和人类社会现今遗存的自然和文化遗产的精华。从旅游业的历史发展过程来看，任何国家的旅游都是指向最稀缺、最优美的自然和人文景观的，离开了这些优质资源，旅游发展将难以持续。旅游资源是一种十分脆弱的资源，再生能力差，一旦丧失，将很难恢复。旅游活动既有摧毁自然生态环境的能力，也有破坏人文旅游资源的倾向，两者对旅游业的发展都可能是致命的。因此，要把森林文化旅游资源视为一种人类共有的极其稀缺的资源加以保护，在资源开发时，要从可持续发展的高度，对项目的环境、经济、社会文化效应等进行评价，以避免项目运行带来的环境破坏、资源枯竭和文化丧失。在建设内容上，不能过多地增加可能改变资源价值结构的景观项目，要注重在附属设施（包括道路、通讯、住宿设施等）上进行投资，以改变旅游资源的可接近性或可进入性。而且，这些功能性设施的建设，也要以不破坏旅游资源的审美与文化价值为前提，即使有限地增加一些景观，其内涵和形式也要与资源的整体结构相协调。

(2) 特色战略

福建森林文化旅游资源具有"山海一体、闽台同根、民俗奇异、宗教多元"的优势和特点，可把民俗文化同森林文化有机融合起来，形成独具特色的森林旅游产品。如闽台同根特色游，由于闽台之间特殊的地缘、史缘、文缘、语缘、血缘、俗缘、情缘、神缘和商缘关系，形成同根同祖的闽台文化，成为福建最富特色的社会旅游资源。按照福建森林旅游区人文景观的分布特点，可深度开发妈祖朝圣游、妈祖文化节；积极开发郑成功故里寻根、东山关帝祭奠、三平祖师公朝拜、龙海慈济公祭祀、客家祖地寻根、南安灵应寺朝圣、开漳圣王陈元光寻踪、两岸特色山地生态旅游等森林民俗文化旅游产品，吸引台湾民众及众多信徒来闽旅游。又如山海风光组合游，福建山多海宽、岛众岸长，不少海岸地带多山丘，且山崖逼近海岸，构成山海相映的独特景观。以闽南和闽东为主体的森林旅游区把山、海、川、瀑融为一体，可开辟闽西—闽南、泉州—三明—金湖、福州—南平—武夷山山海风光游等特色旅游路线，向游客展示福建山海风光的特有魅力。

(3) 品牌战略

森林文化旅游产品的品牌以特定的森林文化为依托，它提供给旅游者多种精神享受和特定文化的体验。成功的品牌后面是高品位的文化精品，当森林文化旅游产品的品牌、品位与旅游者的期望值达到一致时，它就会使旅游者获得全新的旅游体验，甚至引起心灵的震撼。如以"世界双遗产地"武夷山、泰宁金湖为品牌的闽北森林生态旅游区，把其优美的森林生态环境与古闽越文化、朱子文化、武夷茶文化有机结合，开发出一个品位高、组合佳、规模大的森林旅游品牌产品。闽西森林旅游集"绿"（森林生态）、"红"（红色苏区）、

"土"(客家土楼)于一体,以森林生态为环境基础,发挥客家文化土楼游、红色传统文化教育游、丹霞地貌冠豸游、岩溶景观新罗游等旅游品牌的优势,以世界客家恳亲大会为契机,挖掘客源市场,立足国内,面向世界,成为福建森林旅游的后续发展基地。

(4)创新战略

森林文化旅游资源是一种特殊的文化资源,在开发森林文化旅游产品中,既要固守中华传统文化的根,又要适应时代的变化,在主题、内容、形式上不断创新。如以福州为中心的闽中森林旅游区,以历史文化名城、现代港口城市、海滨海岛、森林公园、名木古树、妈祖圣地为特色,融山林海滨风光、历史文化景观和现代都市风貌于一体,成功开发出八闽之都文化游、青云秀水峡谷游、寿山灵石奇趣游、罗源畲家风情游、海上丝路郑和游、昙石闽台同根游、山海渔村参与游、平潭海浊奇观游、九鲤湖瀑风光游和妈祖文化朝圣游10个新的旅游产品。闽东森林旅游区是刚起步的旅游区,鹫峰山脉和太姥山脉斜贯全区的西北部和中部,区内群山叠翠、溪流纵横、风光秀丽,主要景观有山地森林、溪滩瀑布、石蛋地貌、海滨风光、畲族民俗、鸳鸯及桫椤珍稀物种科考等,是一处集山、海、川、瀑为一体,畲族风情与滨海风光相结合的山海风光森林旅游区。该旅游区的发展战略是创新意、出新品、打新牌,争取成为福建森林旅游的后起之秀。

12.1.4 小结

森林文化旅游资源是大自然长期造化和人类历史长期积淀的宝贵财富,它们的存在既是森林生物多样性的展示,也是人类历史足迹的见证,更是人类文化多样性的体现。所以,这些资源不仅仅对旅游有意义,而且对人类生活的各个方面都有很高的保护价值,需要人类倍加呵护。在开发旅游资源时,必须从国家和地区的整体利益出发,做好整体规划,处理好旅游与环境、保护与利用的关系,实现旅游资源的永续利用和旅游业的可持续发展。

12.2 福建省森林景观资源等级区划分技术分析

为加快福建省森林生态旅游资源的开发建设,促进森林生态旅游业的发展,福建省将森林生态旅游业融入旅游大产业之中。近几年来,福建省森林生态旅游业发展迅猛,全省已建立森林公园50处,其中国家级19处,省级31处,经营保护面积14.7万公顷;全省林业自然保护区30处,其中国家级7处,省级23处,保护总面积达30.0万公顷。根据福建省统计年鉴,2004年全省森林公园接待游客达465万人次,森林生态旅游总收入达1.03亿元人民币,创社会旅游总产值5亿多元人民币。

目前研究森林生态旅游资源指标体系较少,前人多停留在定性分析水平上,对森林旅游资源缺乏定性和定量相结合的分析评价。本节应用层次分析方法(AHP),筛选相关因子及其相互关系,建立森林生态旅游资源指标体系,为森林生态旅游资源发展决策提供依据。

12.2.1 研究方法

(1) 研究方法的理论基础

灰色系统理论(Grey System Theory)由华中理工大学邓聚龙教授提出。灰色系统的关联分析是系统态势的量化比较分析。灰色关联度的原理是:若干个统计数列所构成的各条曲线几何形状越接近,即越相平行,则它们的变化趋势越接近,其关联度就越大。关联序反映各评价对象对理想对象(参考对象)的接近次序,即评价对象的优劣次序,其中以关联度最大的评价对象为最佳。因此,可利用关联序对评价对象进行排序,以对评价对象进行比较;并运用灰色关联度对福建省森林景观资源进行等级区划。

(2) 确定评价因子的原则

确定评价因子应遵循四条原则。

① 主导性原则

所确定的因子要能充分体现森林景观资源的主要特征和内在机制,增强森林景观资源等级区划分的科学性和简洁性。

② 差异性原则

选择研究区有明显差异,能够出现临界值的因子,客观地划分福建省森林景观资源等级区,否则将有悖于评价目的。

③ 独立性原则

选择的评价因子能够尽量反映森林景观的全部属性。因素间不能出现因果关系,避免重复评价。

④ 可行性原则

森林景观资源等级区划分评价指标含义要明确,概念要清晰,要易于理解和掌握,所确定的评价因子易于收集、比较和分析,在森林景观资源等级评估中具有可操作性。

12.2.2 计算结果

(1) 评价指标权重的确定

① 原始数据的处理

各指标原始数据量纲不同,数量级相差也悬殊,为使各原始数据消除数量级,使其具有可比性,首先对原始数据进行无量纲处理。本研究以县级行政区为评价单元,选择森林覆盖率、阔叶林占林分面积比重、单位面积蓄积量、人均占有林面积、≥10℃活动积温、人均国内生产总值、道路网密度为评价指标对福建省森林景观资源等级区进行评价划分。本研究选取的指标为空间序列的数据,因此,确定采取级差变换,其计算公式为 $X'_{ij} = (X_{ij} - X_j \min)/(X_j \max - X_j \min)$,最新的原始数据和处理后的标准数据详见表 12-1。限于版面,仅列出部分县(市、区)的数据,下同。

表 12-1 福建省森林景观评价指标值

县(市、区)	森林覆盖率/%	阔叶林占林分面积比重	每公顷蓄积(m³·hm⁻²)	人均占有林/hm²	≥10℃活动积温/℃	人均国内生产总值/亿元	ρ 道路网/(km·km⁻²)
南平市辖区	71.3	0.295	69.24	0.391 1	6 156	13 663	0.531
	0.811	0.374	0.815	0.323	0.751	0.224	0.308
顺昌	76.3	0.473	76.17	0.633 8	5 884.4	7 978	0.479
	0.884	0.642	0.903	0.528	0.706	0.093	0.275
⋮	⋮	⋮	⋮	⋮	⋮	⋮	⋮
柘荣	62.1	0.136	11.06	0.341 1	4 691.3	8 127	0.422
	0.676	0.135	0.079	0.28	0.509	0.097	0.239

注:指标值中,上面为原始值,下面为标准化值。

②关联系数

关联系数反映的是指标值与标准值之间的紧密程度。本研究中选取指标最大值作为标准值,计算公式为 $r_{ij} = \dfrac{\min_n \min_m |X'_{oj} - X'_{ij}| + \rho \max_n \max_m |X'_{oj} - X'_{ij}|}{|X'_{oj} - X'_{ij}| + \rho \max_n \max_m |X'_{oj} - X'_{ij}|}$ 式中 $X'_{oj}(j=1,2,\cdots,m)$ 为标准化的标准值;$X'_{ij}(i=1,2,\cdots,n;j=1,2,\cdots,m)$ 为标准化的标准值 $r_{ij}(i=1,2,\cdots,n;j=1,2,\cdots,m)$ 关于 $X'_{oj}(j=1,2,\cdots,m)$ 的灰色关联系数;ρ 为分辨系数,取值范围为 $0<\rho<1$,通常取 $\rho=0.5$。经计算得关联系数如表 12-2 所示。

表 12-2 福建省森林景观评价指标值关联系数

县(市、区)	森林覆盖率	阔叶林占林分面积比重	单位面积蓄积量	人均占有林面积	≥10℃活动积温	人均国内生产总值	道路网密度
南平市辖区	0.726	0.444	0.73	0.425	0.668	0.392	0.419
顺昌	0.812	0.583	0.838	0.514	0.630	0.355	0.408
⋮	⋮	⋮	⋮	⋮	⋮	⋮	⋮
柘荣	0.607	0.366	0.352	0.41	0.505	0.356	0.397

③关联度

关联度的计算公式为 $\bar{\omega}_j = \dfrac{1}{n}\sum\limits_{i=1}^{n} r_{ij}(j=1,2,\cdots,\mu)$，式中，$\bar{\omega}_j$ 为第 j 个指标的比重；n 为指标数目；r_{ij} 为第 j 个指标的关联系数。反映了第 j 个指标在整个指标体系中所占的比重，计算结果见表 12-3。

④等级区划评价因素的权重

对 $\bar{\omega}_j(j=1,2,\cdots,m)$ 归一化处理，计算公式如下 $\omega_j = \bar{\omega}_j / [\sum\limits_{j=1}^{m}\bar{\omega}_j]$，求得 $W=(\omega_1, \omega_2,\cdots,\omega_m)$ 作为等级区划评价因素的权重，计算结果详见表 12-3。

表 12-3　福建省森林景观评价指标关联度

森林覆盖率	阔叶林占林分面积比重	单位面积蓄积量	人均占有林面积	≥10℃活动积温	人均国内生产总值	道路网密度
0.674(0.189)	0.437(0.123)	0.475(0.133)	0.458(0.129)	0.708(0.199)	0.389(0.109)	0.419(0.118)

注：括号内为权重值。

(2) 总分值计算

采取加权求和方法计算全省各县（市、区）总分值，此模型的优点是直观、易于操作，计算结果反映了影响因素的总体特征，是多因素综合作用的结果。公式如下 $S=\sum\limits_{k=1}^{n} A_j \omega_j$ 式中，S 为单元总分值；n 为分因素数；A_j 为评价单元因素的标准化值；ω_j 为各个评价因素的权重值。计算结果详见表 12-4。

表 12-4　福建省森林景观资源评分值表

区域	得分值	区域	得分值	区域	得分值	区域	得分值	区域	得分值	区域	得分值
南平市辖区	0.5596	明溪	0.6349	长汀	0.5094	屏南	0.3804	漳州市辖区	0.4075	仙游	0.4010
顺昌	0.6173	永安	0.5727	永定	0.4829	寿宁	0.3310	龙海	0.4048	厦门市辖区	0.4893
⋮	⋮	⋮	⋮	⋮	⋮	⋮	⋮	⋮	⋮	⋮	⋮
政和	0.4622	建宁	0.5715	福安	0.3538	永春	0.4836	华安	0.5128	连江	0.3889
三明市辖区	0.6532	龙岩市辖区	0.5903	古田	0.3716	德化	0.5430	莆田市辖区	0.2883	罗源	0.3523

12.2.3 森林景观资源等级区评定

为避免人为主观因素的影响,使评价结果更为客观实际,采用聚类分析的方法划分森林景观资源等级区。聚类分析(Cluster Analysis)是研究"物以类聚"的一种多元统计方法,该方法事先不必知道分类对象的分类结构,而是根据样品或变量之间近似程度的大小来将其逐一归类,是根据事物本身的特性研究个体分类的方法,聚类分析的原则是同一类中的个体有较大的相似性,不同类中的个体差异很大。本研究对福建省森林景观资源等级区的评定采用 Ward 最小方差法(Ward's Method)的聚类分析方法,计算过程通过 SPSS10.0 统计软件进行。

(1)聚类距离的计算

对标准化的数据采用欧式距离平方(Square Deuclidean Distance),公式如下:

$$d_{(x,y)} = \sum_i (x_i - y_i)^2$$

(2)聚类方法

聚类方法采取 Ward 最小方差法,即以方差最小为聚类原则,该方法是 Ward 于 1936 年基于方差分析思想提出的,在实际应用中效果较好。方差描述的是随机变量的可能取值在其期望值附近的集中程度,即当随机变量的可能取值比较集中于期望值附近时,方差较小;反之,方差较大。方差的计算公式:

$$S^2 = \frac{1}{n-1} \sum_{i=1}^{n} (X_i - \bar{X})^2$$

Ward 类间距离为两类间方差的距离公式为:

$$D_{rk}^2 = \frac{n_p n_q}{n_p + n_q} (\bar{X}^p - \bar{X}^q)'(\bar{X}^p - \bar{X}^q)$$

其距离递推公式为:

$$D_{rk}^2 = \frac{n_p + n_k}{n_r + n_k} D_{pk}^2 + \frac{n_q + n_k}{n_r + n_k} D_{qk}^2 + \frac{n_k}{n_r + n_k} D_{pq}^2$$

(3)等级区划分结果

经计算,并结合实际,福建省森林景观资源等级划分为 3 级较为适宜(见表 12-5)。

表 12-5 福建省森林景观资源等级区表

等级区	县(市、区)
I	顺昌、建阳、建瓯、邵武、武夷山、三明市辖区、明溪、将乐、南平市辖区、浦城、光泽、松溪、永安、沙县、泰宁、建宁、龙岩市辖区、漳平、政和、清流、宁化、大田、尤溪、长汀、永定、上杭、武平、连城

续表

等级区	县（市、区）
Ⅱ	宁德市辖区、安溪、永春、德化、南靖、闽清、福鼎、霞浦、福安、古田、屏南、寿宁、周宁、柘荣、平和、华安、永泰、长泰
Ⅲ	福清、泉州市辖区、惠安、南安、漳州市辖区、龙海、云霄、漳浦、诏安、东山、莆田市辖区、仙游、闽侯、长乐、平潭、连江、罗源、晋江（含石狮）、厦门市辖区、福州市辖区

综合分析福建省森林景观资源等级在地理位置上的分布情况可以看出，森林景观第一等位、第二等位、第三等位由内陆向沿海依次排列，这同福建省森林资源的地理分布相似，反映森林景观开发利用和森林生态旅游发展程度依森林景观状况第一等位、第二等位、第三等位的顺序依次降低，说明闽西北地区森林景观资源比较丰富，森林景观资源开发潜力较大，森林生态旅游经营利用的经济效益比较高，闽中和闽东北部地区次之，闽东南沿海地区较低。研究表明，运用灰色关联度结合 Ward 最小方差法进行福建省森林景观资源等级区划，其方法是科学和可行的。

12.2.4 小结

闽西北森林景观资源等级区森林覆盖率高，阔叶林占林分面积比重、单位面积蓄积量、人均占有林面积大，人均国内生产总值、道路网密度低，属于森林景观资源丰富、社会经济相对落后、森林旅游潜力巨大的地区。该区的发展战略是上规模、深开发、升质量、出新品，凸显"世界双遗产地"的武夷山、泰宁为特色的森林生态景观资源开发，重点加快森林公园和自然公园的建设。闽中和闽东北森林景观资源等级区的森林覆盖率、阔叶林占林分面积比重、单位面积蓄积量、人均占有林面积、≥10℃活动积温在全省居中等；人均国内生产总值、道路网密度在全省居中等偏低，属于森林景观资源较丰富、社会经济欠发达、森林旅游潜力较大的地区。该区的发展战略是强开发、创新意、出新品、打新牌，凸显太姥山脉、鹫峰山脉、戴云山脉森林山地景观资源开发，重点加快自然保护区的建设。闽东南沿海森林景观资源等级区的森林覆盖率、阔叶林占林分面积比重、单位面积蓄积量、人均占有林面积全省居中等偏低，≥10℃活动积温、人均国内生产总值、道路网密度在全省居高，属于森林景观资源相对贫乏、社会经济相对发达、森林旅游潜力较大的地区。该区的发展战略是强开发、上层次，升质量，凸显滨海特色的森林休闲景观资源开发，重点加快国家级森林公园的建设。

12.3 福建省森林景观资源质量评价

阔叶林景观资源是森林景观资源的主体,是森林旅游业可持续发展的物质基础,其开发利用程度,对森林旅游发展具有深远影响。近年来,各地陆续开展了阔叶林为主的景观资源评价宏观发展对策等方面的研究,但多停留在定性分析上,缺乏科学的定量评价,尤其对阔叶林景观资源区划的研究还比较缺乏。本节运用改进的投影寻踪技术,依据选取的福建省阔叶林景观资源区域因素,进行福建省阔叶林景观资源等级区划,对福建省阔叶林旅游资源的进一步开发利用,具有现实的指导意义。

12.3.1 数据来源与数据处理

(1) 评价指标选择

建立森林景观资源评价指标体系,应遵从主导性、差异性、独立性及可行性等原则。根据以上原则,选择了森林覆盖率、阔叶林占林分面积比重、单位面积蓄积量、人均占有林地面积、重点生态公益林面积、阔叶树主要造林树种种类、近20年年均降水量7个对森林景观质量影响较大,且数据比较容易获得的因子,构建阔叶林景观资源评价指标体系。

(2) 数据来源

从福建省第六次森林资源普查结果中,获得66个县(市、区)的森林覆盖率、重点生态公益林面积、阔叶林占林分面积的比重、有林地面积等数据;人均占有林地面积根据各地有林地面积和各地人口统计数据计算获得;近20年年均降水量从各地气象部门的统计数据计算获得;统计各地现有人工林中造林面积不小于$500hm^2$的阔叶树树种,作为当地阔叶树主要造林树种种类数据。各森林景观资源评价指标样本数据分布区间统计见表12-6、表12-7。

(3) 数据处理

基于投影寻踪的评价模型的基本思想,是把高维数据样本通过某种组合投影到低维子空间中,对投影到的构形,采用投影指标函数(目标函数)衡量投影暴露某种评价结构的可能性大小,寻找出使投影指标函数达到最优的投影值,然后根据该投影值对样本集进行相应的评价。改进的投影寻踪技术(MSM-PP),即通过改进单纯形法优化投影指标函数,建立评价模型。森林景观资源评价指标的数据样本集为$x_{ij}(i=1\sim n, j=1\sim p)$,其中,$n$表示森林景观资源样本数,$p$表示评价指标数。样本集数据标准化处理后,构造投影指标

表 12-6 森林覆盖率、阔叶林比重、单位面积蓄积等指标

森林覆盖率/%		阔叶林比重		单位面积蓄积量/$(m^3 \cdot hm^{-2})$	
区间	各辖区样本数	区间	各辖区样本数	区间	各辖区样本数
$80 \leq n < 90$	三明 5,龙岩 2	$0.7 \leq x < 0.8$	泉州 1	$80 \leq m < 90$	三明 1
$70 \leq n < 80$	南平 10,龙岩 5,三明 5,福州 1,泉州 1,漳州 1,宁德 1	$0.6 \leq x < 0.7$	福州 1	$70 \leq m < 80$	三明 1,南平 1
$60 \leq n < 70$	宁德 6,漳州 4,泉州 4,福州 1,莆田 1,三明 1,南平 1	$0.5 \leq x < 0.6$	漳州 1	$60 \leq m < 70$	三明 3,南平 3
$50 \leq n < 60$	福州 4,漳州 3,泉州 2,宁德 1	$0.4 \leq x < 0.5$	南平 4,漳州 3,三明 1	$50 \leq m < 60$	龙岩 3,南平 2,三明 2,泉州 1,宁德 1
$40 \leq n < 50$	厦门 1,漳州 1	$0.3 \leq x < 0.4$	三明 4,南平 4,福州 2,龙岩 2	$40 \leq m < 50$	龙岩 2,南平 2,三明 2
$30 \leq n < 40$	福州 2,漳州 1	$0.2 \leq x < 0.3$	福州 4,漳州 3,莆田 2,三明 2,南平 2,宁德 2	$30 \leq m < 40$	福州 3,宁德 1,龙岩 1,三明 1,南平 1
$20 \leq n < 30$	福州 1,莆田 1,泉州 1	$0.1 \leq x < 0.2$	宁德 4,漳州 3,泉州 3,龙岩 2,厦门 1	$20 \leq m < 30$	福州 3,泉州 2,漳州 2,宁德 2,厦门 1,南平 1
$10 \leq n < 20$	泉州 1	$0 \leq x < 0.1$	宁德 4,福州 2,泉州 2,三明 1	$10 \leq m < 20$	宁德 7,泉州 4,福州 3,漳州 3,莆田 2
$0 \leq n < 10$	0			$0 \leq m < 10$	漳州 4

表 12-7 人均森林面积、年均降水量等指标数据区间分布

人均森林面积/hm²		年均降水量/mm		生态林公益林面积/hm²		阔叶林主要造林树种	
区间	各辖区样本数	区间	各辖区样本数	区间	各辖区样本数	区间	各辖区样本数
$1 \leq s < 2$	三明1，南平1	$2\,000 \leq y$	三明1，宁德1	$1\,800 \leq z < 2\,000$	泉州2、龙岩2、福州1、南平1	$18 \leq t < 20$	南平1
$0.9 \leq s < 1$	三明1，南平1	$1\,900 \leq y < 2\,000$	南平1，宁德1	$1\,600 \leq z < 1\,800$	三明2、龙岩1	$16 \leq t < 18$	南平2、三明1
$0.8 \leq s < 0.9$	漳州1，三明1	$1\,800 \leq y < 1\,900$	南平2，宁德2	$1\,400 \leq z < 1\,600$	南平4、龙岩2、三明1、漳州1	$14 \leq t < 16$	南平7、三明6
$0.7 \leq s < 0.8$	南平2，龙岩1，三明1	$1\,700 \leq y < 1\,800$	三明5、漳州3、福州1、龙岩1	$1\,200 \leq z < 1\,400$	龙岩2、宁德2、三明1	$12 \leq t < 14$	龙岩6、三明4
$0.6 \leq s < 0.7$	南平2、龙岩1、三明1	$1\,600 \leq y < 1\,700$	龙岩5、南平4、三明3、宁德1、泉州1	$1\,000 \leq z < 1\,200$	三明3、宁德2、福州1、南平1、泉州1	$10 \leq t < 12$	龙岩1
$0.5 \leq s < 0.6$	龙岩2、三明2、泉州1、南平1、宁德1	$1\,400 \leq y < 1\,500$	漳州2、三明1、福州1、南平1、宁德1	$600 \leq z < 800$	三明2、福州1、南平1、漳州1、厦门1、宁德1	$6 \leq t < 8$	福州4
$0.3 \leq s < 0.4$	漳州2、三明2、宁德2、龙岩1、南平1	$1\,300 \leq y < 1\,400$	福州2、三明1、龙岩1、南平1	$400 \leq z < 600$	福州1、泉州1、三明1、漳州2、厦门1	$4 \leq t < 6$	漳州7、泉州4、福州1、莆田2、厦门1
$0.2 \leq s < 0.3$	福州1、宁德1	$1\,200 \leq y < 1\,300$	泉州1	$200 \leq z < 400$	福州2、漳州1、宁德1	$2 \leq t < 4$	福州3、泉州3、莆田1
$0.1 \leq s < 0.2$	漳州3、宁德3、泉州2、莆田1	$1\,100 \leq y < 1\,200$	福州1、厦门1	$0 \leq z < 200$	漳州3、泉州2	$0 \leq t < 2$	漳州1
$0 \leq s < 0.1$	福州4、泉州4、莆田3、厦门1	$1\,000 \leq y < 1\,100$	泉州2、漳州1				

函数。投影指标函数只随投影方向的变化而变化,最佳投影方向可暴露出高维样本数据理想的评价结构特征。为此,通过改进单纯形法,实现投影指标函数优化,进而估算最佳投影方向。各森林景观资源样本的投影值可反映该森林景观资源的综合特征。把最佳投影方向值代入投影指标函数,获得森林景观资源的投影值 $Z_i(i=1\sim n)$。绘制投影值散点图(见图 12-1),根据投影值的投影点密集程度,可将投影点区分为若干个点团,每个点团可划分为一个评价等级。因部分投影点分散在两个点团之间,仅凭散点图难以准确判断归入哪一点团。为此,根据散点图点团数,先确定可分等级数,再将投影值用 DPS 软件动态聚类,合理区分各地森林景观资源的评价等级。各地的投影值和动态聚类分级结果见表 12-8。

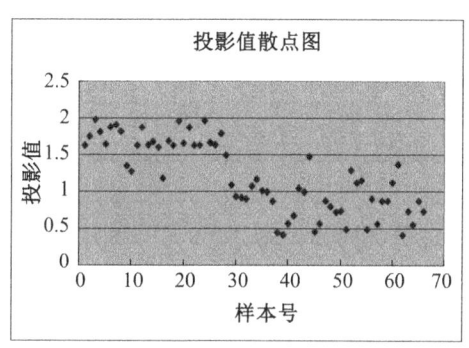

图 12-1 样本数据投影值散点图

12.3.2 结果与分析

(1)评价指标数据分析

森林覆盖率是森林景观资源质量评价最重要指标之一。福建省各地的森林覆盖率,将乐最高,达到84.2%,晋江(含石狮)最低,仅为15.9%。从表 12-6 全省 66 个县(市、区)森林覆盖率数据区间分布可以看出,三明 11 个县(市、区)的森林覆盖率均≥60%,其中有 5 个≥80%;南平 10 个县(市、区)中有 9 个≥70%,1 个介于 60% 和 70% 之间;龙岩 7 个县(市、区)均≥70%,其中 2 个≥80%;宁德 8 个县(市、区)中有 1 个≥70%,有 6 个介于 60% 和 70% 之间。从总体上看,福建省森林覆盖率呈现由内陆向沿海逐渐减少的趋势。

阔叶林占林分比重,晋江(含石狮)最大,达到0.711,而寿宁最少仅为0.046。从阔叶林比重数据区间分布情况可以看出,泉州、福州、漳州各有 1 个县(市、区)≥0.5,南平、三明主要集中在0.3~0.5,龙岩集中在0.1~0.4。闽东南地区大面积种植桉树、相思树和茶树等单一树种,造成阔叶林占林分比重偏大。

单位面积蓄积量,三明市辖区最大,达到83.83 m^3/hm^2,而诏安的单位面积蓄积量最少为4.79 m^3/hm^2。从区间分布上看,三明单位面积蓄积量整体水平较高,南平次之,龙

表 12-8　样本数据投影值

县（市、区）	投影值	县（市、区）	投影值	县（市、区）	投影值	县（市、区）	投影值	县（市、区）	投影值
南平市辖区	1.623 0	明溪	1.875 0	长汀	1.627 4	屏南	1.167 5	漳州市辖区	0.467 7	仙游	0.898 9
顺昌	1.746 7	永安	1.623 6	永定	1.961 2	寿宁	1.016 2	龙海	0.563 0	厦门市辖区	0.566 5
建阳	1.984 2	清流	1.678 8	上杭	1.661 6	周宁	0.995 6	云霄	0.869 0	福州市辖区	0.874 1
建瓯	1.804 3	宁化	1.590 7	武平	1.623 1	柘荣	0.874 7	漳浦	0.803 0	闽侯	0.871 4
浦城	1.640 6	大田	1.182 3	漳平	1.771 8	泉州市辖区	0.445 9	诏安	0.722 7	闽清	1.122 0
邵武	1.867 8	尤溪	1.692 6	连城	1.492 1	惠安	0.409 2	长泰	0.733 0	永泰	1.371 3
武夷山	1.902 5	沙县	1.627 4	宁德市辖区	1.094 7	晋江（含石狮）	0.566 6	东山	0.485 3	长乐	0.409 2
光泽	1.813 5	将乐	1.961 2	福鼎	0.931 9	南安	0.670 4	南靖	1.288 1	福清	0.729 2
松溪	1.344 5	泰宁	1.661 6	霞浦	0.912 8	安溪	1.047 1	平和	1.121 8	平潭	0.554 9
政和	1.280 0	建宁	1.875 0	福安	0.912 0	永春	0.990 1	华安	1.150 3	连江	0.869 0
三明市辖区	1.629 6	龙岩市辖区	1.627 3	古田	1.073 0	德化	1.470 2	莆田市辖区	0.497 1	罗源	0.739 8

岩再次之；福州9个县(市、区)分布在10～40m³/hm²；泉州除1个达到50m³/hm²以上，其余均在10～30m³/hm²；漳州9个县(市、区)分布在0～30m³/hm²。从福建省各地的单位面积蓄积量总体情况看，与森林覆盖率相似，也有由内陆向沿海逐渐减少的变化趋势。

人均占有林地面积最多的是明溪，达到了1.19hm²，晋江(含石狮)的人均占有林地面积最少，仅为0.011hm²。从表12-7的数据区间分布统计可以看出，三明11个县(市、区)总体人均占有森林面积最高，其中≥1hm²的有3个，0.8～1hm²的有2个，其余6个县(市、区)均≥0.3hm²；南平10个县(市、区)中，≥1hm²的有1个，0.9～1hm²的有1个，0.6～0.8hm²的有3个，0.5～0.6hm²的有2个，其余3个县(市、区)也均不小于0.3hm²；龙岩各县(市、区)人均占有森林面积集中在0.3～0.7hm²；宁德除3个介于0.4～0.6hm²外，其余6个在0.1～0.3hm²之间；泉州除有1个达到0.5hm²以上外，其余均分布在0～0.2hm²；漳州在0～0.6hm²；福州集中在0～0.3hm²；莆田集中在0～0.2hm²；厦门在0～0.1hm²。从全省人均占有森林面积的量来看，同样有从内陆向沿海逐渐较少的变化趋势。

福建省66个县(市、区)中，建宁的近20年的年均降雨量最多，达到2 152mm，惠安最少，仅为1 022mm。从表12-7年均降水量数据区间分布可以看出，三明、南平、宁德大部分县(市、区)年降水量高于1 500mm，漳州各地年降水量在1 400～1 800mm，福州、龙岩大部分在1 300～1 800mm，泉州在1 000～1 700mm，莆田在1 300～1 600mm。降水量的多少，对森林生长、树种组成等，都具有重大影响，进而影响森林景观效果。不同的降水区植被组成及景观格局有显著差异。

福建省区划界定了4 294万亩生态公益林，占林业用地面积的30.7%，生态公益林有改善小气候、涵养水源、保持水土、净化大气等生态功能，同时，生态公益林生物多样性高，树种组成以阔叶林为主，森林景观效果优于人工林。各地由于行政区面积、森林面积不同，地理位置不同，生态公益林的面积也有很大差距。以2005年福建省生态公益林面积调查数据作为森林景观资源评价因子，其中建阳的生态公益林面积最大，达到1 990.32hm²，漳州市辖区的生态公益林面积最少，仅为36.93hm²。生态公益林面积在1 200hm²以上的县(市、区)：泉州2个、龙岩7个、三明4个、南平5个、漳州1个，其他地区无(见表12-7)。从生态公益林面积来看，显然内陆山区较沿海多。同时，沿海生态公益林中有相当一部分是由木麻黄或台湾相思构成的人工纯林，内陆山区则主要是天然林或次生天然林构成，景观效果较纯林好。

在主要造林树种中，阔叶树树种种类多，对森林景观效果有很大的促进作用，因此，对福建区域内各个县市阔叶林造林面积大于500hm²的树种种类进行统计，作为森林景观资源评价的因子。主要造林树种中，南平邵武阔叶树种种类最多，达到18种，漳州东山最少，仅为1种。从全省范围上看，大体呈现由内陆向沿海逐渐减少的趋势(见表12-7)。

(2)阔叶林景观资源评价

对福建省66个县市森林景观资源进行评价，其投影方向综合考虑森林覆盖率、阔叶林占林分面积比重、单位面积蓄积量、人均占有林地面积、年均降雨量、各个县市重点生态公益林面积及阔叶林主要造林树种等指标。将样本集数据标准化后构造目标函数,再利用改进单纯形法优化求解。经过计算机运算,得到最大投影指标函数值为4.839 1,获到的最佳投影方向为(0.442 0,0.402 4,0.490 7,0.284 8,0.252 8,0.404 8,0.300 2),投影效果理想。投影方向值是样本集中各指标对投影值贡献大小的评价,反映各指标因子对阔叶林景观资源质量的影响程度。在最大投影指标函数值下,单位面积蓄积量的投影方向值最大,达到0.490 7,其次是森林覆盖率,达到0.442 0,主要生态公益林面积、阔叶林占林分面积比重的投影方向值也较大,分别为0.404 8和0.402 4,人均占有林地面积、年均降水量、主要造林树种中阔叶树种类的投影方向值分别为0.284 8、0.252 8、0.300 2。

森林景观资源的投影值 Z_i 越大,表示该森林景观资源的综合质量越好,景观价值高。从表 12-8 的投影值数据可以看出,福建省 66 个县(市、区)森林景观资源的投影值差异很大,变动范围为0.467 7~1.984 2。通过投影值散点图可以得到投影点的分布情况和密集程度。从图 12-1 的投影值散点图可以看出,投影点凝聚成三个点团。因此,福建省阔叶林景观资源等级划分为三级较为适宜。

为更准确地划分森林景观资源等级,将所获得的投影值按 3 类进行动态聚类分析,将福建省 66 个县(市、区)分为 3 个等级水平。分析结果见表 12-9,可以看出,南平市的 10 个县(市、区)中,顺昌、建阳 8 个属于第一等位(Ⅰ级),政和、松溪 2 个属于第二等位(Ⅱ级);三明市 11 个县(市、区)中,明溪、将乐等 10 个属于第一等位,大田属于第二等位;龙岩市 7 个县(市、区)均属于第一等位;宁德市 9 个县(市、区)均属于第二等位;福州市 9 个县(市、区)中,闽清、永泰等 6 个属于第二等位,平潭、福清等 3 个属于第三等位(Ⅲ级);莆田市仙游属于第二等位,莆田市辖区属于第三等位;泉州市 7 个县(市、区)中,德化、永春属于第二等位,其他属于第三等位;漳州市 10 个县(市、区)中,华安、平和等 4 个属于第二等位,其他均属于第三等位;厦门市辖区属于第三等位。从福建省森林景观资源等级的地理分布情况可以看出,森林景观第一等位(Ⅰ级水平)、第二等位(Ⅱ级水平)、第三等位(Ⅲ级水平)由内陆向沿海依次排列,与森林资源的地理分布相似。

表 12-9　福建省阔叶林景观资源聚类分析等级表

等级	县(市、区)
Ⅰ	顺昌、建阳、建瓯、邵武、武夷山、三明市辖区、明溪、将乐、南平市辖区、光泽、永安、沙县、泰宁、建宁、龙岩市辖区、漳平、清流、长汀、武平、尤溪、宁化、连城、上杭、浦城、永定
Ⅱ	德化、闽清、政和、永泰、福州市辖区、华安、永春、大田、平和、云霄、松溪、南靖、屏南、宁德市辖区、古田、安溪、寿宁、周宁、霞浦、柘荣、福鼎、福安、仙游、闽侯、连江、罗源
Ⅲ	晋江(含石狮)、厦门市辖区、泉州市辖区、长泰、东山、平潭、福清、龙海、漳州市辖区、惠安、南安、漳浦、诏安、长乐、莆田市辖区

12.3.3 结论

森林景观资源区划的实质就是如何将研究区各森林景观资源的多维分级指标综合成一维或二维指标,然后根据相近原则进行聚类。为此,本章采用改进的投影寻踪评价模型进行森林景观资源评价,将各森林景观资源评价指标综合成一维投影值,根据投影值大小即可实现森林景观资源科学分级。阔叶林对森林景观资源质量的影响重大,在森林景观资源质量评价,应将与阔叶林有关的因子当作重要的评价指标。投影值大,表明其森林资源丰富、景观价值高。本章通过改进的投影寻踪技术与聚类分析相结合的方法,以森林覆盖率、阔叶林面积占森林面积的比重、单位面积蓄积量等与森林景观效果密切相关的因子,建立森林景观资源评价指标体系,对福建省66个县(市、区)的森林景观资源质量做出定量评价,将其划分为3个等级水平。森林景观资源的分级,是森林景观资源区划的依据,可以为森林景观资源科学经营提供理论依据。

福建省森林资源评价结果表明,闽西北地区属于森林景观资源丰富、质量好,森林旅游潜力巨大的地区。该地区经济发展相对落后于闽东南沿海,但生态破坏较少,重点建设绿色海西腹地,充分挖掘森林旅游潜力,发展森林旅游经济,是增加地方经济收入的重要途径。闽中和闽东北属于阔叶林景观较丰富,地形复杂,多种多样的地方性气候,形成了不同的生态环境,森林旅游资源潜力较大。该区重点加快自然保护区的建设,以自然保护区为依托,发展森林旅游产业。闽东南沿海地区属于树种较单一,森林景观资源相对贫乏的地区。该区的发展战略是凸显滨海特色的阔叶林休闲景观资源开发,重点提高沿海防护林的树种种类和森林面积,提高森林的生物多样性和防护效果的同时,逐步提高森林景观资源质量。

第 13 章　闽台两地生态旅游资源评价分析与差异比较

旅游作为人类的一种活动,源远流长。随着全球社会经济的发展和人民物质文化生活水平的提高,旅游活动在许多国家、地区已成为经济活动和日常生活的一个重要组成部分。旅游业发展日新月异逐渐成为世界上许多国家的支柱产业,甚至在有些国家已成为主导产业,在国民生产总值中发挥重要作用。改革开放以来,随着新时期经济、社会结构以及居民消费结构转型,有力地释放了居民消费需求,推动我国旅游业整体发展由传统的观光旅游时代向休闲度假时代、个性化或主题旅游时代以及文化与怀旧时代转型。

生态旅游业是旅游业与环境、生产、消费流通紧紧交织在一起的产业,通过对生态旅游资源的开发利用,为旅游者提供观赏、休闲娱乐、疗养、度假等综合性服务,不仅可获得高额旅游收入,也可促进经济的发展。第一,开展生态旅游业有利于旅游产业结构的优化,提高经济效益。坚持以当地的旅游资源为基础,根据旅游业的要求调整旅游产业布局,形成自己的旅游特色和旅游规模,合理调整旅游业与其他产业结构关系,制定切实可行的旅游规划,提高旅游资源的利用率,促进经济的发展。第二,开展生态旅游业有利于推动经济技术合作,加快地区经济发展。以旅游资源为基础,吸引八方游客,不仅可带来大量旅游收入,而且会带来经济、科技信息的交流与合作,有利于吸引资金、人才和技术,同时也可增强旅游产品的品牌效益和市场销售渠道。同时游客数量的增加,也可带动餐饮、宾馆、交通运输业等服务行业和基础设施的发展。第三,开展生态旅游具有很高的社会效益和生态效益。发展高附加值的生态旅游业是由传统旅游向现代旅游迈进,由低层次的旅游向高层次旅游的一种有效途径。通过参加生态旅游活动,既可得到生活的乐趣又学会了保护自然、保护环境的知识,潜移默化,健全自己的知识结构,因此,生态旅游业具有明显的社会效益。同时,注重环境保护与开发,避免大兴土木带来的环境破坏,为游客提供良好的游乐环境,其环境效益也是不可估量的。

为加快闽台两地经济的发展交流,开展闽台生态旅游战略研究已是当务之急。本研究的目标是通过对闽台生态旅游资源分布格局的分析,进行闽台生态旅游资源优化整合,为开展闽台生态旅游合作、制定闽台生态旅游合作发展战略提供理论依据。

13.1 研究技术路线

13.1.1 研究区概况

福建简称"闽",位于中国东南部、东海之滨,北纬 23°33′至 28°19′之间,东经 115°50′至 120°43′之间,东隔台湾海峡,与台湾地区相望,东北与浙江省毗邻,西北横贯武夷山脉与江西省交界,西南与广东省相连,陆地总面积 12.4 万平方千米,海域总面积 13.6 万平方千米。地势西北高,东南低,境内山地丘陵面积约占全省土地总面积的 90%,素有"八山一水一分田"之称。境内主要有两大平行山带,即以武夷山脉为主的闽西山带和从北至南的闽中山带,其中闽中山带主要有鹫峰山脉、戴云山脉、博平岭等组成。福建森林覆盖率居全国首位,达到 63.1%,林地面积达 617.9 万公顷,其中全省林业用地面积 1.36 亿亩,有林地面积 1.15 亿亩,活立木蓄积量 5.32 亿立方米。

福建气候区域差异较大,大部分地区属亚热带海洋性季风气候,雨水充沛,因山地丘陵较多,区内垂直分带和水热条件较明显,气候复杂多变,有利于种植业的多种经营。年均气温在 4.6℃～21.3℃,气候宜人。冬季温暖,气温由沿海到内陆逐渐降低,沿海平均气温在 7～10℃,山区 6～8℃,夏季炎热,多台风,平均气温 20～39℃,年降水量 1 400～2 000mm,由东南向西北递减。季节分配不均,有明显的雨季和干季。3—6 月为雨季,占全年降水 50%～60%,7—9 月是台风季,降水量较多,年际变化极大,容易发生水旱灾害;10 月至次年 2 月为干季,降水较少。

福建物华天宝、人杰地灵,具有丰富的旅游资源,"山海一体、闽台同根、民俗奇异、宗教多元"是福建鲜明的旅游特色。迷人的武夷仙境、浪漫的鼓浪琴岛、神圣的妈祖朝觐、奇特的水上丹霞、动人的惠女风采、神奇的客家土楼、光辉的古田会址、悠久的昙石山文化、神秘的白水洋奇观、壮美的滨海火山构成福建独具特色的十大旅游品牌。

福建国家级风景名胜区 13 个;国家级旅游度假区 2 个:武夷山、湄洲岛;国家历史文化名城 4 个:泉州、福州、漳州、长汀;国家历史文化名镇 2 个:上杭县古田镇、邵武市和平镇;国家历史文化名村 3 个;国家级自然保护区 12 处;国家森林公园 21 家;全国重点文物保护单位 85 个;国家地质公园 8 家;4A、5A 级旅游区(点)31 个;3A 级旅游区(点)10 个;全国工农业旅游示范点 24 个;中国魅力城市 2 个:泉州、永安;魅力名镇 2 个。世界自然和文化遗产 1 处:武夷山;世界文化遗产 1 处:福建土楼;世界自然遗产 1 处:中国丹霞——福建泰宁;世界地质公园 2 家:泰宁世界地质公园,泰宁世界地质公园。

台湾是中国第一大岛,位于中国大陆架的东南边缘,北纬 20°45′25″至 25°56′30″之间,东经 119°18′03″至 124°34′30″之间,东临太平洋,东北临琉球群岛,相隔 600 公里,隔台湾海峡与福建相望,最窄处为 130 公里。

台湾陆地总面积 3.59 万平方公里,管辖基隆、新竹、台中、嘉义、台南 5 个省辖市。据统计,台湾人口有 2 319 万,主要集中在西部平原,而东部人口仅占总人口的 4%,人口密度 568.83 人/平方公里,其中 98% 为汉人,少数民族仅有 2% 约 46.38 万人,其少数民族主要分为阿美、泰雅、排湾、布农、卑南、鲁凯、曹、雅美和赛夏 9 族,分居全省各地。

台湾岛呈东北向西南走向,约 2/3 为山地和丘陵,台湾山系与台湾岛走向相同,位于岛内中部偏东位置,形成了东部多山脉、中部多丘陵、西部多平原的地貌特征,故大部分的居民居于东部平原地带。台湾山系由五大山脉、四大平原和三大盆地组成,分别是中央山脉、雪山山脉、玉山山脉、阿里山山脉和台东山脉,宜兰平原、嘉南平原、屏东平原和台东纵谷平原,台北盆地、台中盆地和埔里盆地。中央山脉贯穿南北,其中我国东部最高峰"玉山"就位于中央山脉上。

因北回归线横穿台湾岛中部,故北部为亚热带气候,而南部属热带气候,冬季温暖,夏季炎热,雨量充沛,年降水量在 2 000mm 以上,年均气温 22℃,夏季多台风和暴雨。

台湾具有丰富的水利、渔业资源和林业资源。台湾的森林覆盖率很高,面积约占全岛的 52%,木材储量 3.26 亿立方米,树木种类繁多,高达 4 000 余种,尤以台湾杉、红桧、樟、楠闻名国内外。樟树的提取物更居世界之冠,世界 70% 的樟脑和樟油产自台湾。台湾四周环海,海岸线总长 1 600 公里,因位于台湾暖流和沿岸寒流交接地带,渔业资源十分丰富。

台湾位于太平洋和亚欧板块的交接地带,地壳不稳定,多火山地震,又有喀斯特地貌与海蚀地貌,故多山水胜地、火山群与温泉群。西海岸多海水浴场,东海岸断崖陡峭,奇石怪岩。动植物资源丰富,有蝴蝶王国的美称和八景十二胜之说,包括:阿里山云海、双谭秋月、玉石积云、清水断崖、澎湖渔火、大屯春色、鲁谷幽峡、安平夕照和草山、新店、大溪、角板山、五指山、八卦山、虎头埤、狮头山、太平山、大里筒、旗山及雾社。文物资源也十分丰富,如安平古堡、明延平郡王祠、南宫凌霄宝殿等。

13.1.2 主要研究内容

随着经济全球化的迅速发展和人民生活水平的不断提高,涉外旅游成为人们不可分割的一部分,与台湾仅仅一水之隔的福建则是最佳选择。

从福建、台湾两地的实际情况看,由于近几年人们户外游憩、森林旅游、生态旅游的需求不断增长,闽台两岸对生态旅游资源进行了开发和利用,并形成了一定的规模,但没有进行合理的规划和研究,更没有形成生态旅游线路。因此,基于当前现有的生态旅游资源,应用数学方法和模型,借助计算机软件对闽台生态旅游资源进行科学、客观的分析与评价,进而对旅游区进行功能划分,最后确定旅游功能区与旅游线路,并提出两地生态旅游合作的思路、途径,以及保障措施。

(1)SWOT 分析

运用 SWOT 分析方法,探讨开展闽台生态旅游的内部条件和外部环境,分别从优势、劣势、机遇、挑战四个方面分析开展闽台生态旅游的可行性,为今后的发展战略提供依据。

(2)闽台生态旅游资源综合评价

通过深入分析影响生态旅游资源的主导因子,围绕这些因子采取层次分析法构建模型对闽台两地生态旅游资源进行综合评价。按因子的支配关系构成递阶结构,筛选相关因子及相互重要度,分别赋值每一因子重要值,构成判断矩阵,分别计算某一层因子相对于上一层因子的单排序权值,最后计算层次总排序和一致性检验,结合专家打分,获得闽台生态旅游资源所处阶段和发展能力。

(3)闽台入境游客数量、旅游外汇收入的分析与预测

通过对闽台入境游客数量和旅游外汇收入的线性分析,分析近几年闽台入境游客数量和旅游外汇收入的发展现状及未来发展趋势;采用灰度 GM(1,1)分析预测今后三年闽台入境游客数量和旅游外汇收入,为今后的闽台生态旅游合作提供一定的数据支撑。

(4)闽台生态旅游资源区划

选取多个闽台生态旅游资源区划的因子,采用投影寻踪分类的方法把多维空间数据投影到一维空间,获得各个区域的投影值;对最后的投影结果进行聚类分析,最后得出生态旅游资源的等级区和功能区。在闽台生态旅游资源实际分布情况的基础上,遵循一定的方法和原则,给出区划的界限。

(5)闽台生态旅游资源的开发与利用

根据闽台生态旅游资源的等级区划结果,结合闽台生态旅游资源的分布情况和旅游发展规划,做好闽台生态旅游资源等级区和功能区的划分,为保护和利用生态旅游资源制定长期合理的发展规划提供依据,同时明确各功能区的性质和地位,提出今后的发展方向和经济中心。

13.1.3 研究方法与步骤

采用 SWOT 分析方法,分别从优势、劣势、机遇、挑战四个方面来分析开展闽台生态旅游的内部条件和外部环境,为今后发展战略提供依据。

应用 APH 方法,筛选相关因子,分析其相互关系并构造判断矩阵,计算某一层因子相对于上一层因子的层次单排序权重,并计算层次总排序和各因素的权重值,对矩阵的随

机一致性进行检验,结合专家打分,以此评价闽台生态旅游资源能力。

应用投影寻踪分类技术和聚类分析方法,对选取的闽台生态旅游资源等级区划因素进行重要性评价,确定影响权重系数,划分生态旅游资源等级区,在此基础上进行生态旅游资源功能区的划分。

采用灰色GM(1,1)模型与线性分析,对入境游客数量和旅游外汇收入进行生态旅游市场预测和环境容量分析。

根据两地之间的同质性、异质性分析结果,将福建、台湾优势资源整合,划分生态旅游线路,实行"点、线、面"结合,最后整合所得数据,规划闽台生态旅游发展战略。

13.1.4 技术路线图

技术路线图如图 13-1 所示。

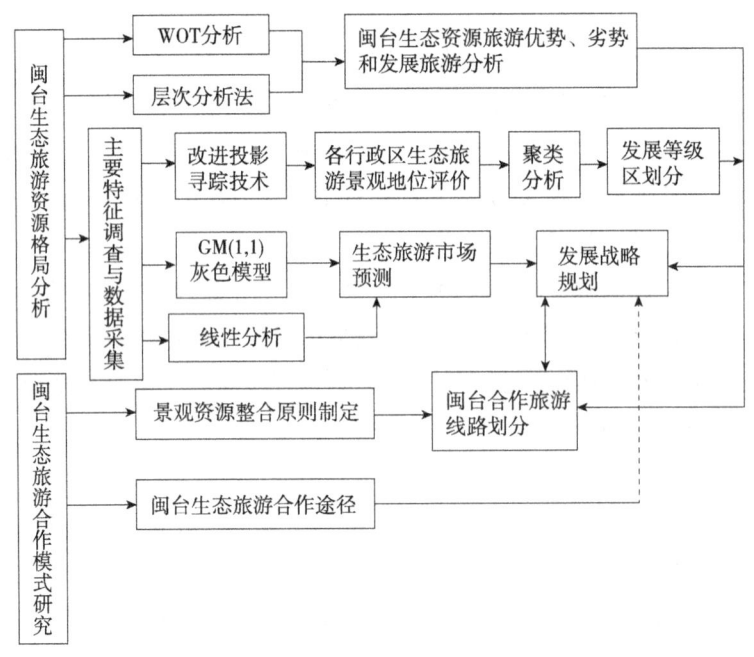

图 13-1 技术路线图

生态旅游资源的多数因子具有抽象性和主观性特点。为了客观反映闽台生态旅游资源的状况,故选取了国内外生态旅游资源研究中较为常用的指标,结合获取指标的难易程度,在选取指标时主要集中在对生态旅游资源影响较大的指标。

在区划指标的选取上主要侧重于森林资源因子、气候条件因子和经济因子,其主要特征指标有经度、纬度、森林覆盖率、阔叶林占林分比重、单位面积蓄积量、人均占有林面积、生物多样性、≥10℃活动积温、年均气温、年均降水量、极端最高温、人口数、旅游收入、社会总产出、道路网密度 15 个指标。生态旅游资源的评价与区划是相当复杂的过程，不仅受众多指标影响且各指标之间有着千丝万缕的联系，同时所查资料十分有限，且各样本数据较多，数据处理较麻烦。因此，为更好地解决闽台生态旅游资源评价与区划的高维数据问题，本研究采用投影寻踪分类的方法降低维数。

投影寻踪分类就是寻求最优化投影方向，将多维空间数据投影到低维空间上，使数据简单明了，一目了然。投影方向值的平方即为样本中各指标的权重，各个投影方向值的平方之和等于 1，通过权重大小比较，选取权重较大的指标，构建闽台生态旅游资源区划指标体系。通过计算机运算求解，获得森林覆盖率、阔叶林占林分比重、单位面积蓄积量、人均占有森林面积、年均气温、$\geqslant 10^{\circ}\mathrm{C}$ 活动积温、年均降水量、旅游收入、人均社会总产出、道路网密度 10 个对生态旅游资源影响较大且较容易获得数据的指标。因此从 15 个指标中选取 10 个因子作为生态旅游资源区划的因子，变量由 15 个变为 10 个，有效的合并数据并构造生态旅游资源区划指标体系。

13.2 闽台生态旅游资源综合评价

生态旅游资源必须经过有意识的开发利用，才能将生态旅游资源潜在的旅游价值转化为现实的社会经济价值，这就需要对生态旅游资源进行综合评价，以确定是否值得开发、如何开发、何时开发、怎样开发及今后的发展方向。因此，生态旅游资源的综合评价是进行生态旅游资源规划的基础。金德凌等从旅游资源、客源市场、产品体系、供给要素和组织机制等方面对闽台生态旅游合作发展进行了探讨；谢琼从市场、内部资源、投资环境等方面对福建提升对台优势的困境和对策进行了探讨；陈成栋在自然环境、政策等方面对闽台生态旅游联动发展因素进行了分析。尽管国内一些学者对闽台生态旅游进行了探讨和分析，但仅仅停留在理论阶段，对闽台生态旅游资源却没有进行分析评价。本研究运用层次分析法对闽台生态旅游进行客观、科学的评价。

13.2.1 确定评价影响因子的原则

建立闽台生态旅游资源评价体系对于正确评价闽台生态旅游资源具有重要意义，评价指标体系中的每一个因子都可作为反映生态旅游资源情况的一个"视角"，可使复杂、抽象的生态旅游资源变得直观、形象。为保证评价因子的切实可行性，评价指标的选取要遵循一定的原则。

(1)科学性原则

生态旅游资源的评价工作,要从客观实际情况出发,选取可充分反应生态旅游资源各个侧面的因子。不仅要符合生态旅游资源的要求,而且能够准确地反应生态旅游资源的整体价值。

(2)全面系统性原则

种类繁多的生态旅游资源包含多层次、多方面、多形式的生态功能和价值,因此要选取方方面面的因子,不仅考虑资源本身的成因、特色、质量、数量,同时也要考虑资源所处的区位、环境、生态等开发利用条件。

(3)动态发展性原则

生态旅游资源的特征及其外部条件是不断发展变化的。在以静态知识为基础考察生态旅游资源本质属性的同时,动态发展的观点也必不可少。考察不同时间序列生态旅游资源所呈现的动态发展变化趋势,了解生态旅游因子长期的发展趋势及其动态变化,为今后的发展方向提供依据。

(4)区域性原则

由于不同区域具有不同的区域特征,因此在选取指标时要结合区域特点而定。

13.2.2 闽台生态旅游资源综合评价方法分析

闽台生态旅游资源的评价目的在于对生态旅游资源进行全面系统的分析与评价,以确定生态旅游资源开发利用的重点,使闽台生态旅游获得最佳的生态、经济、社会与环境效益。针对闽台生态旅游资源评价指标难以量化的特点,采用综合处理多种决策因素的层次分析法(AHP)进行闽台生态旅游资源的综合评价。

层次分析法就是根据问题的性质和要达到的目标,将问题分解为不同的层次,每一层次由不同的因素组成,这些因素按照相互联系和影响以及隶属关系聚集组合,最后形成一个多层次的分析结构层。最终分析归结为最底层(方案层)相对于最高层(目标层)的相对重要性权重值的确定。

为确定每一层的因素相对于上一层次某因素的相对重要性的大小,层次分析法中引入1~9比率标度方法(数字的标准含义对照表13-1),分析比较,构造判断矩阵。形成判断矩阵后,可计算最大特征根和最大特征向量,进行层次单排序,最后进行层次总排序。

表 13-1　数字 1～9 及其倒数的标准含义对照表

标度	含义
1	表示两个因素相比,具有同等重要性。
3	表示两个因素相比,前者比后者稍重要。
5	表示两个因素相比,前者比后者明显重要。
7	表示两个因素相比,前者比后者强烈重要。
9	表示两个因素相比,前者比后者极端重要。
2,4,6,8	表示上述相邻判断值的中间值。
倒数	若因素 i 与因素 j 的重要性之比为 a_{ij},那么因素 i 与因素 j 的重要性之比为 $a_{ji}=1/a_{ij}$。

13.2.3 层次评价影响因子筛选与分析

本研究采用频度分析法与专家咨询法相结合的方法分析闽台生态旅游资源评价指标体系中的评价因子。首先采用频度分析法,从国内外有关生态旅游资源评价文章中,选取出现频度较高的评价因子;其次,结合专家意见,在闽台生态旅游资源实际情况和获取指标数据的难易程度上,比较、分析选择具有代表性的评价因子。层次分析法中闽台生态旅游资源评价因子是分层筛选分析的,最后构建目标层、中间层、最底层三个层次,具有 11 个要素的生态旅游资源评价指标体系。

(1)最高层

表示解决问题的目的,即层次分析要求达到的总目标。本研究的目标层是闽台生态旅游资源评价指标体系的建立。

(2)中间层

又称准则层或条件层,表示采取某种措施、政策、方案来实现预定总目标所涉及的中间环节。本研究的中间层,有三个方面的影响因子,分别是 B1 森林资源因子、B2 气候条件因子、B3 社会经济因子。

(3)最底层

又称方案层,表示要选用的解决问题的各种措施、方案、政策等。本研究的最底层,B1 有 4 个影响因子,即 C1、C2、C3、C4;B2 有 4 个影响因子,即 C5、C6、C7、C8;B3 有 3 个影响因子,即 C9、C10、C11。

对生态旅游资源的评价是否合理,取决于评价因子的选取。根据闽台生态旅游资源的特点,遵循相关评价原则,建立了三个评价层。A 目标层,以闽台生态旅游资源评价指标体系的建立为目标层;B 层中间层,主要选取了森林资源、气候、经济三个因子;C 层方案层,选取了有森林覆盖率、阔叶林占林分比重、生物多样性、人均占有森林面积、≥10℃活动积温、年均降水量、年均气温、极端最低温度、旅游收入、人均社会总产出、道路网密度11个因子。该指标体系层次结构如图13-2所示。

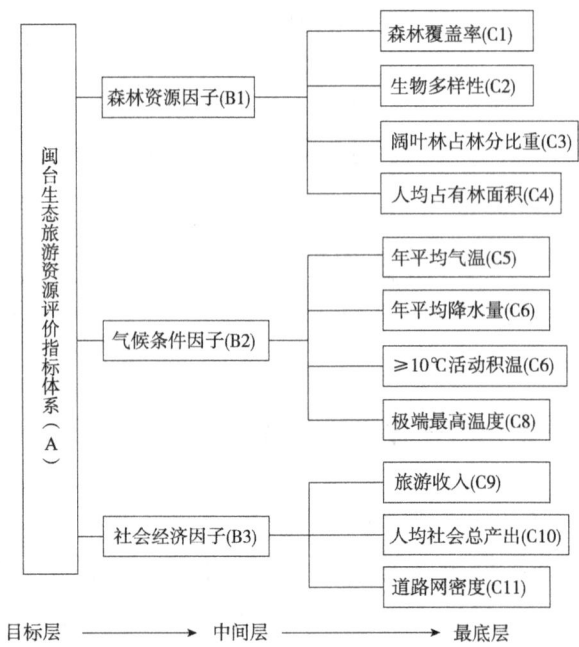

图 13-2　生态旅游资源评价指标体系层次分析图

13.2.4 计算与检验

(1)构造判断矩阵

经反复检验,判断矩阵如表13-2、表13-3所示:

表 13-2　判断矩阵 A-B 层次和 B1-C 层次比较结果

A	B1	B2	B3	B1	C1	C2	C3	C4
B1	1	5	4	C1	1	4	2	2
B2	1/5	1	1/2	C2	1/4	1	1/2	1/2
B3	1/4	2	1	C3	1/2	2	1	1/2
				C4	1/2	2	2	1

表 13-3　判断矩阵 B2-C 层次和 B3-C 层次比较结果

B2	C5	C6	C7	C8	B3	C9	C10	C11
C5	1	2	3	3	C9	1	2	4
C6	1/2	1	2	2	C10	1/2	1	3
C7	1/3	1/2	1	2	C11	1/4	1/3	1
C8	1/3	1/2	1/2	1				

(2)层次单排序及其一致性检验

步骤一:计算判断矩阵的每一行元素的乘积 M_i。

$M_i = \prod a_{ij}, i,j = 1,2,\cdots,n$,式中 n 为矩阵阶数,a_{ij} 为各矩阵中两因子两两比较所得重要程度值。

步骤二:计算 M_i 的 n 次方根 $\overline{M} = \sqrt[n]{M_i}$。

步骤三:对向量 $\overline{W} = [\overline{W}_1, \overline{W}_2, \cdots, \overline{W}_n]^T$ 正规化,即 $W_i = \dfrac{\overline{W}_i}{\sum_{j=1}^{n} \overline{W}_j}$ 则 $W = [\overline{W}_1, \overline{W}_2, \cdots, \overline{W}_n]^T$ 即为所求的特征向量。

步骤四:计算判断矩阵的最大特征根式中 $(AW)_i$ 表示向量 AW $\lambda_{\max} = \sum_{i=1}^{n} \dfrac{(AW)_i}{nW_i}$ 的第 i 个元素,A 为判断矩阵。各判断矩阵最大特征根值见表 13-4。

表 13-4　各判断矩阵最大特征根值

A-B	B-C1	B-C2	B-C3
3.0	4.0	4.0	3.0

为保证判断矩阵的完全一致性,需引入最大特征根来检验层次单排序(判断矩阵)的一致性,即 $CI = \dfrac{\lambda_{\max}}{n-1}$。为保证不同阶判断矩阵具有满意的一致性,还需引进判断矩阵的平均随机一致性指标 RI 值,不同阶段判断矩阵的 RI 值如表 13-5 所示。

表 13-5　不同阶段判断矩阵随机一致性指标

1	2	3	4	5	6	7	8	9
0.00	0.00	0.58	0.90	1.12	1.24	1.32	1.41	1.45

对于 1、2 阶判断矩阵,永远具有满意的随机一致性,RI 只是形式上的。当阶数大于 2 时,判断矩阵随机一致性需有 CR 检验,$CR = \dfrac{CI}{RI}$。当 $CR < 0.10$ 时,则称判断矩阵具有满意的随机一致性,否则,需重新调整判断矩阵,直至获得满意的随机一致性。

(3)层次总排序及其一致性检验

计算同一层次所有因素对于最高层相对重要性的排序权值称为层次总排序。若上一层次 A 有 m 个因素 $A_1,A_2,\cdots,A_m$ 对总目标层 Z 层目标层的排序为 $a_1,a_2,\cdots,a_m$，下一层次 B 层对上层 A 元素 a_j 的单排序为 $b_{1j},b_{2j},\cdots,b_{nj}(j=1,2,\cdots,m)$，则 B 层总排序为（B 层第 i 个元素对目标层权值）$\sum_{j=1}^{m}a_j b_{ij}$，即 B 层第 1 个元素对目标层的权值为 $\sum_{j=1}^{m}a_j b_{1j}$。

若 B 层元素 $(B_1,B_2,\cdots,B_n)$ 对上一层次 A 层元素 $(A_1,A_2,\cdots,A_m)$ 层次单排序一致性指标为 CI_j，随机一致性指标为 RI_j，则层次总排序的一致性比率 $CR=\dfrac{\sum_{j=1}^{m}a_j CI_j}{\sum_{j=1}^{m}a_j RI_j}$。

当 $CR<0.1$ 时，则可认为层次总排序具有完美一致性，若 $CR\geqslant 0.1$ 时，则层次总排序不具有一致性，需重新调整判断矩阵，直至较为满意。闽台资源评价指标体系总排序表如表 13-6 所示。

表 13-6 闽台资源评价指标体系总排序表

C\B	B(1)	B(2)	B(3)	CW	位次
B_i 权重	0.676 2	0.120 0	0.203 8		
C(1)	0.445 6	0.000 0	0.000 0	0.305 7	1
C(2)	0.113 7	0.000 0	0.000 0	0.081 4	5
C(3)	0.202 7	0.000 0	0.000 0	0.136 1	3
C(4)	0.283 0	0.000 0	0.000 0	0.193 4	2
C(5)	0.000 0	0.460 2	0.000 0	0.057 3	7
C(6)	0.000 0	0.270 6	0.000 0	0.031 0	8
C(7)	0.000 0	0.176 0	0.000 0	0.020 3	10
C(8)	0.000 0	0.119 9	0.000 0	0.014 3	11
C(9)	0.000 0	0.000 0	0.575 7	0.115 7	4
C(10)	0.000 0	0.000 0	0.333 0	0.066 2	6
C(11)	0.000 0	0.000 0	0.124 4	0.026 5	9
层次总排序一致性	$CI=0.001\ 8$	$RI=0.812\ 6$	$CR=0.041\ 4$		

对闽台生态旅游资源指标体系的各层因子权重的比较，建立综合评价层 B 层因子权重柱状图（图 13-3）。从图中可以看出，森林资源因子权重值最大，为 0.676 2，是综合评价闽台生态旅游资源的主导因子，在今后生态旅游资源的开发利用过程中，森林资源因子

是应考虑的最重要的因素；经济因子的权重值大小为 0.203 8，排位第二，说明经济因子是影响闽台生态旅游的重要因素；气候因子的权重值大小为 0.120 0，说明气候因素在闽台生态旅游资源的评价中影响较小。

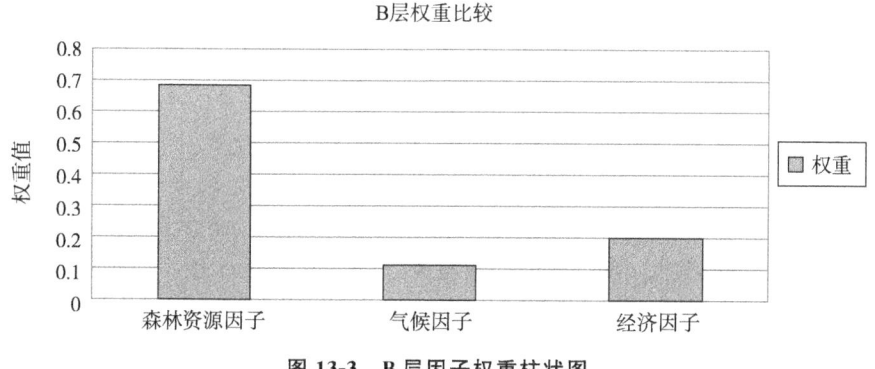

图 13-3　B 层因子权重柱状图

13.2.5　评价标准与计算结果

(1) 闽台生态旅游发展阶段评价标准

根据生态旅游的研究成果并咨询相关专家的意见，制定了生态旅游发展阶段的评价标准（表 13-7）。

表 13-7　生态旅游资源发展阶段评价标准

总体得分	生态旅游发展阶段
60～70	起步发展阶段
70～80	提高发展阶段
80～90	持续发展阶段
90～100	全面发展阶段

生态旅游资源的总体得分反应闽台生态旅游的整体水平，得分越高，说明闽台生态旅游评价就越好。闽台生态旅游资源评价指标总体得分如表 13-8 所示。

表 13-8　闽台生态旅游资源评价指标总体得分

层次 C	排序值/%	权重值	得分值/%
C(1)	30.57	0.8	24.456
C(2)	19.34	0.5	9.670
C(3)	13.61	0.7	9.527
C(4)	11.57	0.6	6.942
C(5)	8.14	0.5	4.070
C(6)	6.62	0.5	3.310

续表

层次 C	排序值/%	权重值	得分值/%
C(7)	5.73	0.7	4.011
C(8)	3.10	0.4	1.240
C(9)	2.65	0.7	1.855
C(10)	2.03	0.5	1.015
C(11)	1.43	0.6	0.858
总得分			66.954

从总体得分分析。闽台生态旅游资源的总体得分为66.954,结合表13-7可以看出,闽台生态旅游仍处于起步发展阶段,闽台生态旅游有巨大的开发潜力。

从绝对得分分析。结合表13-8闽台生态旅游资源评价指标总体得分与图13-4C层权重比较可以看出,C1、C3、C4为最重要因子,C2、C5、C6、C9、C10为较重要因子,C7、C8、C11为一般重要因子。

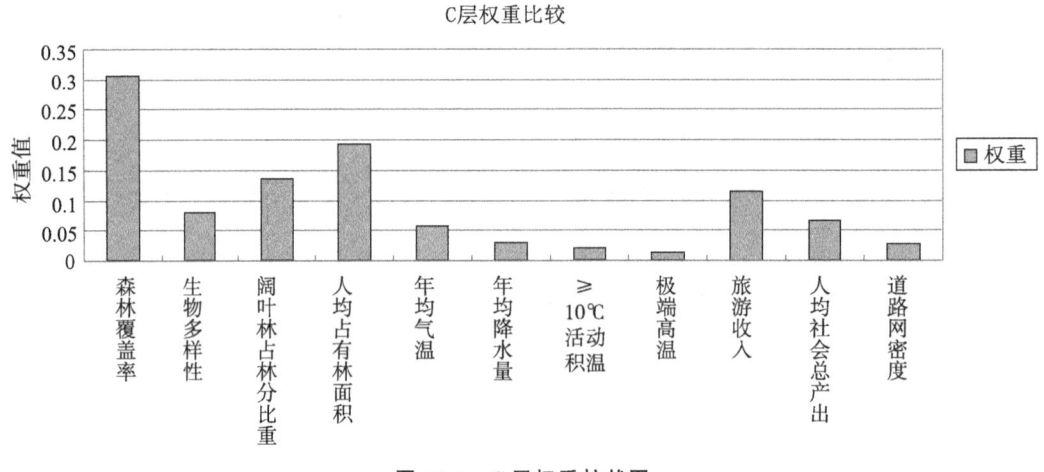

图13-4 C层权重柱状图

从相对得分分析。C1得分值为24.456,C3得分值为9.527,C4得分值为6.942,三者之和为40.925,占总体得分66.954的61.124%,说明这三者在闽台生态旅游中优势明显,在今后发展中应重点开发,继续保持现有的优势。而C7、C8、C11三者总体得分为6.109,占总体得分66.954的9.124%,闽台生态旅游应加强在这三方面的发展。

13.2.6 小结

在总结前人经验的基础上,结合闽台生态旅游资源的实际情况,筛选相关因子及其相互关系,建立了闽台生态旅游资源指标评价体系,对闽台生态旅游资源进行科学、客观的分析评价,最后得出闽台生态旅游资源的总体得分为66.954,处于起步发展阶段,具有巨大的发展潜力。生态旅游不仅可满足人们生活的需求,更能保护当地自然环境,促进当地经济的发展,有利于自然资源的可持续发展。

13.3 SWOT 分析

SWOT 分析又称为态势分析法,创始于 20 世纪 50 年代,因其简洁实用,被广泛应用于许多管理学科的相关研究领域。传统上,SWOT 分析方法是指对企业内部环境(优势、劣势)和外部条件(机遇、挑战)的分析,为企业的管理和市场营销战略提供依据,20 世纪 90 年代后,SWOT 分析逐渐应用到国土资源规划、市场战略规划、旅游规划等研究领域。

采用 SWOT 分析方法,对闽台生态旅游发展的内部条件和外部环境进行综合概述,分析其优势、劣势、机遇、挑战,为开展闽台生态旅游提供依据。

13.3.1 优势

(1)区位优势

福建省与台湾岛隔海相望,是台湾距离大陆最近的省份,具有"五缘的优势",即地缘相近、法缘相循、血缘相亲、文缘相承和商缘相连,大大提升了发展两地间生态旅游的可能性。不仅如此,福建地处全国最发达的旅游区苏浙沪和粤港澳之间,具有独特的景观资源,既可作苏浙沪和粤港澳之间的互补资源,也可作为长江三角洲和珠江三角洲之间的纽带。

(2)政策优势

由于不同政党的领导,两岸人民在相当长一段时间内不能通行,阻碍了两地旅游业的发展。近年来,在两岸人民的共同努力下,两岸政策有所松动,实现了两岸"小三通"和"春节包机"等良好起步。特别是 2009 年 5 月,"海峡两岸旅游合作机制,共推双向旅游线路,培育'海峡旅游'品牌"写进了《国务院关于支持福建省加快建设海峡西岸经济区的若干意见》,明确闽台旅游业的地位,福建政府更是将建设"海峡西岸经济区"作为重中之重。受全球经济低迷和两岸各界人士的呼吁,台湾方面放宽对大陆游客的限制,越来越多的大陆游客赴台旅游,大多游客选择福建作为中转站赴台旅游。

(3)旅游资源优势

福建山清水秀、人杰地灵,自然景观与人文景观相互交织,构成福建旅游特殊风貌。在自然景观方面,既有让人如临仙境的峰峦山石风光,又有让人心旷神怡的海滨海岛风光,也有让人流连忘返的水域风光,更有让人如痴如醉的天象景观等。文化沉淀深厚和欣赏价值极高的人文景观也毫不逊色,如充满神秘色彩的历史文化景观、门类齐全的宗教文化、昭示祖先聪明才智的古建筑、受人爱戴敬仰的名人祠墓、革命烈士为之抛头颅洒热血的革命圣地等。

台湾虽不大,但蕴藏着自然资源和人文风貌却十足可观。在自然资源方面,由于板块运动,造就了复杂多变的地貌类型,如高山、平原、丘陵、盆地、岛屿、纵谷与海岸等不同地貌相互交织。同时,北回归线穿越台湾中部,使台湾北部呈现亚热带的自然风光,南部呈现热带风光。自然景观丰富多彩,可总体概括为"山高、林密、瀑多、岸奇"等几大特征,如气势磅礴的太鲁阁、阿里山日出与云海、玉山的四季变化、海洋度假的垦丁、耀眼山中明珠日月潭、最后的净土花东纵谷等。人文风貌也毫不逊色,兼容客家、闽南、外省及少数民族等不同族群,呈现多姿多彩的人文色彩,无论在宗教信仰还是饮食文化、语言等方面都表现出和谐共荣的景象,台湾美食更是一大特色,有"美食王国"之称。

13.3.2 劣势

(1) 基础设施建设有待改善

游客进入旅游区要解决食、宿、娱、医、购等方面的要求。目前福建旅游区与之相对应的基础设施建设却相对薄弱,同时一些旅游区涉及当地居民、人口密集、卫生条件差,不利于生态旅游业发展。尽管福建交通四通八达,但一些景区特别是森林景区内部道路凹凸不平或没有道路,可进入性有待提高。

由于大量游客入台旅游,致使台湾游客数量激增,台湾走出都会区,旅游承载能力和接待能力下降。在大城市里,游客数量的增加,增加旅馆和餐厅不成问题,若在山区或偏远山区,根本无法再扩建,造成旅游质量和旅游人数的下降,引诱旅游开发者铤而走险非法开采,加速自然破坏。同时台湾是一个地小人稠、多台风的地区,每年台风季节时常有灾害发生,如花莲太鲁阁公路塌方、落石造成游客伤亡。因此基础设施建设中防风、防雨的加强必不可少。

(2) 两岸政策需更开放

迫于台湾岛内产业界、经济衰退、两岸老百姓的压力,台湾当局推出"大陆人士赴台观光许可办法"。虽做出相关规定,对实际大陆人士观光旅游还有诸多限制,如除向"观光局"申请出团外,还需向"境管局"申请"入台证",大陆来台个人游可免附财力证明,但来台观光的人数实行"配额控制"(即每日限定来台大陆的人数)。大陆人士只能依附"观光许可、商务许可、专业人士许可证"才能申请入团。即便到了台湾,也不能逗留时间太长,一般不超过 10 天,必须团进团出,而且旅游线路固定,更不能探亲访友或做其他的活动。与台湾当局大不相同的是福建政府打开方便之门,做好一切准备迎接台湾游客。

(3) 技术型人才匮乏

随着两岸生态旅游业的蓬勃发展,技术型旅游人才的需求量也相应增加,福建、台湾虽有部分旅游人才,但也只是杯水车薪,远远解决不了人才匮乏问题。同时由于部分旅游景点经济效益低,卫生条件差,员工收益低等原因,人才外流成为普遍现象,这更加剧了人才短缺的问题。技术型人才缺乏已成为发展生态旅游业的制约因素。

(4) 旅游资源界定错误

福建对台旅游吸引力大多定位在同源同宗上,注重其相同性,忽视了差异性。福建将西部山林特别是武夷山开发为游客度假胜地。其实,台湾亦为多山林地区,森林覆盖率比福建还高,且两地经纬度相差不多,自然景观、物种、植被等具有很大的相似性,因北回归线穿过台湾岛中部,林相更加丰富。如果福建继续将森林生态旅游作为开发重点,而不加以改善和完善,对台吸引力会越来越低。

福建、台湾民俗文化具有很大的相似性,近几年,福建大力宣传回乡探亲或祭拜,发展当地旅游业。这虽有利于推动当地经济的发展,但仅限于每年固定时间、固定区域,且游客大多食宿在亲友家,基本上没有消费,不利于经济的持续发展。在此区域内缺乏地域特色,历史景观更是匮乏,游客不仅仅要看到相同点,他们更希望看到的是随着时间流逝,家乡日新月异的变化,一些新兴的现代化小村落更能吸引游客的目光。

13.3.3 机遇

(1) 生态旅游已成为世界旅游的潮流和趋势

随着全球经济的一体化,各国经济蓬勃发展,随之而来的环境污染越来越严重,环境问题日益受到各国关注,生态旅游也成为越来越流行的词汇。在短短二十几年的时间里,发展迅速且有一定成果。福建、台湾两地因其特殊的地理位置,生态旅游有得天独厚的优势,闽台生态游不仅可开发两地的旅游资源,也可保护旅游资源和生物多样性,对旅游资源的可持续利用具有重大贡献,为闽台生态游提供了有利的大环境。

(2) 交通等基础设施已有大幅度改善

近年来,福建积极推进海峡生态游,面对资金短缺的问题,积极筹资,用于基础设施改建。在政府和民众的积极努力下,沿海港口、沿海公路、景区内外交通发生日新月异的变化,全省"四小时"交通圈已近完成。

台湾不仅景色天下绝,道路交通更是有其独特之处。有贯通基隆和高雄的高速公路,也有可达世界五洲的海上和空中路线,对于老城区,不断修齐、翻新、改善和扩建,道路交通等基础设施已有很大改观。台湾由于陆地面积较少而人口密集,为最大限度地服务人民,减免民众的出行压力,道路管理实现以人为本的交通理念,交通井然有序。

13.3.4 挑战

(1)区域竞争日益激烈

从外部环境看,各地都抓住机遇发展生态旅游业。各种新兴的旅游区、旅游产品更是层出不穷,为吸引游客,促销手段花样繁多,市场竞争日益激烈,已进入买方市场。福建位于全国著名旅游区苏浙沪和粤港澳之间,两周边凭借自身资源优势、优质的服务、完善的基础设施,打响其知名度,争夺台湾游客,给福建旅游业的发展带来前所未有的压迫感。福建应重视其竞争并重新规划对台旅游资源格局,否则很容易被周边地区排挤。

中国人民的口袋富起来,涉外旅游已成为潮流和趋势,欧洲、北美、南亚等地区成为大陆游客的最爱。台湾为吸引大陆游客,不得不使出浑身解数,不然,失去大陆游客就是失去极大的经济来源。

(2)生态旅游开发理念的挑战

受传统思想理念的禁锢,生态旅游理念仍处于"等、靠、要"的阶段,缺乏自主的整体规划建设,没有形成真正的生态旅游理念。生态旅游是长期的过程,短期收不到成效。而部分景区却急于求成,忽视其时间因素,反而欲速则不达。为实现旅游业的可持续发展,各部门提高自身素质,大力宣传,使国民都意识到环境的重要性,不要为一己私欲,破坏子孙后代的财富。

目前,台湾的生态旅游业发展较早,并取得相当好的成果,如风靡海外的休闲农场做得非常成功,台湾正将这些成功案例运用到更宽广的领域,最大限度地保护环境。

福建需虚心学习台湾生态旅游业的理念,并学以致用,为福建经济的发展做出贡献。

(3)区域协作理念的挑战

由于地方保护主义、行政等诸多因素的影响,区域协作体系还不完善。地方各自为政的保护主义极易滋生,既不利于内部旅游资源的优化配置,也不利于对外宣传,使本地失去旅游吸引力。内部不利竞争直接或间接影响本地的发展和提升,阻碍经济的发展。各区域需从长远角度出发,摒弃老旧思想,积极交流合作,探寻适合自己的旅游道路。

(4)旅游区环境保护的挑战

市场经济发展具有自发性和盲目性等缺陷。面对激烈的市场竞争,景区营运部门不得不采取多种形式使其利润最大化,往往忽视了环境问题。面对企业要效益、职工要吃饭、领导要成效的压力,不得不建造大量不适宜的休闲场所,与景区格调极不协调。因此要大力排查这些不适宜的建筑,直接拆毁或爆破,恢复景区原来面貌。

13.3.5 结论

从上述 SWOT 分析可知,闽台两地发展生态游,机遇与挑战并存,优势和劣势同在,但这些困难和希望并不是一成不变的,只要好好利用,困难也会转化为希望。相比台湾,福建旅游资源宣传和规划还不到位,应抓住机遇,凭借自身优势,打造知名品牌,挖掘市场潜力,充分利用自身资源,发展有特色的生态旅游。闽台两地生态游发展是长期的过程,需在两岸人民的共同努力下才能实现。

13.4 闽台入境游客情况、旅游外汇收入分析与预测方法

入境游客数量和旅游外汇收入可直接反映某一国家或地区的旅游业发展状况,是衡量一个国家或地区旅游经济活动及其效果的重要指标,也是衡量一个国家或地区旅游业发展水平的重要指标。对入境游客数量和旅游外汇收入的分析,可发现旅游发展中存在的问题,从而合理地规划旅游布局和旅游管理。本研究查阅相关资料,获得1999—2010年的入境游客数量、旅游外汇收入的相关数据,分析1999—2010年闽台入境游客数量、旅游外汇收入情况。

13.4.1 闽台入境游客情况

从1999—2010年入闽游客数量看(图13-5),除2003年受非典影响,游客数量有所下降,其余年份均保持稳定的增长。福建省从1999年接待游客数量135.60万人次增长到2010年的368.14万人次,12年间平均年增长率8.7%。1999—2002年均增长率明显低于2004—2010年,1999—2002年均增长率为8.0%,2004—2010年均增长率为11.4%,高于同期全国年均增长率8.8%的水平。

从1999—2010年入闽台湾游客数量看,1999—2002年间接待台湾游客年增长率为3.2%。2003年受非典影响,入闽台湾游客较少,随后2004—2010年入闽台湾游客明显增加,短短7年时间年均增长率达到19.2%,远远高于福建的11.4%。2010年台湾入闽游客占据入闽游客数量的42.6%,几乎占据入闽游客的一半,对福建的旅游事业起着重要的支撑作用。这与福建省建设海峡西岸经济区战略定位和一系列对台优势的政策相吻合。

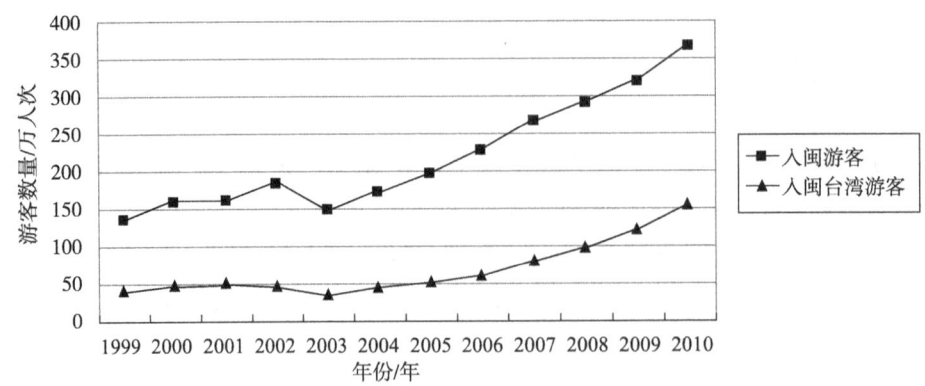

图 13-5　1999—2010 年入闽游客情况

从 1999—2010 年入台游客情况可以看出(图 13-6),除 2003 年受非典影响,其余年份游客数量均保持稳定增长,年均增长率为 7.2%。特别是 2009—2010 年急剧增长,由 433.500 4 万人次增长到 556.767 7 万人次,增长率为 26.8%;2005—2008 年增长较缓慢,年均增长率为 3.3%;1999—2002 年,由 241.125 0 万人次增长到 297.769 2 万人次,年均增长率为 5.4%。

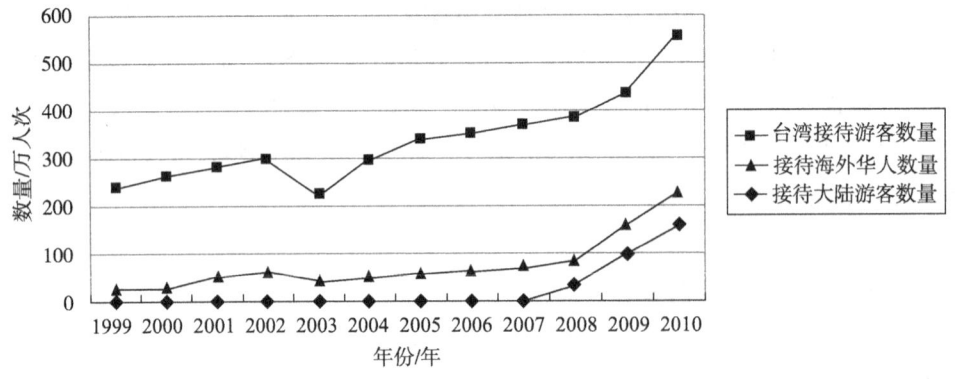

图 13-6　1999—2010 年入台游客情况

数据来源:福建统计年鉴、台湾观光局、统计年报。

从 1999—2010 年入台游客情况可以看出,入台的海外华人游客 1999—2008 年增长缓慢。2008—2010 年增长迅速,由 162.492 2 万人次增长到 233.180 0 万人次,年均增长率达到了 12.8%。由于受台湾方面政策影响,2008 年之前大陆游客一直未有机会赴台旅游,随着两岸合作旅游的愿望日益强烈,2007 年底,福建提出建设"两岸人民合作交流先行区的总体设计和规划",台湾自 2003 年,受非典和世界经济的影响,旅游市场低迷,为活跃本土经济,飞速发展的大陆成为首选市场,在两岸共同努力下,2008 年 7 月 18 日,大陆居民赴台旅游正式启动。

福建被列为大陆赴台旅游 13 个首批开放区域之一,厦门成为首批三个开放的试点城市之一,赴台旅游正式拉开序幕。仅 2008—2010 年福建居民赴台旅游人数就达到了 16 万人次。大陆游客对赴台旅游表现出极大的热情,因福建特殊的地理位置,大多游客经福建口岸赴台旅游。

开通两岸合作旅游后,2008—2010 年大陆赴台旅游人数急剧增加。由 2008 年的 32.930 4 万人次增加到 163.073 5 万人次,年均增长率高达 70.4%。2010 年赴台旅游的海外华人和大陆游客总量达到了 396.253 5 万人次,占台湾 2010 年入境人数 556.717 7 万人次的 71.8%,可见大陆和海外华人成为台湾游客重要来源。

根据文献查阅及对导游和台湾游客的访谈,发现台湾游客入闽旅游的动机由最初的寻根谒祖、探亲旅游向宗教朝圣、观光旅游、商务会展以及青年休学旅游等多元化方向发展。随着两岸交通条件的便利化,台商入闽从事商务旅游活动越来越司空见惯。同时,修学旅行也是台湾同胞入闽的主要动机。20 世纪 90 年代以来,每年都有不少台湾学子赴闽求学,特别在 2008 年之后,赴闽求学的学子更是大量增加。每年暑假都有不少夏令营、旅游团体、文化团等到福建进行旅游活动,赴闽旅游由早期的团体旅游向散客旅游方向转变,更有利于两岸交流。

大陆游客对神秘的祖国宝岛抱有极大的向往,对台湾游表现出极高的热情。受台湾方面的限制,大陆同胞赴台湾游出现供小于求的现象,各地均出现"赴台旅游预约登记报名"的奇特现象。随着大陆民众对台湾的不断了解,花样百出的台湾小吃、美轮美奂的自然景观、热情洋溢的民俗风情等无不散发着魅力,吸引着大陆游客。

13.4.2 闽台旅游外汇收入分析

两岸旅游的不断发展,直接带动两岸经济的发展,但闽台在旅游外汇收入方面存在较大差异。2001—2010 年,台湾旅游收入远远高于福建,2008 年后,福建采取一系列措施发展本土旅游,旅游经济飞速发展。2001—2006 年福建旅游处于低迷时期,旅游外汇收入增长缓慢,年均增长率为 0.8%;2007—2010 年年增长相对较快,年均增长率为 6.2%;台湾 2003 年受全球经济影响旅游收入出现负增长,2004—2008 年旅游增长缓慢,年平均增长率为 6.9%,2008 年后,受政府方面影响,开通大陆市场,旅游经济快速增长。

13.4.3 闽台入境旅游客源和旅游收入预测方法

为了更好地分析旅游市场和环境容量,本研究对闽台入境旅游人数和旅游外汇收入进行预测。目前国内通常采用的是线性方法等定性预测,这种方法需要大量的原始数据且具有规律性,较突出反映历年发展规律,进而对趋势进行预测,其缺点是需要大量丰富的原始数据,且数据变化过程中未有规律可循。但闽台入境人数和旅游外汇收入的变动会受到政策、经济、社会等不定因素的影响,预测结果很难且不可靠。为客观、科学地解决这一问题,可采用灰色数列 GM(1,1) 模型预测福建、台湾未来几年的入境游客数量和旅游外汇收入。

(1) 灰色预测 GM(1,1) 模型分析

灰色预测方法是一种不严格的系统方法,对部分已知的信息,实行运行行为、发展规律的描述和控制。本研究当中灰色数列预测主要是指利用 GM(1,1) 模型,对数列数据进行数量大小的预测。

建立 GM(1,1) 模型的基本步骤

步骤一,对数列数据 $X^{(0)} = \{X^{(0)}(1), X^{(0)}(2), \cdots, X^{(0)}(N)\}$ 做一次累加,生成数列:

$$X^{(0)} = \{X^{(1)}(1), X^{(1)}(2), \cdots, X^{(1)}(N)\} \tag{13-1}$$

其中 $X^{(1)}(t) = \sum_{k=1}^{t} x^{(0)}(k)$

步骤二,构造累加矩阵 B 与常数项向量 Y_N,即

$$B = \begin{bmatrix} \frac{1}{2}(x^{(1)}(1)+x^{(1)}(2)) & 1 \\ \frac{1}{2}(x^{(1)}(2)+x^{(1)}(3)) & 1 \\ \cdot & \cdot \\ \cdot & \cdot \\ \cdot & \cdot \\ \frac{1}{2}(x^{(1)}(N-1)+x^{(1)}(N)) & 1 \end{bmatrix} \tag{13-2}$$

步骤三,用最小二乘法解决灰参数 $\hat{a}$:

$$\hat{a} = \begin{bmatrix} a \\ u \end{bmatrix} = (B^T B)^{(-1)} B^T Y_N \tag{13-3}$$

将参数 $\hat{a}$ 带入时间:

$$\hat{x}(t+1) = \left(x^{(0)} - \frac{u}{a}\right)e^{-at} + \frac{u}{a} \tag{13-4}$$

步骤四,对 x 求导还原得到:

$$\hat{x}^0(t+1) = -a\left(x^{(0)}(1) - \frac{u}{a}\right)e^{-at} \text{ 或 } \hat{x}^0(t+1) = \hat{x}^1(t+1) - x^{(1)}(t) \tag{13-5}$$

式(13-4)、(13-5)为基本灰色预测模型的时间响应函数模型,是灰色预测模型的具体函数公式。

步骤五，计算 $x^{(0)}(t)$ 与 $\hat{x}(t)$ 之差 $\varepsilon^{(0)}(t)$ 相对误差 $e(t)$：

$$e^{(1)}(t) = \hat{x}^{(0)}(t) - \hat{x}^{(0)}(t) \tag{13-6}$$

$$e(t) = \varepsilon^{(0)}(t) x^{(0)}(t) \tag{13-7}$$

为了验证模型的可靠性，需对模型进行诊断，目前最常用的诊断方法就是对模型进行计算后检验比 $c = \dfrac{s_1}{s_2}$ 及小误差概率后验差检验，即先计算观察数据离差 s_1 及残差的离差 s_2：

$$P = \{|q^{(0)}(t) - \overline{q}^{(0)}| < 0.6745 s_1\} \tag{13-8}$$

根据后检验比 c 和小误差概率 p 对模型进行诊断，当 $p > 0.95$ 和 $c < 0.35$ 时，模型可靠，这时可根据模型对系统进行预测。

$$s_1^2 = \sum_{i=1}^{m} \left(x^{(0)}(t) - \overline{x}^{(0)}(t) \right)^2 \tag{13-9}$$

$$s_2^2 = \frac{1}{m} \sum_{i=1}^{m-1} \left(q^{(0)}(t) - \overline{q}^{(0)}(t) \right)^2 \tag{13-10}$$

(2) 灰色预测 GM(1,1) 模型的检验

由表 13-9 福建历年实际游客人数与预测值结果比较表和图 13-7 可知，在福建入境游客人数方面，福建历年实际游客数量与预测值在发展趋势上近似吻合。2003 年个别年份有不小偏差，其主要原因可能是受经济、环境或政治方面的影响，其他年份预测值与实际值相差不大，有着较好的吻合。故灰色预测 GM(1,1) 可准确地说明福建入境游客情况，可用来预测未来的发展趋势。

表 13-9 福建历年实际游客人数与预测值结果比较表

年份	福建入境游客实际人数/万人次	预测值/万人次	年份	福建入境游客实际人数/万人次	预测值/万人次
1983	21.1528	22.0482	1997	117.3932	117.8493
1984	27.0443	26.0748	1998	121.7795	128.7948
1985	35.5748	31.0160	1999	135.6042	140.7568
1986	36.2320	37.0131	2000	161.3349	151.1567
1987	41.0821	43.8739	2001	163.4841	165.3024
1988	52.2082	52.0010	2002	184.8241	180.7719
1989	50.4594	61.6881	2003	149.7164	185.5721
1990	70.7903	62.8780	2004	172.8979	171.4698
1991	68.6023	73.8089	2005	197.3894	176.2881
1992	81.6076	86.5305	2006	229.8960	213.2711
1993	88.0344	96.5305	2007	268.7452	245.9824
1994	84.4503	106.4478	2008	293.1400	294.5867
1995	90.6406	98.6699	2009	321.0300	319.8629
1996	104.5658	107.8340	2010	368.1400	349.5856

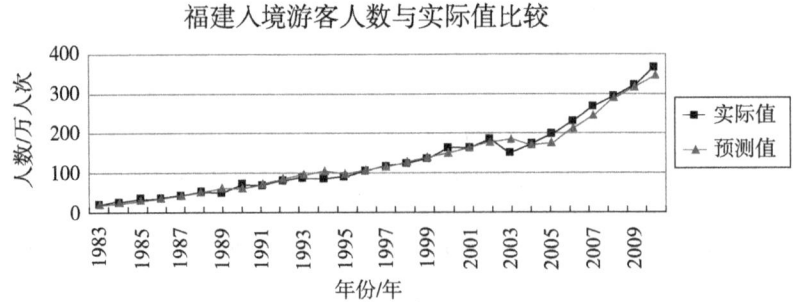

图 13-7　1983—2010 年福建历年实际游客人数与预测值结果比较折线图

13.5 闽台生态旅游资源区划

闽台生态旅游资源区划就是对资源进行区划和归类,使资源布局更加合理。简单地说就是对地域内的异同进行比较,从而揭示区域内的差异性和共同性,此外,区划有利于有效管理资源各个要素。

目前国内有一些学者对资源区划做了研究并有一定的研究成果,如雍鹏对全国的森林景观资源区划与调查进行了研究;林小青等对福建森林资源景观区划进行研究。岳丹对武汉城市圈景观区划进行了探索等。若对资源进行区划,需先对资源质量进行评价。目前国内对资源质量评价的方法比较常用的是综合指数法、物元分析、灰色关联度分析、制图评价法、模糊综合评价和人工神经网络分析法等。由于获取数据较难以及计算过程复杂且因素多变,目前国内对闽台生态旅游资源的评价仍处于起步阶段。

本研究应用投影寻踪分类的方法,建立投影寻踪分类模型,对闽台生态旅游资源进行科学、客观的评价,对投影后的值进行聚类,避免了人为因素造成的误差。

13.5.1 评价指标的确定

(1)评价指标选取原则

根据研究的闽台生态旅游的实际情况,从主导因素和综合因素相结合的原则、资源完整性原则、交通便捷性原则和可行性原则出发。

(2)主导因素和综合因素相结合原则

所有的旅游区划是由各种各样的因素交织而成,我们在考虑其评价因子时,既考虑其综合性因素,同时也突出其主导因素,充分体现旅游区划的内在机制和主导因子,避免旅游区划的片面性和主观臆断性；

（3）资源完整性原则

每一类型的资源区划都有其独特的地域特色，是一个完整的地域综合体，都能承担休闲、娱乐、观光旅游等职能。因此在进行旅游景观区划时更应兼顾自然区划，保持旅游景观的完整性。

（4）交通便捷性原则

出入景区交通便捷，更能吸引游客，满足游客的心理，更好地开发利用旅游资源。

（5）可行性原则

各评价指标含义明确，易于区分和收集分析数据，在指标评价体系具有可操作性。

13.5.2 评价指标数据来源

根据前面章节的研究并结合评价指标选取的原则，查阅大量相关资料。选取了森林覆盖率、阔叶林占林分比重、单位面积蓄积量、人均占有面积、年均气温、≥10℃活动积温、旅游收入、人均社会总产出、道路网密度等10个比较容易获取指标数据的因子，构建闽台生态旅游资源评价指标体系。

13.5.3 建立评价指标模型

投影寻踪分类是一种新兴的高新技术，其实质就是把高维数据投影到低维子空间，从不同角度分析观察数据，寻找能最大程度反映高维数据特征和最能充分挖掘数据信息的最佳投影方向，根据投影值或投影散点图综合分析评价。

建模步骤如下：

步骤一，由于各样本不同量纲数值不尽相同或数值范围相差大，因此样本指标需归一化处理，计算公式为：

$$x(i,j)=\frac{x^*(i,j)-x_{\min}(j)}{x_{\max}(j)-x_{\min}(j)} \tag{13-11}$$

式中，$x^*(i,j)$，$i=1,\cdots,n;j=1,\cdots,p$，为第 i 个样本第 j 个评价指标值，n,p 分别为样本的数目和评价指标的数目，$x_{\min}(j)$ 和 $x_{\max}(j)$ 分别为第 j 项变量的最小值和最大值。

步骤二，构造投影目标函数，将10维数据 $\{x(i,j)j=1,2,\cdots,p\}$ 综合成投影方向为 $a=\{a(1),a(2),a(3),\cdots,a(p)\}$ 的一维投影值 $z(i)$

$$z(i)=\sum_{j=1}^{p}a(j)x(i,j), i=1,2,\cdots,n \tag{13-12}$$

式中 a 为长度单位向量，根据 $\{z(i)i=1,2,\cdots,n\}$ 的一维投影值散点分布图进行分类，在投影过程中，整个点团要尽可能密集或凝聚成若干个点团。

$$Q(a) = S_z D_z \tag{13-13}$$

其中，S 为 $z(i)$ 的标准值，D 为投影值 $z(i)$ 的局部密度，即

$$S_z = \sqrt{\frac{\sum_{i=1}^{n}\left(z(i)-E(z)\right)^2}{n-1}} \tag{13-14}$$

$$D_z = \sum_{i=1}^{n}\sum_{j=1}^{n}(R-r(i,j)) \cdot u(R-r(i,j)) \tag{13-15}$$

其中，$E(z)$ 为序列 $\{z(i) i=1,2,\cdots,n\}$ 的平均值；R 为局部密度的窗口半径，$r(i,j)$ 表示样本之间的距离，$r(i,j)=z(i)-z(j)$；$u(t)$ 为一单位阶跃函数。

步骤三，优化投影指标函数 p，当福建、台湾两地生态旅游资源评价指标给定时，投影指标函数 $Q(a)$ 只随着投影方向 a 的变化而变化。不同投影方向可反映不同的数据结构特征，最佳的投影方向可最大限度地暴露数据结构特征，因此可通过求解投影指标函数最大化问题来估计最佳投影方向，最大化目标函数即

$$Max\ Q(a) = SZ \cdot Dz \tag{13-16}$$

约束条件：$s.t. \sum_{j=1} a^2 = 1$

步骤四，分类（优化排序）。把步骤三求得的最佳投影方向 a^* 代入(13-12)式后经过计算机运算即可得到投影方向的各样本点的一维投影值 $z^*(i)$。根据投影值的投影点散点图，根据其密集情况或投影点密集成几个团，可进行分级，每个点团代表一个资源评价等级，根据这一原则对闽台生态旅游资源进行分级。

13.5.4 数据处理与分析

对福建、台湾共 81 个县市生态旅游资源进行评价，综合考虑森林覆盖率、阔叶林占林分比重、单位面积蓄积量、人均占有林面积、年均气温、≥10℃活动积温、年均降水量、旅游收入、道路网密度、人均社会总产出 10 个影响因子，经调查获得各项影响因子的样本数据，具体各影响因子数据见表 13-10 和表 3-11。

(1)森林覆盖率

森林覆盖率是影响闽台生态旅游资源评价高低的重要影响因子之一。福建省内将乐县的森林覆盖率最高，达到了 84.2%，而晋江最低，仅为 15.9%；台湾岛内森林覆盖率花莲最高，达到 89.2%，而彰化最低，仅为 13.0%。

表 13-10 可以看出，其中森林覆盖率≥80% 的福建省内有 7 个，台湾 15 个县市中有 2 个；70%≤n<80% 的福建有 24 个，台湾岛内有 4 个；60%≤n<70% 的福建有 16 个，台湾岛内有 1 个；50%≤n<60% 的福建有 10 个，台湾岛内有 2 个；40%≤n<50% 的福建有 2 个，

表 13-10 森林资源因子各指标数据区间分布

森林覆盖/%		阔叶林占林分比重		单位面积蓄积量/(m³·hm^{-2})		人均占有林面积/hm²	
区间	各辖区样本数	区间	各辖区样本数	区间	各辖区样本数	区间	各辖区样本数
80≤n<90	福建7,台湾2	0.7≤x<0.8	福建1,台湾0	80≤m<90	福建1,台湾0	2≤s<3	福建0,台湾1
70≤n<80	福建24,台湾4	0.6≤x<0.7	福建1,台湾0	70≤m<80	福建2,台湾1	1≤s<2	福建4,台湾1
60≤n<70	福建16,台湾1	0.5≤x<0.6	福建1,台湾0	60≤m<70	福建6,台湾1	0.9≤s<1	福建2,台湾0
50≤n<60	福建10,台湾2	0.4≤x<0.5	福建8,台湾5	50≤m<60	福建9,台湾1	0.8≤s<0.9	福建2,台湾1
40≤n<50	福建2,台湾2	0.3≤x<0.4	福建12,台湾5	40≤m<50	福建6,台湾1	0.7≤s<0.8	福建3,台湾1
30≤n<40	福建3,台湾0	0.2≤x<0.3	福建19,台湾6	30≤m<40	福建8,台湾2	0.6≤s<0.7	福建4,台湾1
20≤n<30	福建3,台湾2	0.1≤x<0.2	福建15,台湾2	20≤m<30	福建11,台湾4	0.5≤s<0.6	福建7,台湾1
10≤n<20	福建1,台湾2	0≤x<0.1	福建9,台湾2	10≤m<20	福建19,台湾4	0.4≤s<0.5	福建9,台湾2
0≤n<10	福建0,台湾0			0≤m<10	福建4,台湾1	0.3≤s<0.4	福建9,台湾1
						0.2≤s<0.3	福建2,台湾1
						0.1≤s<0.2	福建11,台湾2
						0≤s<0.1	福建13,台湾5

表 13-11 气候条件因子、社会经济因子指标数据区间分布

年均气温/℃		≥10℃活动积温/℃		年降水量/mm		旅游收入/亿元		道路网密度(km/km²)		人均社会总产出(万元/人)	
区间	各辖区样本数	区间	各辖区样本数	区间	各辖区样本数	区间	各辖区样本数	区间	各辖区样本数	区间	各辖区样本数
25≤a<26	福建0,台湾1	7 500≤b<8 000	福建5,台湾6	2 000≤c	福建2,台湾7	100≤d	福建3,台湾0	1≤e	福建1,台湾4	11≤f<12	福建1,台湾1
24≤a<25	福建0,台湾3	7 000≤b<7 500	福建9,台湾6	1 900≤c<2 000	福建2,台湾2	20≤d<100	福建2,台湾1	0.9≤e<1	福建4,台湾2	10≤f<11	福建0,台湾0
23≤a<24	福建0,台湾2	6 500≤b<7 000	福建12,台湾2	1 800≤c<1 900	福建5,台湾3	18≤d<20	福建0,台湾0	0.8≤e<0.9	福建2,台湾0	9≤f<10	福建0,台湾2
22≤a<23	福建10,台湾7	6 000≤b<6 500	福建15,台湾1	1 700≤c<1 800	福建12,台湾1	16≤d<18	福建0,台湾0	0.7≤e<0.8	福建3,台湾2	8≤f<9	福建2,台湾1
21≤a<22	福建10,台湾2	5 500≤b<6 000	福建20,台湾0	1 600≤c<1 700	福建14,台湾1	14≤d<16	福建3,台湾1	0.6≤e<0.7	福建5,台湾3	7≤f<8	福建0,台湾1
20≤a<21	福建19,台湾0	5 000≤b<5 500	福建1,台湾0	1 500≤c<1 600	福建13,台湾1	12≤d<14	福建1,台湾1	0.5≤e<0.6	福建4,台湾0	6≤f<7	福建1,台湾0
19≤a<20	福建13,台湾0	4 500≤b<5 000	福建2,台湾0	1 400≤c<1 500	福建7,台湾0	10≤d<12	福建1,台湾2	0.4≤e<0.5	福建19,台湾2	5≤f<6	福建3,台湾0
18≤a<19	福建6,台湾2	4 000≤b<4 500	福建2,台湾0	1 300≤c<1 400	福建4,台湾0	8≤d<10	福建2,台湾1	0.3≤e<0.4	福建14,台湾1	4≤f<5	福建3,台湾1
17≤a<18	福建5,台湾0			1 200≤c<1 300	福建2,台湾0	6≤d<8	福建3,台湾0	0.2≤e<0.3	福建12,台湾1	3≤f<4	福建11,台湾1
16≤a<17	福建2,台湾0			1 100≤c<1 200	福建3,台湾0	4≤d<6	福建4,台湾0	0.1≤e<0.2	福建1,台湾0	2≤f<3	福建15,台湾4
15≤a<16	福建1,台湾0			1 000≤c<1 100	福建2,台湾0	2≤d<4	福建12,台湾1	0≤e<0.1	福建1,台湾0	1≤f<2	福建26,台湾2
						0≤d<2	福建35,台湾8			0≤f<1	福建4,台湾1

台湾岛内有 2 个;30%≤n<40% 的福建有 3 个,而台湾岛内没有县市的森林覆盖率在 30%≤n<40% 内;20%≤n<30% 的福建有 3 个,台湾岛内有 2 个;10%≤n<20% 的福建有 1 个,台湾岛内有 2 个。从总体上看,福建、台湾森林覆盖率较高,这与其地理分布相一致。

(2) 阔叶林占林分比重

阔叶林占林分比重,闽台差异较大。0.7≤x<0.8 和 0.6≤x<0.7 区间,福建省内各有 1 个,而台湾岛内却没有县市的阔叶林占林分比重在 0.7≤x<0.8 和 0.6≤x<0.7 区间内;而在 0.4≤x<0.5 区间内,福建省内有 8 个县市,台湾岛内为 0;0.3≤x<0.4 区间内,福建、台湾分别有 12 和 5 个县市的阔叶林占林分比重在此区间内;0.2≤x<0.3 区间,福建有 19 个,台湾有 6 个;0.1≤x<0.2 的福建和台湾在此区间内的县市分别是 15 个和 2 个;0≤x<0.1 的福建有 9 个,而台湾有 2 个。福建和台湾阔叶林占林分比重较高的地区主要集中在几个县市。

(3) 单位面积蓄积量

从单位面积蓄积量区间分布看,福建和台湾大部分县市的单位面积蓄积量集中在 $20m^3/hm^2 ≤ m ≤ 50 m^3/hm^2$ 区间内。福建仅诏安的单位面积蓄积量超过了 $80 m^3/hm^2$,达到了 $83.84 m^3/hm^2$,台湾以花莲的单位面积蓄积量最高,不足 $80m^3/hm^2$。单位面积蓄积量在 $0 m^3/hm^2 ≤ m < 10 m^3/hm^2$ 区间内的,福建有 4 县市,台湾仅有 1 个。从福建、台湾各县市的单位面积蓄积量看,与生态旅游资源的分布相一致。

(4) 人均占有林面积

从表 13-10 森林资源因子各项指标分布中可以看出,福建、台湾大部分县市的人均占有林面积集中在 $0hm^2 ≤ s < 0.7 hm^2$ 范围内;而在 $1hm^2 ≤ s < 3hm^2$ 范围内,福建和台湾分别有 4 个和 2 个;在 $0.7hm^2 ≤ s < 1 hm^2$ 区间内,福建、台湾相差较大,福建有 8 个,而台湾仅有 1 个。从人均占有林面积的总体来看,同样与福建、台湾自然资源的分布相一致。

(5) 近 20 年年均气温

从表 13-11 气候条件因子与社会经济因子各项指标区间分布图可以看出,福建、台湾的年均气温差异较大。福建大部分县市的年均气温集中在 18℃≤a<22℃ 范围内,其中有 18 个县市在 18℃≤a<20℃,有 29 个县市在 20℃≤a<22℃ 区间内,有 10 个县市在 22℃≤a<23℃ 范围内;而台湾大部分集中在 21℃≤a<25℃ 范围内,其中 21℃≤a<24℃ 有 11 个县市,24℃≤a<26℃ 有 4 个县市,没有县市的年均气温低于 21℃。台湾年均气温略高于福建,这与福建、台湾所处的地理位置相一致。

(6) 近 20 年 ≥10℃ 活动积温

从表 13-11 气候条件因子与社会经济因子各项指标区间分布图可以看出,福建大部分县市的 ≥10℃ 活动积温集中分布在 5 500℃≤b<6 500℃ 区间内。有 14 个县市在 6 500℃≤b<8 000℃ 区间内,有 5 个县市的 ≥10℃ 活动积温低于 5 000℃;台湾 ≥10℃ 活动积温集中在 6 500℃≤b<8 000℃ 区间内,有 14 个县市,仅 1 个县市的 ≥10℃ 活动积温

在 6 000℃≤b<6 500℃ 区间内。福建、台湾≥10℃ 活动积温差异较大,同样的这与福建、台湾的地理位置分布相一致。

(7) 近 20 年年均降水量

从表 13-11 气候条件因子与社会经济因子各项指标区间分布图可以看出福建年均降水量集中分布在 1 400mm≤c<1 800mm,其中在此区间内的福建有 46 个县市,在 1 000 mm≤c<1 400mm 区间内的福建有 11 个县市,1 800mm≤c<2 000mm 范围内的,福建有 9 个县市;台湾大部分县市年均降水量集中在 1 800mm≤c<2 000mm 区间内,有 12 个县市的年均降水量在此区间内,有 3 个县市的年均降水量在 1 500mm≤c<1 700mm 区间内,而没有县市的年均降水量低于 1 500mm。福建年均降水量略低于台湾,这同样与福建、台湾所处的地理位置相一致。

(8) 旅游收入

从表 13-11 气候条件因子与社会经济因子各项指标区间分布图可以看出,福建、台湾大部分县市的旅游收入集中在 0 亿元≤d<2 亿元范围内,其中福建、台湾各有 35 和 8 个县市的旅游收入在此区间内,福建省内以武夷山、晋江(含石狮)、厦门的旅游收入最高,均超过了 100 亿元,而台湾岛内却没有县市的旅游收入超 100 亿元,同时福建漳州与泉州的年旅游收入分别为 35.57 亿元和 64.4 亿元,同样地,台湾岛内没有县市的旅游收入超过 30 亿元;8 亿元≤d<16 亿元范围内,福建有 7 个县市,台湾有 5 个,2 亿元≤d<8(亿元)范围内,福建有 19 个,台湾仅有 1 个。从总体来看,这与福建、台湾的经济发展状况和当地的开发政策相一致。

(9) 道路网密度

从表 13-11 气候条件因子与社会经济因子各项指标区间分布图可以看出,福建省内大部分县市的道路网密度集中分布在 0.2 km/km²≤e<0.5 km/km² 范围内,有 45 个县市,0.5 km/km²≤e<1km/km² 范围内,福建省有 18 个县市,仅有晋江(含石狮)的道路网密度为 1.623 0,福建省内有 2 个县市的道路网密度在 0km/km²≤e<0.2 km/km² 范围内;台湾 1≤e 的县市有 4 个,有 7 个县市的道路网密度在 0.6km/km²≤e<1 km/km² 范围内,仅有 4 个县市的道路网密度在 0.2km/km²≤e<0.5 km/km² 范围内。从总体来看,台湾道路网密度普遍高于福建省内,这与福建、台湾的经济发展程度相一致。

(10) 人均社会总产出

从表 13-11 可以看出,福建人均社会总产出普遍较低,集中分布在 1 万元/人≤f<4 万元/人区间内,有 52 个县市,0 万元/人≤f<1 万元/人范围内有 4 个县市,4 万元/人≤f<12 万元/人区间内,福建仅有 10 个县市;台湾人均社会总产出略高于福建,集中分布在 2 万元/人≤f<3 万元/人区间内,在此区间内的县市台湾有 4 个,0 万元/人≤f<2 万元/人区间内有 3 个,3 万元/人≤f<12 万元/人区间内有 8 个。从总体上看,台湾人均社会总产出略高于福建省,这同样与福建、台湾的经济发展程度相一致。

13.5.5 投影指标函数值与投影方向

查阅相关资料并结合前面章节的研究选择了森林因子、气候因子和经济因子的 10 项指标特征值,对数据进行处理,首先规格化如表 13-12 所示。生态旅游资源的 10 项指标分别为 4 个森林因子指标:森林覆盖率、阔叶林占林分比重、单位面积蓄积量和人均占有森林面积;代表气候因子的 3 项指标:年均气温、年均降水量和≥10℃活动积温;代表经济因子的 3 项指标:旅游收入、人均社会总产出和道路网密度。

将 10 个指标建立投影寻踪模型,模型中 n=81,p=10,根据遗传算法的优化过程,获得最佳投影方向:

a = (0.432 8,0.006 2,0.709 5,0.249 4,0.439 7,0.420 1,0.003 2,0.090 5,0.002 5, 0.013 4)

投影方向中:a1 森林覆盖率、a2 阔叶林占林分比重、a3 单位面积蓄积量、a4 人均占有林面积、a5 年均气温、a6 ≥10℃活动积温、a7 年均降水量、a8 旅游收入、a9 人均社会总产出、a10 道路网密度。

此方向投影效果理想,投影方向值是样本集中各指标对投影值贡献大小的评价,反应各指标对闽台生态旅游资源评价的影响程度。从投影方向值可看出,单位面积蓄积量的投影方向值最大,达到 0.709 5。其次是年均气温和森林覆盖率,分别达到 0.439 7 和 0.432 8。≥10℃活动积温、人均占有林面积贡献值较大,分别达到 0.420 1 和 0.249 4。旅游收入和道路网密度贡献值稍大,分别达到 0.090 5 和 0.013 4。阔叶林占林分比重、年降水量、人均社会总产出贡献值最小,分别达到 0.006 2、0.003 2、0.002 5。

13.5.6 投影结果聚类分析与区划

各区域生态旅游资源的投影值相差较大,表明生态旅游资源的投影变化幅度较大。为更好地对评价结果进行聚类,避免人为因素的干扰,使结果更为准确、客观,本研究用聚类分析方法对各投影值进行聚类。聚类分析是数理统计中"物以类聚"的一种数据挖掘和多元统计方法,其中系统聚类分析是最为常见的一种分类方法。所有具有数值特征的变量和样品,都可以通过选择不同的距离和聚类分析方法进行分类,直至获取满意的结果。

(1)投影值与初步分级

投影值 z_i 越大,说明对应的生态旅游资源质量就越好。各个市县的投影结果如表 13-13 所示。从投影结果可以看出,闽台生态旅游资源投影值差异较大,变动范围为 0.285 9～1.900 9。通过投影散点图 13-8 可以看出,投影值密集成三个点团,因此将闽台生态旅游资源分成三级比较合适。

表 13-12 闽台生态旅游资源评价指标标准化值

县(市,区)名称	森林资源因子				气候条件因子			旅游收入	社会经济因子	
	森林覆盖率	阔叶林占林分比重	单位面积蓄积量	人均占有森林面积	年均气温	≥10℃活动积温	年均降水量		人均社会总产出	道路网密度
南平市辖区	0.765 4	0.374 4	0.512 7	0.125 2	0.441 2	0.386 5	0.384 1	0.005 0	0.198 7	0.308 4
顺昌	0.831 0	0.642 1	0.567 8	0.202 9	0.362 7	0.328 4	0.537 4	0.002 7	0.086 6	0.275 5
建阳	0.815 3	0.562 4	0.491 4	0.234 5	0.323 5	0.304 8	0.578 0	0.012 5	0.070 7	0.203 9
建瓯	0.861 2	0.503 8	0.412 8	0.210 6	0.382 4	0.344 8	0.551 5	0.000 1	0.061 6	0.248 9
浦城	0.736 5	0.439 1	0.280 6	0.190 8	0.254 9	0.250 9	0.590 8	0.000 5	0.027 9	0.212 2
邵武	0.814 0	0.436 1	0.463 6	0.227 9	0.284 3	0.273 6	0.598 1	0.036 6	0.143 6	0.259 0
武夷山	0.825 8	0.589 5	0.352 0	0.292 1	0.303 9	0.291 7	0.633 0	0.276 1	0.099 8	0.146 9
光泽	0.810 0	0.436 1	0.438 7	0.325 9	0.264 7	0.262 2	0.620 9	0.000 5	0.063 2	0.191 9
松溪	0.777 2	0.542 9	0.246 4	0.155 9	0.323 5	0.304 5	0.496 8	0.000 3	0.056 4	0.264 1
政和	0.769 3	0.243 6	0.182 8	0.191 5	0.323 5	0.344 3	0.496 8	0.000 0	0.023 9	0.271 1
三明市辖区	0.890 1	0.503 8	0.628 7	0.112 5	0.451 0	0.397 0	0.537 1	0.003 5	0.387 5	0.355 3
明溪	0.903 2	0.362 4	0.555 6	0.380 9	0.313 7	0.291 1	0.578 7	0.000 8	0.091 4	0.127 9
永安	0.912 4	0.210 5	0.324 2	0.250 0	0.421 6	0.363 2	0.526 0	0.018 2	0.223 9	0.246 4
清流	0.899 3	0.066 0	0.408 6	0.328 1	0.303 9	0.280 2	0.587 7	0.001 5	0.000 0	0.117 2
宁化	0.795 6	0.219 6	0.324 2	0.162 9	0.166 7	0.253 8	0.580 7	0.003 7	0.114 9	0.086 8
大田	0.647 2	0.153 4	0.251 5	0.123 8	0.402 0	0.344 7	0.507 9	0.000 5	0.051 4	0.179 2
尤溪	0.790 3	0.311 3	0.428 6	0.192 5	0.421 6	0.373 5	0.000 0	0.001 0	0.080 0	0.195 1
沙县	0.835 0	0.415 0	0.492 5	0.188 1	0.137 3	0.380 3	0.551 1	0.008 8	0.198 0	0.280 6
将乐	0.934 8	0.583 5	0.498 7	0.360 4	0.392 2	0.342 8	0.563 9	0.000 2	0.108 6	0.111 5
泰宁	0.815 3	0.472 2	0.384 9	0.292 9	0.215 7	0.228 8	0.589 1	0.033 3	0.139 0	0.170 4

续表

县(市，区)名称	森林资源因子				气候条件因子			社会经济因子		
	森林覆盖率	阔叶林占林分比重	单位面积蓄积量	人均占有森林面积	年均气温	≥10℃活动积温	年均降水量	旅游收入	人均社会总产出	道路网密度
建宁	0.844 2	0.427 1	0.472 1	0.286 2	0.196 1	0.252 4	0.604 8	0.002 9	0.082 2	0.118 4
龙岩市辖区	0.833 7	0.145 1	0.411 7	0.144 5	0.500 0	0.468 8	0.563 9	0.000 0	0.328 6	0.248 3
长汀	0.892 7	0.123 3	0.401 9	0.169 3	0.343 1	0.322 8	0.559 1	0.004 4	0.029 1	0.263 5
永定	0.779 8	0.282 7	0.219 9	0.112 4	0.509 8	0.464 1	0.541 1	0.005 4	0.068 1	0.315 4
上杭	0.837 6	0.157 9	0.248 0	0.143 9	0.333 3	0.458 5	0.538 8	0.002 9	0.053 6	0.281 2
武平	0.837 6	0.418 1	0.310 6	0.180 1	0.460 8	0.469 0	0.538 8	0.001 4	0.054 1	0.254 0
漳平	0.859 9	0.379 0	0.401 9	0.271 7	0.539 2	0.498 2	0.490 5	0.029 4	0.128 1	0.311 6
连城	0.894 1	0.112 8	0.319 3	0.196 1	0.411 8	0.353 4	0.546 1	0.012 9	0.066 5	0.267 9
宁德市辖区	0.677 4	0.344 4	0.072 1	0.072 0	0.460 8	0.375 3	0.691 1	0.002 7	0.122 9	0.155 2
福鼎	0.689 2	0.266 2	0.075 7	0.057 0	0.362 7	0.320 5	0.550 8	0.000 6	0.081 5	0.176 1
霞浦	0.584 2	0.320 3	0.081 2	0.054 8	0.392 2	0.338 4	0.451 5	0.010 3	0.077 7	0.163 4
福安	0.681 4	0.033 1	0.054 3	0.062 0	0.441 2	0.397 6	0.519 3	0.000 2	0.110 2	0.171 0
古田	0.635 4	0.163 9	0.141 8	0.109 2	0.362 7	0.323 9	0.541 8	0.000 0	0.063 3	0.107 7
屏南	0.786 4	0.028 8	0.156 5	0.191 2	0.029 4	0.060 8	0.629 7	0.006 3	0.051 8	0.155 2
寿宁	0.740 4	0.000 0	0.114 7	0.131 9	0.000 0	0.036 6	0.642 4	0.010 0	0.039 2	0.148 8
周宁	0.760 1	0.139 9	0.068 7	0.128 5	0.196 1	0.000 0	0.561 6	0.010 0	0.046 8	0.129 8
柘荣	0.644 6	0.135 4	0.049 9	0.109 2	0.068 6	0.081 1	0.668 6	0.000 0	0.099 2	0.239 4
泉州市辖区	0.518 6	0.040 6	0.065 6	0.021 8	0.568 6	0.580 4	0.401 2	0.167 7	0.009 2	0.592 1
惠安	0.195 6	0.363 9	0.085 3	0.004 8	0.568 6	0.515 4	0.401 2	0.039 2	0.267 8	0.442 7
晋江(含石狮)	0.038 1	1.000 0	0.170 6	0.003 4	0.549 0	0.553 7	0.352 6	0.515 8	0.532 3	1.000 0

续表

县(市、区)名称	森林资源因子				气候条件因子			社会经济因子		
	森林覆盖率	阔叶林占林分比重	单位面积蓄积量	人均占有森林面积	年均气温	≥10℃活动积温	年均降水量	旅游收入	人均社会总产出	道路网密度
南安	0.506 8	0.037 6	0.060 8	0.022 6	0.598 0	0.607 3	0.480 4	0.039 2	0.167 1	0.445 9
安溪	0.698 4	0.106 8	0.083 4	0.061 7	0.607 8	0.635 0	0.502 2	0.016 4	0.138 5	0.564 3
永春	0.699 8	0.240 6	0.162 3	0.058 8	0.558 8	0.549 6	0.559 2	0.010 7	0.141 0	0.537 1
德化	0.820 5	0.201 5	0.387 8	0.178 5	0.460 8	0.292 3	0.507 9	0.017 0	0.202 2	0.411 7
漳州市辖区	0.397 8	0.255 7	0.011 5	0.010 6	0.617 6	0.662 1	0.517 0	0.092 6	0.344 0	0.469 9
龙海	0.543 5	0.145 9	0.048 0	0.028 7	0.647 1	0.635 7	0.480 1	0.002 5	0.214 9	0.406 0
云霄	0.571 1	0.554 9	0.018 9	0.047 0	0.617 6	0.671 6	0.578 0	0.002 1	0.078 9	0.233 7
漳浦	0.529 1	0.314 3	0.024 5	0.043 8	0.607 8	0.647 4	0.507 9	0.007 0	0.112 5	0.221 7
诏安	0.636 7	0.204 5	0.000 0	0.045 0	0.627 5	0.698 1	0.501 2	0.002 1	0.091 5	0.254 6
长泰	0.653 8	0.139 9	0.102 5	0.099 6	0.627 5	0.652 6	0.485 4	0.008 1	0.208 6	0.275 5
东山	0.246 8	0.658 7	0.121 4	0.011 6	0.588 2	0.531 4	0.339 8	0.011 1	0.224 8	0.512 4
南靖	0.769 3	0.634 6	0.164 0	0.133 3	0.627 5	0.667 9	0.565 6	0.001 8	0.197 2	0
平和	0.736 5	0.336 9	0.076 6	0.000 0	0.627 5	0.668 3	0.569 3	0.003 4	0.065 5	0.177 3
华安	0.699 8	0.249 6	0.242 6	0.178 0	0.598 0	0.669 1	0.465 0	0.023 6	0.107 4	0.274 2
莆田市辖区	0.124 7	0.305 3	0.077 8	0.004 2	0.411 8	0.616 2	0.429 7	0.009 9	0.108 5	0.257 1
仙游	0.677 4	0.258 7	0.117 7	0.039 3	0.529 4	0.531 4	0.509 6	0.002 8	0.037 9	0.216 6
厦门市辖区	0.388 6	0.144 4	0.135 9	0.017 1	0.607 8	0.507 8	0.362 7	1.000 0	0.809 7	0.567 5
福州市辖区	0.487 1	0.461 7	0.209 1	0.011 6	0.470 6	0.631 1	0.444 0	0.006 3	0.537 1	0.382 5
闽侯	0.548 8	0.231 6	0.131 1	0.062 0	0.460 8	0.447 1	0.490 1	0.004 9	0.232 7	0.120 3
闽清	0.686 6	0.388 0	0.242 9	0.104 6	0.480 4	0.438 1	0.442 6	0.001 1	0.202 1	0.192 5

续表

县(市,区)名称	森林资源因子				气候条件因子			社会经济因子		
	森林覆盖率	阔叶林占林分比重	单位面积蓄积量	人均占有森林面积	年均气温	≥10℃活动积温	年均降水量	旅游收入	人均社会总产出	道路网密度
永泰	0.773 3	0.293 2	0.199 0	0.148 1	0.196 1	0.415 3	0.563 9	0.007 2	0.065 4	0.149 5
长乐	0.199 6	0.351 1	0.211 1	0.009 3	0.441 2	0.422 2	0.439 2	0.023 8	0.247 9	0.283 1
福清	0.279 6	0.297 8	0.178 0	0.016 7	0.480 4	0.462 7	0.505 2	0.005 7	0.325 8	0.309 1
平潭	0.262 6	0.729 3	0.071 4	0.008 6	0.460 8	0.462 9	0.383 2	0.002 6	0.052 3	0.578 2
连江	0.550 1	0.284 2	0.107 5	0.032 1	0.421 6	0.380 1	0.511 9	0.000 3	0.143 6	0.364 2
罗源	0.542 2	0.078 2	0.073 1	0.074 8	0.411 8	0.373 9	0.547 1	0.000 4	0.199 4	0.205 8
台北	0.573 5	0.715 8	0.836 8	0.003 3	0.754 9	0.909 2	0.698 1	0.040 6	1.000 0	0.896 1
宜兰	0.805 7	0.325 6	0.813 9	0.148 7	0.735 3	0.795 8	0.865 8	0.021 6	0.279 8	0.670 1
苗栗	0.407 5	0.589 5	0.746 0	0.107 9	0.774 5	0.773 1	0.639 1	0.013 8	0.575 6	0.627 0
台中	0.597 1	0.597 0	0.782 5	0.002 0	0.745 1	0.848 7	0.664 6	0.023 3	0.944 3	0.823 9
花莲	1.000 0	0.751 9	0.761 2	1.000 0	0.813 7	0.856 3	0.668 6	0.012 2	0.220 6	0.613 0
南投	0.767 8	0.587 2	0.888 2	0.242 5	0.803 9	0.848 7	1.000 0	0.019 8	0.369 3	0.625 5
嘉义	0.061 6	0.548 9	0.698 0	0.007 0	0.784 3	0.818 4	0.634 4	0.013 3	0.278 1	0.597 2
高雄	0.175 3	0.580 5	0.678 8	0.034 0	0.951 0	0.977 3	0.530 4	0.023 9	0.855 2	0.824 6
台东	0.872 0	0.709 8	0.856 9	0.459 3	0.931 4	0.947 0	0.597 5	0.017 9	0.227 1	0.897 4
屏东	0.658 8	0.700 8	0.731 8	0.099 8	1.000 0	1.000 0	0.664 6	0.020 8	0.257 8	0.598 5
桃园	0.221 9	0.535 5	0.687 7	0.000 9	0.607 8	0.697 4	0.664 6	0.025 2	0.731 0	0.634 1
新竹	0.367 7	0.443 9	0.665 5	0.045 9	0.696 1	0.765 5	0.575 1	0.031 2	0.195 7	0.383 0
云林	0.847 8	0.754 6	0.743 4	0.004 4	0.784 3	0.815 1	0.496 8	0.026 8	0.173 2	0.261 5
彰化	0.000 0	0.666 7	0.785 5	0.005 3	0.754 9	0.810 9	0.597 5	0.042 2	0.169 2	0.595 7
台南	0.896 7	0.466 8	1.000 0	0.030 5	0.902 0	0.924 4	0.668 6	0.044 3	0.167 9	0.472 2

表 13-13　样本数据投影值

市县名称	投影值	市县名称	投影值	市县名称	投影值
南平市辖区	1.366 1	连城	1.358 8	莆田市辖区	0.647 1
顺昌	1.682 2	宁德市辖区	0.951 8	仙游	0.724 9
建阳	1.582 1	福鼎	1.039 8	厦门市辖区	0.731 6
建瓯	1.538 1	霞浦	1.024 2	福州市辖区	0.934 3
浦城	1.233 9	福安	0.905 5	闽侯	1.065 8
邵武	1.565 1	古田	1.157 5	闽清	1.029 6
武夷山	1.515 7	屏南	1.368 2	永泰	1.194 5
光泽	1.543 6	寿宁	1.159 6	长乐	0.963 2
松溪	1.187 3	周宁	1.184 6	福清	0.706 0
政和	1.033 3	柘荣	1.116 1	平潭	0.789 8
三明市辖区	1.513 2	泉州市辖区	0.938 2	连江	0.878 4
明溪	1.749 0	惠安	0.468 4	罗源	0.957 8
永安	1.385 4	晋江	0.756 4	台北	0.582 2
清流	1.630 2	南安	0.610 2	宜兰	0.519 7
宁化	1.426 2	安溪	0.770 0	苗栗	0.717 6
大田	1.078 2	永春	0.911 3	台中	1.148 9
尤溪	1.412 5	德化	1.387 9	花莲	1.665 7
沙县	1.475 2	漳州市辖区	0.569 5	南投	1.406 4
将乐	1.706 3	龙海	0.594 7	嘉义	0.394 0
泰宁	1.615 1	云霄	0.539 1	高雄	0.411 5
建宁	1.631 9	漳浦	0.619 8	台东	1.218 2
龙岩市辖区	1.431 0	诏安	0.552 6	屏东	0.730 5
长汀	1.467 6	长泰	0.620 1	桃园	0.519 7
永定	1.226 1	东山	0.479 1	新竹	0.717 6
上杭	1.104 2	南靖	0.722 4	云林	0.749 6
武平	1.309 1	平和	0.740 0	彰化	0.333 8
漳平	1.434 1	华安	0.871 1	台南	0.603 3

从图 13-8 样本数据投影值散点图可以看出福建、台湾 81 个市县投影值差异较大,变动范围为 0.281 3～1.638 6,从投影散点图的密集程度和分布情况,闽台生态资源的投影点聚为三类比较合适。

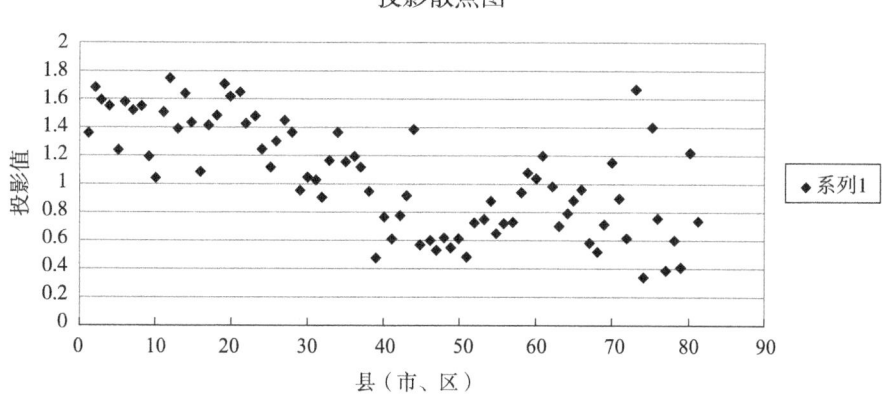

图 13-8　样本数据投影值散点图

(2)投影值聚类分析与区划

为了更准确地划分生态旅游资源等级,将所获得的投影值采用聚类分析聚成三类。研究不同变量或样本的亲疏关系,通常把每个变量或样品看成 m 维空间中的一点,进而在 m 维空间中定义点与点之间的距离,距离较近的归为一类,距离较远的归为不同的类。本研究采用的定义两点之间的距离采用的是欧式距离,是距离分析中最为常用的,其公式为:

$$d_{ij}=\sqrt{\sum_{k=1}^{m}(x_{ik}-x_{jk})^2} \tag{13-17}$$

系统聚类的具体步骤如下:

步骤一,计算各 n 个样本或个案的距离 d_{ij},记做 $D=d_{ij}$。

步骤二,构造 n 个类,使每个样品或个案自成一类。

步骤三,计算类与类之间的距离,并将距离最近的合为一类,类的数目减一。

步骤四,根据新类与当前各类的距离继续合并,直到合并为一类,类的个数为一。计算新类和当前类的距离;本研究采用最小聚类方法。

步骤五,画聚类图。

步骤六,分析并决定距离个数和各类别的性质。

闽台生态旅游资源系统聚类图如图 13-9 所示,经计算并结合实际可以将闽台生态旅游资源分为三类,如表 13-14 所示。

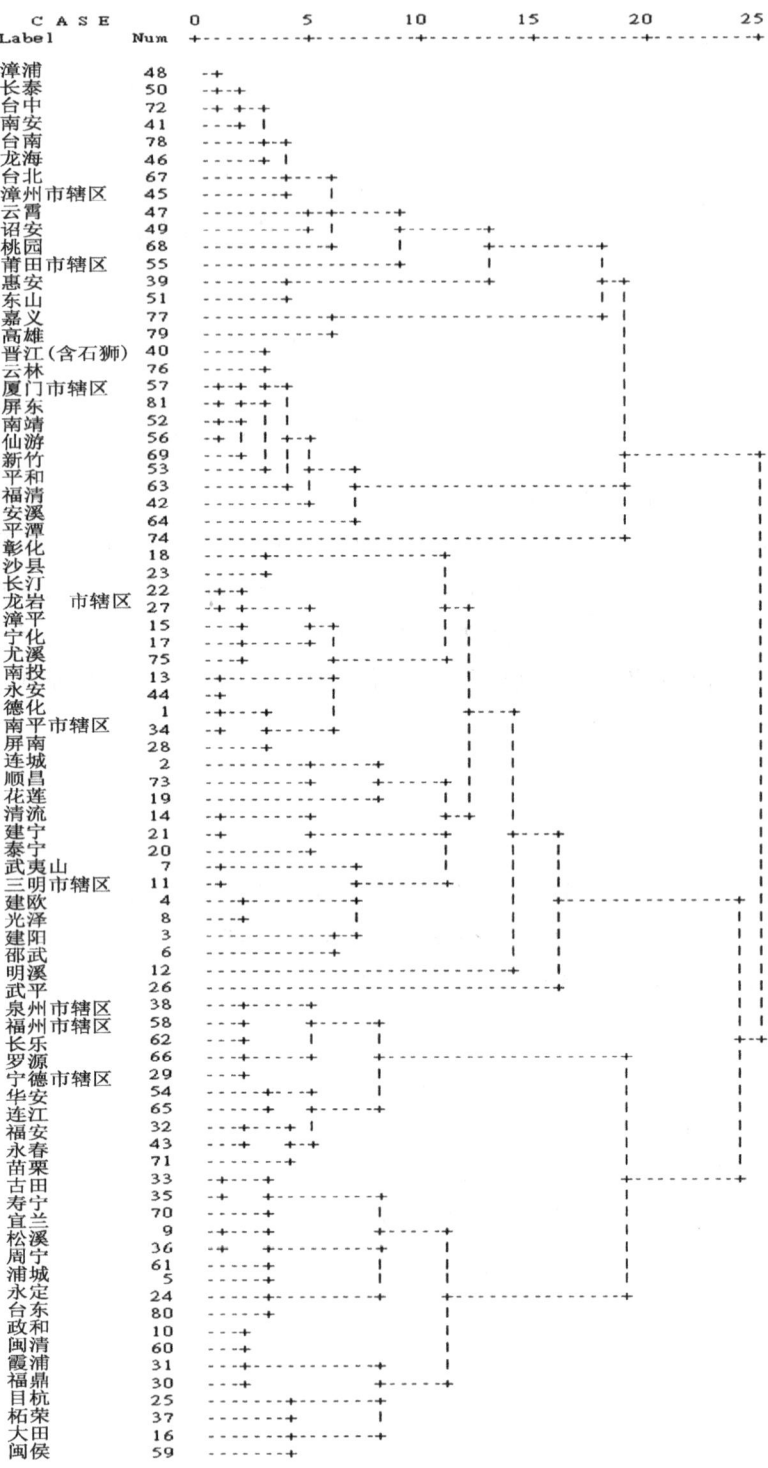

图13-9 闽台生态旅游资源系统聚类图

表 13-14　福建、台湾生态旅游资源聚类分析结果

等级	市县名称
第一级	南平市辖区、顺昌、建阳、建瓯、邵武、武夷山、光泽、三明市辖区、明溪、永安、清流、宁化、尤溪、沙县、将乐、泰宁、建宁、龙岩市辖区、长汀、武平、漳平、连城、屏南、德化、蒲城、南投
第二级	松溪、政和、大田、永定、上杭、宁德市辖区、福鼎、霞浦、福安、古田、寿宁、周宁、柘荣、泉州市辖区、永春、华安、漳平市、德化县、福州市辖区、闽侯、闽清、永泰、长乐、连江、罗源、宜兰、花莲、屏东、台东
第三级	惠安晋江(含石狮)、南安、安溪、漳州市辖区、龙海、云霄、漳浦、诏安、长泰、东山、南靖、平和、莆田市辖区、仙游、厦门市辖区、福清、平潭、台北、桃园、新竹、苗栗、台中、彰化、云林、嘉义、台南、高雄

(3) 结果分析

从分类结果可以看出：

南平市 10 个县(市、区)中，除松溪、政和属于第二等位外，其余的 8 个县属于第一等位；三明市 11 个县(市、区)中，大田位于第二等位，其余的 10 县(市、县)位于第一等位；龙岩市 7 个县(市、区)，永定和上杭属于第二等位，龙岩市辖区、长汀等 5 个县(市、区)属于第一等位；宁德市 9 个县(市、区)中，除屏南属于第一等位，其余 8 个县(市、区)属于第二等位；泉州 7 个县(市、区)中，德化位于第一等位，其余六个县属于第三等位；漳州 10 个县(市、区)中，除华安位于第二等位，其余 9 个县(市、区)属于第三等位；莆田市 2 个县(市、区)和厦门均属于第三等位；福州市 9 个县(市、区)中，福州市辖区属于一等位，其余 8 县属于第二等位；台湾 15 个县(市、区)中，南投属于第一等位，花莲、宜兰、台东、屏东位于第二等位，台北、高雄、云林等 10 个县(市、区)属于第三等位。

从生态旅游资源分布情况可以说明，闽西、台中属于生态旅游资源丰富、经济发展相对落后，生态旅游发展潜力巨大的地区；闽中、台东地区属于生态旅游资源较丰富、经济发展较好，属于生态旅游发展潜力较大的地区；闽东南、台西地区位于沿海地带，地理位置优越、得天独厚，经济发展迅速，但生态旅游资源相对匮乏，属于生态旅游发展潜力一般的地区。

在坚持"优势互补、资源共享、区域互动"的基础上，整合资源优势，针对不同地区不同特点分别提出不同的开发策略。整合闽北、台中资源优势，开发独具特色的山岳之旅；闽中、台东地区开展美丽多姿的生态之旅；闽东南、台西地区开展浓郁现代气息的滨海之旅。

13.5.7 小结

应用投影寻踪分类模型对闽台生态旅游资源进行评价，把多维数据投影成一维数据。投影值越大，表示生态旅游资源评价越好，运用聚类分析的方法对投影值进行聚类，进而根据聚类结果进行区划，聚成一类的划为一个等级区。根据投影点的散点分析，闽台生态

旅游资源聚为三类比较合适。从闽台生态旅游资源的分布情况可以看出，福建生态旅游资源大致由内陆向沿海递减，即由内陆到沿海分别为第一等级、第二等级、第三等级；台湾生态旅游资源由中部山脉向东西两岸递减，即中部第一等级，东部第二等级、西部第三等级，这与福建、台湾的生态资源的地理分布相似。从福建、台湾的生态旅游资源的实际出发，做好生态旅游资源的区划，为开发、利用生态旅游资源，制定长期的发展规划提供一定的理论依据。

13.6 闽台生态旅游资源的开发利用研究

生态旅游资源一般分为自然旅游资源和人文景观旅游资源。自然旅游资源的分布一般受环境、人为、时间等因素的影响。在大自然的演替当中，自我恢复能力有限且时间较长，若开发利用不当，则造成难以恢复的破坏。而人文景观旅游资源则有明显的历史特点，具有鲜明的地域特色和人文特色，是人类历史文化的遗产。为了更好地利用闽台生态旅游资源，必须同时兼顾自然旅游资源和人文旅游资源，在保障原汁原味的旅游资源基础上，开发新的旅游产品，实现生态旅游资源的可持续利用。

13.6.1 生态旅游资源开发利用的原则

(1) 坚持保护、开发、利用相结合的原则

在闽台生态旅游资源的开发利用过程中，必须坚持开发利用相结合的原则，即在开发旅游产品的同时，保护生态旅游资源的完整性，维护生态系统的稳定性。始终坚持"保护第一，开发第二"的理念，始终坚持可持续发展的原则，遵循相关法律法规，切不可以牺牲环境为代价换取发展。对旅游区的相关工作人员定期进行环境保护的教育，提高环境保护意识。对旅游产品的开发利用进行科学的评价，对旅游产品开发后的环境影响进行评估，力争对环境的影响降到最低。

(2) 地域特色原则

目前，生态旅游百花齐放、百家争鸣，如何在众多的旅游产品中取胜，关键在于要有自己的特色，有吸引别人眼球的独特魅力。有个性才有吸引力，有个性才有竞争力。在闽台生态旅游的开发利用中，认清各自的旅游优势，实现文化与自然的完美结合。让旅游者体验大自然无穷魅力的同时体验不同风格的民俗风情，如闽西－台中旅游的森林之美，闽西南旅游的民俗之美，台东北旅游的滨海之美。

(3)坚持综合开发利用原则

在生态旅游的开发利用中,应坚持可持续综合开发利用的原则。单一的旅游产品无法长期打动旅游者的心。在开发利用过程中,不仅要考虑旅游产品个体的开发利用,同时要考虑环境、服务设施、娱乐、基础建设、客源市场等方面,形成一系列集"休闲、娱乐、度假、疗养"于一体的综合性旅游区。

13.6.2 闽台生态旅游开发利用思路

对闽台生态旅游资源进行科学客观的景观评价,结合闽台生态旅游资源的实际分布情况和旅游发展规划,做好生态旅游资源的区划。为长期保护、开发、利用资源制定切实可行的旅游发展规划。在认清闽台生态旅游的实际情况,遵循区划的相关原则和方法,合理区划不同区域,确定区划的界限及各分区的性质、特征和位置,同时确定各区划的旅游中心。

根据闽台生态旅游的研究,结合福建、台湾各旅游热线,闽台生态旅游的战略重点应该是"三线五区"。"三线"指的是闽西—台中山岳之旅,闽中—台东生态之旅,闽东南—台西滨海旅游线路。

(1)闽西—台中山岳旅游线路:是以武夷山、雪山山脉、中央山脉、阿里山、玉山为依托,以自然保护区、国家森林公园与风景区、畲族、布依族、傣族村寨等为载体,充分开发旅游资源,体现旅游特色。

(2)闽中—台东生态旅游线路:以戴云山、太姥山、太鲁阁峡谷、花东纵谷为依托,以风景区旅游区为载体,发展区域特色旅游。

(3)闽东南—台西滨海旅游线路:以厦门、泉州、漳州、台北、高雄、台中等都会城市为依托,以都市体验、宗教文化、休闲度假为载体,发展滨海生态旅游,将分散的旅游区连为一体。

"五区"是指在三线的基础上,根据各地的旅游特色更为细化的布局,具体的五个功能区为:

(1)闽北—台中旅游产业集群,整合南平、三明、南投、花莲旅游资源,以武夷山、阿里山为中心,开发独具特色的山地生态旅游度假胜地。

(2)闽东—台东旅游产业集群,以宁德、基隆、花莲、台东为中心,以国家风景区、森林公园、海滨海鸟、悬崖峭壁为重点,主推山海风光生态旅游。

(3)闽东南—台西旅游产业集群,以厦门、泉州、漳州、高雄、台中为中心,以滨海沙滩、宗教文化、人文风情为重点,主推滨海生态旅游。

(4)福州—台北旅游产业集群,以福州、台北为中心,以三坊七巷、船政文化、妈祖文化、阳明山公园、台北故宫为重点,主推都会生态游。

(5)闽西—鹿港、埔里、台南旅游产业集群,以客家文化、土楼、历史文物古迹、蝴蝶起舞为重点,主推小镇古都生态旅游。

13.6.3 闽台生态旅游产品现状

福建、台湾的旅游资源总量丰富,种类繁多,同时具有相似性和异质性,互配性良好,有利于开展旅游合作。

台湾四面环海,地处环太平洋火山地震带上,兼具喀斯特地貌和海蚀地貌,故多山水、火山群、温泉、海滨。东部海岸平直,断崖陡峭、奇岩怪石,西部海岸平缓,多海滨浴场;同时,台湾兼容闽南、客家、外省及少数民族等不同族群文化,各种文化相互交织融合,形成绚丽多彩的人文风情。台湾旅游业发展较早,旅游产品及配套设施也较完善。目前国家风景区有17个(本岛15个,离岛2个即澎湖国家风景区、妈祖国家风景区),国家公园8个,森林游乐区18个,离岛特色7个,特色小镇3个,主题公园41个(民营游乐园22个、公营游乐园2个、海洋水族馆4个、植物园7个、动物园6个),博物馆、美术馆59个。台湾交通便利,岛内国际机场、省内机场、铁路、公路纵横交织,四通八达,相互交织,给旅游提供了极大的方便。

福建西靠武夷山脉,东临台湾海峡,自然风光秀丽宜人,名胜古迹众多,山岭起伏,旅游资源丰富多彩。可概括为名山秀水、瑰丽多姿,沙滩海滩、风光旖旎,奇石异洞、浑然天成,清江平湖、风姿绰约,柳泉瀑布、飞珠溅玉,名木佳卉、奇美挺秀。目前福建生态旅游产品的开发仍处于发展阶段,与旅游配套的基础设施不完善。

13.6.4 闽台生态旅游资源开发与利用

由于闽台两地地理位置、资源条件、经济条件等各不相同,因此在生态旅游资源的规划过程中要因地制宜,不可千篇一律地重复建设。从闽台生态旅游资源的区划结果看,福建生态旅游资源等级由内陆向沿海逐级递减,与生态旅游的地理位置分布大致相似。台湾生态旅游资源等级中部山脉最高,为第一等级;东部和西部分别位于第二等级和第三等级,与生态旅游资源地理分布大致相似。对闽台81个市县投影值聚类分析,得到81个市县呈三条带状分布,分别对应第一等级、第二等级、第三等级。因此,根据所处不同等级并结合实际情况分别采取不同的经营管理措施。

(1)生态旅游资源第一等级的开发与利用

闽西—台中地区属于生态旅游资源丰富,经济发展相对落后的地区,生态旅游资源发展潜力巨大。该区域四周群山叠翠,地貌类型复杂多样,动植物资源丰富。旅游业一直是闽北、台中的支柱产业,在区域经济建设中起着重要作用。

多年来旅游一直是大众烦琐工作后放松身心的首选,福建、台湾更热衷于远离城市的森林旅游,暂时抛开一切烦恼,体验大自然,但环境破坏随之而来。随着人们保护环境意识的不断提高,森林生态旅游日益引起普遍的关注,特别是在保护生态系统的基础上,突出旅游特色,打造特色旅游。针对该区域以森林为主,景观单调的特点,提出在原有森林旅游项目的基础上增加科普教育、攀岩、探险、水上娱乐、特色美食、观光等生态旅游活动;同时完善相应的配套设施建设,在人们保护自然资源的基础上,尽可能地开发利用生态资源,形成一个产业链。

在调查福建、台湾的生态旅游资源的基础上,提出对其现有旅游产品改造的措施。对怪石林立、壁立千仞、交通方便,适合户外攀岩的地区大力发展攀岩运动,通过设定既定的任务和规则,结合大自然本身的各种险阻、挫折,提高自身的意志力、团队配合沟通能力、应变能力等,不仅能够体验攀岩乐趣、提高野外生存能力,更能提升自己、锻炼自己,提升与人沟通的能力。对自然环境优美,人迹较少的地区可发展探险旅游业,探险一般都是队员间相互合作,通过大自然的重重考验,不仅可提高野外生存能力,而且能体会自然之美,提高团队合作能力。对平缓、蜿蜒曲折的山中小溪,可开展水上运动,如划竹排、皮艇、游泳等,不仅陶冶身心,更增强体质;森林中丰富的动植物资源,千奇百怪的岩石,是进行科普教育最好的资源,是认识自然、揭示自然规律的最好范例,提高学生的综合素质。对地势比较平缓、景色优美的地方,可开展观光旅游。

交通、娱乐、住宿等基础设施建设是影响旅游产品开发的重要因素,在生态系统完整性基础上,尽可能地完善基础设施建设。在旅游资源的开发利用过程中,结合地形和本地资源,在现有旅游产品的基础上,进行改造和经营,形成丰富多彩的旅游产品。

该区域的发展战略是深开发、上质量、出特色,重点是加快旅游资源的开发。

(2)生态旅游资源第二等级的开发与利用

闽中—台东生态旅游区,生态资源丰富,经济发展一般,生态旅游资源发展潜力较大。该区域重峦叠嶂,景色秀丽,旅游资源丰富。永定的土楼、古田会议遗址、培田民居、"海上仙都"的太姥山、独具特色的屏南鸳鸯溪、天然良港三都澳、峡谷风情太鲁阁,都是不可不去的旅游胜地。但由于各个地方受交通设施不完善、单一的旅游产品、较弱的政府扶持力度等因素的影响,闽中、闽东北、台东的生态旅游产业水平各不相同。闽中地区着重开发红色旅游即文化小镇,闽东北和台东地区重点发展生态旅游即自然景观的参观。根据因地制宜、突出重点、合理布局的原则,制定不同的旅游规划。

根据福建游客入台和台湾游客赴闽旅游的动机不同,制定不同的旅游策略。福建、台湾民间宗教盛行,宗教文化共性极强,台湾民间大都认同福建为台湾宗教文化的起源地,宗教建筑是台湾宗教的祖庙,每年都有众多的台湾游客来闽进香请神,当然不乏福建游客赴台祭奠。在旅游产品的销售时间上主要集中在每年的固定时间,季节性变化较大,同时旅游产品单一、极具封建迷信思想、旅游接待不善的缺点,制约着宗教文化旅游产品的开发。针对这一特点,宗教文化旅游应注重新旅游产品的开发、产品内涵的提高、旅游接待设施的提高,形成教徒与非教徒、中老年与青少年、文化水平高与低的兼容性旅游产品。对历史文物古迹要尽量还原原始面貌,修旧如旧,增强其科学内涵;对一些主题公园可以运用高科技营造,如丝绸之路、海景博物馆等;对观光旅游资源,不仅要体现其特色,满足游客对形成原因的探究,更要合理安排旅游线路,不让游客有走马观花、疲于奔命之感。在现有的旅游产品的基础上,不断深入开发和经营,体现本区域的旅游特色。

该区域的旅游发展战略是实施深开发、创新品、打新牌,重点是旅游资源的合理分配。

(3)生态旅游资源第三等级的开发与利用

闽东南—台西滨海旅游区属于生态旅游资源一般,经济相对发达,生态旅游发展潜力一般的地区。该区域地势平坦且交通便利,福建、台湾主要城市大多位于此区域,如福建的厦门、泉州、漳州,台湾的台北、台中、高雄等地。绚丽的海滨风光(天蓝、水碧、林密、湾奇)、鬼斧神工的海蚀石群、大开眼界的博物馆、犹如仙境的海底景观、让人目不暇接的海蚀柱(海蚀崖、海蚀坑、风动石等)、欢乐无穷的大型游乐场、滋润身体的温泉、垂涎欲滴的特色美食、展现现代文明的都市文化等让人流连忘返,沉迷其中。该区域属于经济相对发达、人口密集区域,由于受人为因素的干扰,环境承载量已高负荷运行,若照此趋势发展,势必导致环境的严重破坏,甚至影响人类的正常生活,因此对该区域进行合理规划迫在眉睫。

在今后的建设过程中要有效地控制城市发展用地,保护城市外围环境,营造绿色空间,从而形成一种既接近自然又较少干扰自然的城市空间发展模式。要进一步加强城市生态环境的建设,完善城市绿地规划。在城市绿化的选择上注重植物的多样性,台湾与福建仅一水之隔,地理位置大致相似,两地植物大致相似,闽台两地可加大植物的引种工作,提高树种多样性。同时可引进对方的资金、人才、技术、管理方法等,完善已有的综合公园或主题公园。重点发展城市街道带状绿化和居民小区团状绿化,提高城市园林绿化质量和水平,另外,对原有的文化做好保护工作(如文物古迹、古树名树的保护)。

改善现有的旅游产品,部分现有产品已不能满足游客的需求,两岸旅游不仅仅是观光旅游、休闲旅游、文化旅游、休学旅游、商务旅游成为主趋势。根据旅游目的的不同,开发新的旅游产品,调整宾馆类型及内部结构,完善服务设施,建设一批能够满足游客需求的多功能宾馆、餐厅和其他服务设施。都市生活的快节奏要高情感的补偿,因此,娱乐休闲产品的开发势在必得,需要完善旅游服务。

该区域的发展战略是强开发、上层次、升质量,重点是完善旅游产业体系。

13.6.5 闽台生态旅游的五个功能区

根据福建、台湾的旅游资源区划意见和实际状况调查,闽台划分为五个功能区,即闽北—台中旅游功能区、闽东—台东旅游功能区、闽东南—台西旅游功能区、福州—台北旅游功能区、闽西—鹿港、埔里、台南旅游功能区。目前闽台五个功能区处在不同的发展阶段,因此根据各自实际情况采取不同的发展战略。

(1) 闽北—台中(南投)旅游功能区

以"世界双遗产地"武夷山和阿里山为中心的闽北—台中是五个功能区里经济较为落后的地区。该区域山清水秀,风光旖旎,还具有浓厚的文化底蕴。主要的旅游景点有福建的武夷山自然保护区,南平茫荡山、九峰山,建瓯归宗岩、万林木、松溪湛庐山,泰宁金湖,永安桃花源,将乐玉华洞,甘露岩寺,寨下大峡谷等;台湾的日月潭,清境小农场,庐山温泉、东埔温泉,双龙瀑布、龙凤瀑布,集集支线铁路等。

台湾中部旅游发展较早,南投有"台湾瑞士"的美称,自 1999 年地震后,台湾人民正致力恢复昔日"台湾瑞士"的风貌。与台湾中部旅游发展较早相比,福建北部的旅游业发展较晚,是近几年才崛起的一个新兴旅游区,旅游资源丰富、品位高、组合佳。但闽北的生态游却发展相对落后,尤其是森林公园和自然公园。由于特殊的地貌形态,闽北、台中一直是著名的风景旅游区,又是自然遗产与文化遗产产区,每年都有大批游客来此旅游。美中不足的是区内城乡建设却不能与之相匹配,若区内城乡的建设也同样光鲜亮丽,无疑是锦上添花。因此加快区内城乡建设势在必行。将区内城市乡镇建设风格与当地自然环境、自然景观、人造景观、空间形态遵循"宜散不宜聚、宜土不宜洋、宜低不宜高、宜藏不宜露"原则巧妙地结合,提高区内旅游产品品味,塑造光鲜亮丽的城市乡镇形象,是现代生态旅游发展的大趋势。

闽北—台中的战略重点是深交流合作、拓产品开发、推市场互动、建交流平台。

(2) 闽东—台东旅游功能区

闽东旅游区旅游业发展起步较晚,鹫峰山脉与太姥山贯穿本区大部分区域。这里依山傍水、重峦叠翠、溪流纵横交错,造就了众多天然画廊和富有特色的"山川文化、宗教文化、畲族风情"。"海山仙都"太姥山、独具特色屏南鸳鸯溪、曾被永乐帝赐为"天下第一山"的支提山、周宁九龙漈瀑布群与鲤鱼溪、光影滩涂霞浦、古田临水宫与平南湖、天然良港三都澳等都是令人神往的好去处。闽东是福建开发最早的地区之一,有着深厚的人文历史沉淀。霞浦黄瓜山遗址、福鼎南广古窑址、马栏山遗址、霞浦大京古城堡、古田吉祥寺塔、畲族赛歌对歌(婚礼仪式、传统服饰、饮食)等代表闽东的文化沉淀。

台东地区(花莲、台东、宜兰)旅游业较闽东地区发展早,属于近山傍海的狭长地带。由于丰富无污染的自然景观及少数民族人文特色,成为最美、最多元的旅游胜地,近年来兴起的出海赏鲸豚的生态活动,更是增添了其旅游魅力。区内景点甚多,宜兰海岸国家风景区、蕃薯寮、石梯坪、秀水峦溪泛舟、八仙洞、石雨伞、乌石鼻、三仙台、东河桥、水往上流、杉原海水浴场、小野柳、绿岛、鲤鱼潭、池南国家森林游乐区、理想度假村、新光兆丰休闲农场、林荣公园、凤凰山庄、林田山林业文化园区、凤林游憩区、马太鞍湿地、太巴朗部落、花莲糖厂、富源国家森林游乐区、电光泥火山、鹿野高台、鹿野观光茶园、布农部落、延平红叶温泉、初鹿牧场、利吉恶地等都是旅游的好去处。

闽北、台东具有丰富的旅游资源，两地重视当地旅游业的发展，但由于起步较晚，一些旅游项目正在建设尚未完成，两地应加强建设重点旅游项目、强化旅游产业要素、完善旅游产品体系，在旅游品牌和旅游精品上有重大突破。以宁马台航线的开辟为契机，建立旅游交流合作机制，为两地旅游资源共享、旅游市场开发、产业互动、信息交流提供平台。同时政府加大扶持力度，为旅游交流开绿灯，扩大对外宣传，提高品牌效应，以吸引更多的人来此旅游。旅游产品的开发出亮点，兼顾自然形态，如闽东、台东由于特殊的地理位置，奇岩怪石甚多，在旅游产品的开发工程中尽量保持原貌，同时也可举办石刻大赛。

闽东—台东的战略重点是抓机遇、建平台、增产品亮点、提品牌效应。

(3) 闽东南—台西旅游功能区

该区域以厦门、泉州、漳州、台北、台中、嘉义、高雄、台南为龙头，是经济最为发达地区，人口密集，旅游资源丰富（如国家风景区、国家公园、森林游乐区、主题公园、博物馆、美术馆）、旅游服务设施完善、旅游管理体制健全，是福建和台湾主要的旅游基地。福建与台湾仅一水之隔，厦门与金门仅隔20多海里，同根同源。台北故宫、士林官邸、石门水库、桃园龙潭、司马库斯部落、糊口老街、青草湖、泰安温泉、三义木雕博物馆、逢甲夜市、八仙山、南瑶宫、樟湖风景区、大天后宫、赤崁楼、西子湾、莲池潭、爱河等是不可不去的旅游景点。闽东南主要有鼓浪屿、南普陀寺、厦门大学、梵天寺、五老峰、华侨博物馆、开元寺、关岳庙、天后宫、状元街、清源山、九日山、凤山寺、安溪文庙、屈斗宫古瓷窑遗址、南山寺、林语堂纪念馆、百花村、赵家堡、三坪寺、田螺坑土楼村、怀远楼等众多景区。

该区域旅游产品以观光型为主，目前产品结构正处于从单一的观光型向集度假、休闲、娱乐、文化、会展、商贸等为一体的综合性旅游转变。很大部分的旅游产品不能够提供较高质量的体验水平，旅游产品未形成特色"龙头产品"，主体性、专题性旅游产品更是少之又少。对文化旅游产品的包装、市场营销不够到位，未形成强大号召力的旅游品牌。以海洋为主题的旅游产品、旅游线路单一，娱乐活动枯燥单调，旅游产品质量与国际有较大差距。

闽东南—台西的战略重点是深开发、上质量、调市场营销策略、突自身特色。

(4) 福州—台北旅游功能区

福州素有"八闽首府"的美誉，有2 200多年的历史，城内有风景秀丽的乌山、于山、屏山，形成了福州"山在城中、城在山中"的独特景象。漫步福州，满街连枝带叶的榕树，因此福州也有"榕城"之说，参天榕树，长长的根像老树的胡须般垂下来，迎风飘扬，默默诉说着这个城市的悠久历史。福州融山林海滨风光、历史文化景观和现代都市风貌于一体，打造十大旅游精品：八闽制度文化游、青山秀水峡谷游、寿山灵石奇趣游、罗源畲家风情游、海上丝路郑和游、昙石山闽台同根游、山海渔民参与游、平潭海蚀奇观游、九鲤湖飞瀑风光游和妈祖朝圣游。

台北自清末以来一直是台湾的最高行政首府,交通、经济、文化、娱乐各方面持续蓬勃发展,早已迈入国际城市之列,是台湾北部的游览中心。在商业区中发展的各色娱乐、餐饮、衣饰等流行事物,形成的聚集商圈,成为台北市最热闹的城市景象。散布市内的博物馆、展览厅,以包罗万象的主题,丰富了城市的文化底蕴。由于特殊的火山地形地质,建成了时间上最接近都会的"阳明山国家公园",北投的温泉区是泡汤的好去处。台北名胜古迹颇多,台北城门、龙山寺、保安宫、孔庙、指南宫、圆山文化遗址等见证台湾悠悠历史,台北、剑潭、北安、福寿、双溪等公园,也都是游览的好去处。

福州、台北是集时尚与怀旧、现代与传统、激情与慢热于一身的现代化都市,同根同源,应抓住两地的五缘优势,先行先试,开辟海峡旅游合作的新篇章。台北正在实施"观光资源持续发展政策",对旅游资源重新定位和规划,福州没有台北起步早,正在加快旅游资源的重新定位。

榕城旅游结构不够合理,服务质量有待提高,福州一日游人数几乎占据旅游人数的一半,短程客源市场发展较好,而远程客源市场开发不足,国内长线与国际游客较少,过夜率较低。台北游客以日本、港澳为主,2008年后才有大批大陆游客入台,缺少有知名度、有竞争力的核心旅游产品。目前榕台的旅游产品仍处于"满月星、缺月亮"的阶段,特色鲜明、内容丰富、设施完善的旅游产品尚未形成。城市形象有待提高,应加强城市营销手段,争取福州迈进国际城市之列,台北国际形象进一步提高。

福州—台北的战略重点是升档次、创精品、促合作、提升城市形象。

(5) 闽西—鹿港、埔里、台南旅游功能区

闽西旅游区是集"绿""红""土"于一体的功能区。"绿"指森林资源,闽西山峰林立,森林资源丰富;"红"指红色革命纪念地,如古田会议会址、长汀革命旧址、瑞金革命遗址等;"土"指客家山歌、客家土楼、客家名人等。鹿港是最能见证台湾早期淳朴风情的代表乡镇,其中最负盛名的是三大古迹、八景、十二胜。三大古迹有文祠、龙山寺、天后宫;八景是曲巷冬晴、隘门后车、宜楼掬月、瓮墙斜阳、兴化怀古、新宫读碑、北头晚霞、钟楼撷俗;十二胜为意楼春深、金厅迎喜、楼井雕栏、铳柜风云、浯江烟雨、石碑敢当、半井思源、日茂观石、古渡寻碑、威灵谒刀、榕荫对奕、圣亭惜字。埔里为台湾岛地理中心,有"小洛阳"之称,每年春夏云淡风轻之时,成千上万的蝴蝶翩然翻飞于蔗林、蕉园、松林之间,美不胜收,故埔里有"蝴蝶王园"的美誉。除上述之外,还有双冬花园,嘟嘟乐园,泰雅度假村、牛耳石雕公园、鲤鱼潭、红香温泉、九族文化村等游览胜地。台南是著名的历史名城,明清时代为台湾首府,保留着众多的文物古迹,有"五步一神""三步一庙"之称。台南呈现新旧杂陈的都市景观,既可见明、清官宅、庙宇、传统民事民宅,也可见西式建筑群体。相互交织在崭新的现代楼房之间,于是在水泥丛中,寻访台湾古建筑成为最具特色的旅游现象。

该区域的发展战略重点是打基础、积实力、深开发、创新品、推周边发展。

13.6.6 小结

对福建、台湾生态旅游资源区域规划进行评价,根据闽台生态旅游资源分布状况和旅游发展规划。从闽台实际生态旅游资源情况出发,在摸清生态旅游资源的基础上,遵循相关原则和方法,找出比较合理的区划界限,确定各旅游区性质、特征、地位、旅游经济中心和今后的发展方向。根据闽台生态旅游资源区划和评价研究的结果,闽台生态旅游资源开发和利用的重点是以"三线"为骨架,以五个功能区为着力点,开发上下游旅游产品,呈现由旅游带动旅游圈、由旅游圈带动旅游区发展的模式,从而形成完整的旅游产业体系,引导游客由单一的目的地观光旅游转向深层次的旅游。

13.7 研究结果

福建、台湾开展生态旅游交流合作的 SWOT 分析,就是对闽台生态旅游发展的内部条件和外部环境进行综合评价,分析其优势、劣势、机遇和挑战。闽台开展生态旅游具有"五缘"的区位优势、政策松动和交流合作加强的政策优势、自然景观与人文景观相互交织的旅游资源优势。同时具有食、宿、娱、医等基础设施待完善、两岸政策需更开放、技术型人才匮乏、旅游资源界定错误的劣势。生态旅游已成为世界旅游的潮流与趋势,福建、台湾应抓住机遇,积极开展两岸交流合作;挑战与机遇并存,闽台开展生态旅游具有区域竞争日益激烈、与传统生态旅游理念相冲突、区域协作意识有待加强、旅游区环境保护与经济利益相冲突的挑战。

从福建、台湾的生态旅游资源评价的结果可知,闽台生态旅游资源的总体得分为 66.954,闽台生态旅游仍处于起步发展阶段,生态旅游资源具有巨大的开发潜力。森林资源因子在闽台生态旅游资源的评价过程中,所占权重最大,达到了 0.676 2,是综合评价闽台生态旅游资源的主导因子,在今后的生态旅游资源的开发利用过程中,森林资源因子是考虑的最重要因素,而经济因子与气候因子所占权重较小,对闽台生态旅游资源的开发利用影响较小。

通过对 1999—2010 年福建、台湾入境游客数量、旅游外汇收入的线性分析可知,1999—2010 年福建入境游客数量一直保持着稳步增长(除 2003 年受非典影响,游客数量有所下降)。其中赴闽台湾游客自 2004 年后才缓慢增长,2007 年后激增。1999—2008 年台湾入境游客数量稳步增长(除 2003 年),2008—2010 年受两岸政策影响,游客数量激增。

　　福建、台湾旅游外汇收入差距较大,台湾的旅游外汇收入一直稳步增长(除2003年受非典影响,外汇收入有所下降)。福建自2008年开始发展本土经济后,旅游外汇收入才缓慢增长。因此福建、台湾的入境游客数量、旅游外汇收入具有巨大的发展空间。

　　生态旅游资源区划的实质就是将研究区内多维分级指标综合成一维或二维指标,然后依据相近等原则进行聚类。本研究采用投影寻踪分类的方法对闽台生态旅游资源进行投影,将多维投影指标投影成一维投影值,投影值越大表明生态旅游价值越高。为避免人为因素干扰,采用聚类分析方法对投影值进行聚类,实现生态旅游资源的科学规划。研究表明,通过投影寻踪分类与聚类分析相结合的方法,以森林覆盖率、阔叶林占林分比重、单位面积蓄积量、人均占有林面积、年均气温、≥10℃活动积温、年均降水量、旅游外汇收入、人均社会总产出、道路网密度等与生态旅游资源密切相关的因子,建立了闽台生态旅游资源指标评价体系。对福建、台湾81个县(市、区)进行投影,投影散点图密集成三点团,资源区划划分为三级比较合适。运用聚类分析方法将投影值聚为三类。生态旅游资源的分级是生态旅游资源区划的依据,可以为生态旅游资源合理经营提供理论依据。

　　福建、台湾的生态旅游资源区划与评价结果表明,闽西北—台中地区属于生态旅游资源丰富、质量高、生态旅游潜力巨大地区。该地区经济发展相对落后于闽东南、台西地区,但生态破坏较少,建设绿色生态旅游腹地,充分挖掘生态旅游潜力,发展生态旅游是增加地方经济收入的重要途径。闽中、闽东、台东属于景观资源丰富、地形复杂、地貌复杂多变地区,生态旅游发展潜力较大。该地区发展重点是加快生态系统的维护和生态旅游景点的建设,以生态自然保护区和生态旅游区为依托,发展生态旅游产业。闽东南—台西地势平缓的沿海地区属于干扰较大、生态旅游资源相对贫乏的地区。该区的发展重点是凸显滨海特色的生态旅游资源开发,加快生态旅游景观建设,提高生物多样性。

参考文献

[1]钟林生,马向远,曾瑜皙.中国生态旅游研究进展与展望[J].地理科学进展,2016,35(6):679-690.

[2]周彬,钟林生,陈田,等.基于生态位的黑龙江省中俄界江生态旅游潜力评价[J].资源科学,2014,36(6):1142-1151.

[3]王瑾,张玉钧,石玲.可持续生计目标下的生态旅游发展模式:以河北白洋淀湿地自然保护区王家寨社区为例[J].生态学报,2014,34(9):2388-2400.

[4]杨倩,蒙吉军,王晓东.基于多维状态空间法的漓江上游生态旅游承载力空间评价及提升策略[J].北京大学学报(自然科学版),2015,51(1):131-140.

[5]赵艳.BOT模式运作下乡村生态旅游项目的发展路径研究:以重庆市为例[J].中国农业资源与区划,2016,37(10):39-44.

[6]是丽娜.新农村建设与乡村生态旅游互动发展模式构建[J].生态经济,2013(11):106-109.

[7]熊鹰.生态旅游承载力研究进展及其展望[J].经济地理,2013,33(5):174-181.

[8]王建英,黄远水,邹利林,等.生态约束下的乡村旅游用地空间布局规划研究:以福建省晋江市紫星村为例[J].中国生态农业学报,2016,24(4):544-552.

[9]吴清,李细归,吴黎,等.湖南省A级旅游景区分布格局及空间相关性分析[J].经济地理,2017,37(2):193-200.

[10]LEE J H,SON Y H.Government-led ecotourism and resident-led ecotourism timeseries analysing stakeholder subjectivity in Maha ecotourism site in Pyeongchang,Korea[J].2017,5(2):47-59.

[11]ASHOK S,TEWARI H R,BEHERA M D,et al.Development of ecotourism sustainability assessment framework employing Delphi,C & I and participatory methods:a case study of KBR,West Sikkim,India[J].Tourism management perspectives,2017(21):24-41.

[12]LEE J H,KIM S H,KWON H S. Mapping interests by stakeholders' subjectivities toward ecotourism resources:the case of Seocheon-Gun,Korea[J].Sustainability,

2017,9(1):93.

[13]RID W,EZEUDUJI I O,HAIDER U P. Segmentation by motivation for rural tourism activities in the Gambia[J].Tourismmanagement,2014,40(2):102-116.

[14]NYAUPANE G P,POUDEL S. Linkages among biodiversity,livelihood,and tourism[J].Annals of tourism research,2011,38(4):1344-1366.

[15]WEAVER D B. Psychographic insights from a South Carolina protected area[J].Tourism management,2012,33(2):371-379.

[16]王琴梅,方妮.乡村生态旅游促进新型城镇化的实证分析:以西安市长安区为例[J].旅游学刊,2017,32(1):77-88.

[17]杨光辉.我国乡村生态旅游发展中的政府行为研究[J].中国农业资源与区划,2016,37(6):213-217.

[18]WANG J,ZHONG L,CHEN T. Evaluation of ecotourism development in rural regions of China[J].Chinese journal of population resources and environment,2015,13(2):162-168.

[19]陈宏星,楚新正.供给侧改革思维下的乌鲁木齐旅行社转型研究[J].中国商论,2016(33):121-123.

[20]洪燕云,演克武.新常态下常州推进"旅游+"经济发展新模式探究[J].江苏理工学院学报,2016(1):56-60.

[21]赖剑.休闲农业旅游游客满意度实证研究[D].广东:华南农业大学,2016.

[22]韩春鲜.旅游感知价值和满意度与行为意向的关系[J].人文地理,2015(3):137-144,150.

[23]李婵.游客感知价值视角下的旅游目的地形象实证研究[D].四川:四川师范大学,2014.

[24]辛士波,陈妍,张宸.结构方程模型理论的应用研究成果综述[J].工业技术经济,2014(5):61-71.

[25]李顶.高速铁路对区域旅游空间结构演化的影响[J].铁道运输与经济,2017,39(11):28-33.

[26]李珊珊,陈光.感知服务质量对公共交通乘客满意度影响的实证研究[J].铁道运输与经济,2016,38(2):60-66.

[27]万倩,孙红兵.基于结构方程模型的游客满意度研究——以昆明为例[J].曲阜师范大学学报(自然科学版),2015(2):67-73.

[28]侯林.基于结构方程模型的云南省游客满意度的实证分析[D].云南:云南财经大学,2014.

[29]周芷君.基于结构方程模型的江西省红色旅游游客满意度研究[D].江西:华东交

通大学,2016.

[30]王亚华,苏毅清.乡村振兴——中国农村发展新战略[J].中央社会主义学院学报,2017(6):51-57.

[31]CHANG C H.Place-making under Japan's neoliberal regime:ethics,locality, and community in rural Hokkaido[J].2015.

[32]廖彩荣,陈美球.乡村振兴战略的理论逻辑、科学内涵与实现路径[J].农林经济管理学报,2017(6):102-109.

[33]叶晨曦.我国乡村旅游扶贫模式与发展策略[J].改革与战略,2017(10):149-151.

[34]陆林,任以胜,朱道才,等.乡村旅游引导乡村振兴的研究框架与展望[J].地理研究,2019,38(1):104-120.

[35]信慧娟,段文军,钟佩.乡村旅游发展与乡村振兴耦合评价指标体系构建——以广西资源县为例[J].乐山师范学院学报,2019(8).

[36]聂学东.河北省乡村振兴战略与乡村旅游发展计划耦合研究[J].中国农业资源与区划,2019(7).

[37]王昌森,张震,董文静,等.乡村振兴战略下美丽乡村建设与乡村旅游发展的耦合研究[J].统计与决策,2019(13):97-101.

[38]徐佳萍,郑林.福建省旅游产业与区域经济耦合协调关系研究[J].江西科学,2018(1):195-202.

[39]张琼.河南省乡村旅游与精准扶贫耦合性分析[J].中国农业资源与区划,2019,40(10):1-9.

[40]郑伟民,袁外.福建省旅游经济与生态环境的耦合协调发展分析[J].湖北民族学院学报,2015(1):95-100.

[41]华萍.金融支持乡村旅游精准扶贫研究——以河南省为例[J].金融理论与实践,2019(11):113-118.

[42]刘定惠,杨永春.区域经济—旅游—生态环境耦合协调度研究——以安徽省为例[J].长江流域资源与环境,2011(7):892-896.

[43]曹哲,邵秀英.山西省休闲农业和乡村旅游地空间格局及优化路径[J].世界地理研究,2019,28(1):208-213.

[44]田东娜,栗欣如,尤飞.大连市乡村旅游空间结构演化研究[J].中国农业资源与区划,2016,37(12):231-236.

[45]姜山,吴银鸿,李洪波.福建省星级乡村旅游地空间分异特征及影响因素研究[J].广西经济管理干部学院学报,2017,29(4):67-74.

[46]陈娟.基于GIS的福州郊区乡村旅游开发研究[D].福州:福建师范大学,2006.

[47]南平市文化和旅游局.我市一乡镇、两村庄分获2018年度四星级乡村旅游休闲

集镇、旅游村[EB/OL].(2019-01-09)[2019-01-09].http://whlyj.np.gov.cn/cms/html/npslyj/2019-01-09/86774419.html.

[48]南平市文化和旅游局.做好"特"字文章让特色小镇"小而美"[EB/OL].(2019-01-07)[2019-01-07].http://whlyj.np.gov.cn/cms/html/npslyj/2019-01-07/1095870284.html.

[49]南平市文化和旅游局.我市新增5家省级"旅游＋"品牌景区[EB/OL].(2018-10-22)[2018-10-22].http://whlyj.np.gov.cn/cms/html/npslyj/2018-10-22/1827886715.html.

[50]武夷山市政府.关于申请2016年度乡村旅游特色村旅游品牌创建奖励金的报告[EB/OL].(2017-11-02)[2017-11-02].http://www.wys.gov.cn/show.aspx?Id=401282&ctlgid=38525674.

[51]武夷山市政府.2018年度四星级乡村旅游休闲集镇名单"出炉"我市这个高颜值地方入榜[EB/OL].(2018-10-20)[2018-10-20].http://www.wys.gov.cn/html/2018-10-20/411575.html.

[52]龙岩市旅游发展委员会.龙岩市旅游发展委员会关于2017年省级旅游专项资金(旅游富民、旅游厕所)项目的公示[EB/OL].(2017-09-07)[2017-09-07].http://lfw.longyan.gov.cn/gsgg/201709/t20170907_765753.htm.

[53]龙岩市旅游发展委员会.关于福建省三星级乡村旅游经营单位的评定批复[EB/OL].(2017-07-17)[2017-07-17].http://lfw.longyan.gov.cn/gsgg/201708/t20170804_757936.htm.

[54]三明市旅游发展委员会.三明:精准扶贫推动乡村旅游结硕果[EB/OL].(2018-02-02)[2018-02-02].http://lfw.fujian.gov.cn/zwgk/lydt/sxdt/sm_32987/201802/t20180202_3264522.htm.

[55]三明市旅游发展委员会.三明市财政局关于泰宁县杉城镇长兴村等3个村旅游富民建设资金绩效评估报告[EB/OL].(2016-08-16)[2016-08-16].http://smta.sm.gov.cn/lyzw/zwgk/tzgg/201608/t20160816_353775.htm.

[56]三明市旅游发展委员会.三明市旅游局关于拟认定三明市第二批"绿野乡居"民宿名单的公示[EB/OL].(2017-01-12)[2017-01-12].http://smta.sm.gov.cn/lyzw/zwgk/tzgg/201701/t20170112_595133.htm.

[57]三明市旅游发展委员会.三明市旅游局关于组织参加第十三届林博会"生态木屋＋旅游"产品推介会的通知[EB/OL].(2017-10-31)[2017-10-31].http://smta.sm.gov.cn/lyzw/zwgk/tzgg/201710/t20171031_969117.htm.

[58]张海亚,田一梅,裴亮.基于GIS的供水管网爆管空间分析模型的建立与应用[J].中国给水排水,2010,26(19):71-73.

[59]王铁,邰鹏飞.山东省国家级乡村旅游地空间分异特征及影响因素[J].经济地理,2016,36(11):161-168.

[60]刘绍吉.基于旅游资源的农村反贫困空间分布格局研究[J].中国农业资源与区划,2019,40(2):123-128+187.

[61] TCHETCHIK A,FLEISCHER A,FINKELSHTAIN I. Differentiation and synergies in rural tourism:estimation and simulation of the israeli market[j]. American journal of agricultural economics,2008,90(2):553-570.

[62]陆林,任以胜,朱道才,等.乡村旅游引导乡村振兴的研究框架与展望[J].地理研究,2019(1):1-17.

[63]兰虹,胡颖洁,熊雪朋.乡村振兴战略背景下旅游精准扶贫对策研究:基于四川省旅游数据的实证研究[J].西部经济管理论坛,2019(1):45-51.

[64]高宇亭,赵伟.探究乡村旅游扶贫模式创新优化的策略[J].商业经济,2019(1):114-116.

[65]张晗.乡村振兴战略下乡村旅游对农村经济发展的研究[J].商业经济,2019(1):117-118.

[66]曹兆昆,吴小根,穆小雨,等.南京市乡村旅游点空间分布特征及影响因素分析[J].江西农业学报,2018,30(8):136-143.

[67]翟金铭.黑龙江省休闲农业乡村旅游发展现状及对策研究[J].经济师,2018(8):136-137+141.

[68]冯亚芬,俞万源.客家乡村旅游发展时空演变及其动力机制研究[J].中国农业资源与区划,2018,39(7):212-218.

[69]张骏,侯兵.基于美食旅游视角的乡村旅游者类型及特点研究[J].美食研究,2018,35(2):18-23+31.

[70]梁步青,肖大威,陶金,等.赣州客家传统村落分布的时空格局与演化[J].经济地理,2018,38(8):196-203.

[71]刘昌雪,汪德根.城市创意旅游资源空间效应及发展模式:以苏州市中心城区为例[J].地理研究,2016,35(5):977-991.

[72]葛奔,蔡琳,王富.基于泰森多边形服务分区的常规公交站点布局优化[J].武汉工程大学学报,2018,40(6):668-672.

[73]孙长胜.2011年度中国旅游业分析报告[EB/OL].[2012-08-25].http://www.globrand.com/2013/546571.shtml.

[74]谢慧.森林旅游:生机勃勃的绿色产业[N].经济日报,2010-08-09(6).

[75]杨寿川.云南民族文化旅游资源开发研究[M].北京:中国社会科学出版社,2003:3.

[76]雍鹏.森林景观资源区划与调查研究[D].福州:福建农林大学,2005:7.

[77]张一诺.新中国的林人把国土绘成丹青[N].中国绿色时报,2009-09-25(1).

[78]兰思仁.福建省森林景观类型及地理分布概述[J].林业资源管理,2002(1):55-59.

[79]民俗与森林文化——森林文化对民俗的影响[J].浙江林业,2011(4):24-26.

[80]苏孝同,苏祖荣.森林文化研究[M].北京:中国林业出版社,2012:49-50.

[81]宁祖林.华南植物园赴福建开展植物资源考察与迁地保护工作[EB/OL].[2011-06-28].http://news.edu-chn.com/newsadmin/htmlnews.

[82]冯铭.花文化在旅游开发中的价值[C]//中国花卉协会.2007年中国花文化国际学术研讨会论文集.南京,2007.

[83]余悦.茶理玄思[M].北京:光明日报出版社,2002:130-134.

[84]胡冀贞,辉朝茂.中国竹文化及竹文化旅游研究的现状和展望[J].竹子研究汇刊,2002(3):66-75.

[85]苏祖荣,苏孝同.森林与文化[M].北京:中国林业出版社,2012:188.

[86]许飞,邱尔发,王成,等.福建省乡村风水林树种结构特征[J].江西农业大学学报,2012(1):99-106.

[87]廖福霖.生态文明学[M].北京:中国林业出版社,2012:402.

[88]韦新良,刘永富.浙江省森林景观地理概述[J].浙江林学院学报,1996,13(3):316-321.

[89]兰思仁.国家森林公园理论与实践[M].北京:中国林业出版社,2004.

[90]徐化成.景观生态学[M].北京:中国林业出版社,1996.

[91]冯书成.森林公园与森林旅游[M].西安:西安地图出版社,1993.

[92]林如青.福建林业产业结构灰色关联度分析及优势预测[J].林业资源管理,2002(5):40-42.

[93]成平,李国英.投影寻踪——一类新兴的统计方法[J].应用概率统计,1986,2(3):8-12.

[94]李宝银.福建省森林景观资源等级区划分技术的研究[J]福建林学院学报,2006,26(3):214-217.

[95]吴承祯,洪伟.基于改进的投影寻踪的森林生态系统生态价位分级模型研究[J].应用生态学报,2006,17(3):357-361.

[96]王顺久,李跃清.投影寻踪模型在区域生态环境评价中的应用[J].生态学杂志,2006,25(7):869-872.

[97]吴承祯,洪伟.运用改进单纯形法拟合logistics曲线的研究[J].生物数学学报,1999,14(1):117-121.

[98]赵小勇,付强,邢贞相.投影寻踪等级评价模型在土壤质量变化综合评价中的应用[J].新疆农业大学学报,2007,16(2):1-7.

[99]金菊良,刘永芳,丁晶,等.投影寻踪模型在水资源工程方案优选中的应用[J].系统工程理论方法应用,2004,13(1):81-84.

[100]洪涛,郭妍,吴承祯,等.杉木种源选择的投影寻踪应用[J].林业科学,2008,44(3):56-60.

[101]林小青.福建省森林景观资源区划与开发利用[D].福州:福建农林大学,2010:49.